HOUSE DESIGN

住空間計画学

藤本和男

辻 壽一

細田みぎわ

山内靖朗

松尾兆郎

種村俊昭 著

学芸出版社

はじめに

　建築デザインを勉強する人にとって、建築系の書籍は数多くあるが、何から始めたらよいか迷うことが多い。専門書のなかには、建築の専門用語や建築家が好む独特の表現が読者を混乱させることもある。本書はこうした専門書に入る前にぜひこれだけは知ってほしい建築の用語や内容を概括的にまとめている。多くの読者に建築の知識を整理するとともに、設計のヒントを得るのに役立つ1冊となると確信している。

　本書のもっとも特徴的な点は、テーマごとに見開きで見やすく、上部に写真・図版、下部に解説で構成しており、読者が解説だけではわかりにくい専門用語や建築作品、手法について1000点超の写真や図版で説明している。
　もう一つの特徴は、本書の内容が計画や要点をノウハウ的にまとめているのではなく、意匠系教員が設計のための実践的なアイデアブックとなるようなデザインの教科書を目指していることである。設計をする場合、その平面や形態には常に理由や意味が求められる。いわゆる設計のコンセプトである。本書は単に年代別に作品を掲載し歴史的な記述をしているのではなく、それらの作品の計画コンセプトや歴史的意義に言及している。

　第Ⅰ部では、世界の自然発生的な住空間の成り立ちと多様性について触れ、古代から近代にいたる住空間の変化と特徴を年代別に解説している。
　第Ⅱ部は本書の最も重要な部分であるが、住空間計画の基礎から計画の進め方、巨匠と呼ばれる近代建築家の手法について解説している。さらに、住空間の各室計画や現代建築家の作品とその手法についてテーマ別に解説している。また、インテリアやエクステリアデザインの手法にも言及している。
　第Ⅲ部では集合住宅について、大きな変化を迎える戦後から現代にいたるさまざまな試みについて写真・図版とともに解説している。
　第Ⅳ部では、日本における空き家などストック活用、世界のリノベーション事例を解説するとともに、近年話題となっている災害仮設住宅の新たな試みについて幅広く紹介している。

　本書の作成に当たっては、多くの先達の研究成果や資料を参考・引用させていただき、多くの方々の協力をいただきました。ここに心からお礼を申し上げます。また、出版に当たっては学芸出版社の中木保代氏ほかの方々にご尽力をいただきました。謝意を表します。

令和2年11月
著者代表
藤本和男

目次

第1部
住空間の多様性

1. 原始の住空間
自然や外敵から身を守る安全な場所として、自然の洞窟を
利用した人類最初のすまい。北京郊外の周口店洞窟で北京
原人の頭蓋骨が発見されたのは 70 万年前まで遡る。

4. 原始的な洞窟の住空間サッシ（サクロモンテ）

2. 洞窟壁画（ラスコー）

3. クリフパレス（コロラド）

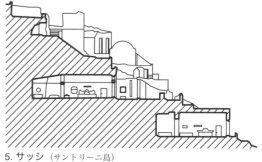

5. サッシ（サントリーニ島）

1 バナキュラーな住空間

1 ― 原始の住空間

　現代、新しく建てられる住空間は世界中どこに行って
もあまり変化がない。産業革命以降、鉄・ガラス・コン
クリートを用いたモダニズム建築は、ファンクショナリ
ズム（機能主義）のもと均質化し、インタナーナショナ
ル・スタイルは地域性を超えて世界共通となったためで
ある。しかし、世界には古くから地域に根ざした様々な
住空間がある。地域・国によってその形態は異なる。人
類最初の住空間は、自然や外敵から身を守るために崖や
洞窟など、自然の地形を利用していた[1]。その生活のあ
りさまは、フランス・ラスコーの約 1 万 5000 年前の洞

窟に描かれた壁画[2]や、スペイン・アルタミラの約 1 万
8500 年前の洞窟壁画、インドネシアのスラウェシ島の約
4 万年前の世界最古の洞窟壁画で見られる。原始の住空
間はこうした洞窟から始まったと考えられる。

　自然の地形を利用した住空間はその後も様々な理由か
ら近年まで用いられてきた事例がある。アメリカ・コロ
ラドにあるメサヴェルデのクリフパレス[3]には自然の崖
を利用した 1 〜 14 世紀に使われていた古代プエブロ人
の住空間があり、スペイン・グラナダのサクロモンテ[4]や
グアディクスには、15 世紀からロマ族たちが暮らす洞窟
住空間がある。イタリア・マテーラやギリシャのサント
リーニ島では今も使われている洞窟住空間があるが、そ
の歴史は古く約 7000 年前からといわれている[5]。

水上住居	・トンレサップ湖（カンボジア） ・チチカカ湖（ペルー） ・ベネチア（イタリア）
土中住居	・カッパドキア（トルコ） ・サクロモンテ（イタリア）
山上住居	・ロンダ（スペイン） ・ピティリアーノ（イタリア） ・メテオラ（ギリシャ） ・サン・マリノ
樹上住居	・インドネシア

6. バナキュラーな住空間の種類

10. 石のアーチ（ヒエラポリス）

壁から出ている丸太は床を支えている。
8. 日干し煉瓦の住宅（カタール）

11. 石のヴォールト（ヒエラポリス）

7. 日干し煉瓦
土にひび割れ防止の藁を混ぜて天日乾燥してつくる。

9. 軸組み構法の伝統的高床住居（カンボジア）

12. 豪雪地域の急勾配屋根（白川郷）

2─材料と構法

紀元前1万年頃から人類は定住を始める。新石器時代の開始である。このころから人類は農耕や牧畜を始め、自然を利用した住空間から、長い年月をかけて身近にある材料を用いて風土に根ざしたバナキュラー（vernacular）な住空間をつくってきた6。こうした住空間は、気候や地形などの自然環境の影響だけでなく、地域の様々な環境や背景の影響を受けている。

自然環境が違えば、その土地で入手しやすい材料（木・土・石・氷・布・竹草・皮）が異なる。材料が異なると、その材料にあった構法が発達する。土を用いた構法は世界中に見られるが、日干し煉瓦は、中東やアフリカなど乾燥地帯で見られる7,8。日本や東南アジアでは森林が

あり材木が豊富なため、木を用いた軸組み構法により住空間を構成している9。これに対して、岩盤の多いギリシャなど石が採れる地域では石を用いて空間を構成するためにアーチ10やヴォールト11の構法が発明された。また、気候によっても構法が変わる。雨や雪が多い地域では屋根勾配が急になり12、地中海周辺の乾燥地域では陸屋根（ろく）が一般的な住まいとなっている。

このように、自然環境は住空間のかたちに大きな影響を与えているが、気候が似ていても、同じ材料であっても、かたちが同じになるとは限らない。生活様式や社会的・文化的・歴史的な背景によって異なる。そこで、多様な展開を見せるバナキュラーな住空間を「自然環境」「生活様式」「社会的背景」の3つの関係からみていく。

1. サントリーニ島

3. バッド・ギア（ハイデラバード）

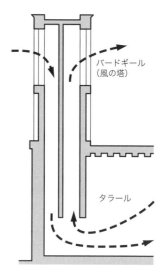

5. バードギールによる風の流れ

2. ミコノス島

4. バードギール（イラン）

6. 住宅のパティオ（グラナダ）

2　環境と住空間

1 ― 自然環境

（1）暑い地域

　暑い地域では、土や石の住空間は、遮熱のための厚い壁と小さな開口部が多く、加えて一部の地域では住空間に風を取り込むための風キャッチャーを設けたり、日陰を確保して通風をするための中庭（パティオ）が発達するなど、独特な形式が見られる。また、日射が強い地域では外壁は漆喰などで白く塗装され、日射を遮る工夫がサントリーニ島1やミコノス島2など、ギリシャの島々やスペインなどに見られる。この白い家並みは青い海の色とマッチし、独特な美しい景観を形成している。

■風キャッチャー

　パキスタンのハイデラバードは、乾季後半の4〜6月に日中40℃を越える日が多い。このため、住空間は上部に塔状の風の採り入れ口（バッド・ギア）を持ち、室内に風の流れをつくって自然通風を行なっている3。イランでも夏は日中40℃近くまで気温が上がるため、風の塔（バードギール）が設けられる4。採り入れた風はタラールと呼ばれる半屋外の空間から各室内に流れる5。

■パティオ

　夏期に40℃を超えるスペイン南部のアンダルシア地方では、パティオと呼ばれる中庭を囲むように各部屋が配置され、中庭から通風と採光を得ることで快適な室内環境を確保している6。

トラジャ族の伝統家屋トンコナン（スラウェシ島）

家型埴輪（室宮山古墳出土）
先史時代の住居形態を伝える資料

箱木家住宅　現存する日本最古の民家（15世紀、兵庫県）

7. 東南アジアと日本の勾配屋根

8. 寝殿造（広島県・厳島神社）

10. ログハウスの農家（フィンランド）

12. シャレー様式の民家（ホーエンシュヴァンガウ）

9. 蔀戸と御簾
上下2枚に分かれ、上半分だけ開閉させる蔀戸を半蔀（はじとみ）と呼ぶ。

11　イヌイットの住居イグルー

13. ハーフティンバーの家（フランス）

(2)高温多湿地域

森林資源が豊富な東南アジアなどの地域では、暑いだけでなく湿度も高く、通風を最も重要視しているため、木造軸組で壁のない開放的な構法が主流となっている。また、こうした地域では雨季には雨が多いため高床式構法や、急勾配屋根が用いられている[7]。

■寝殿造

日本も高温多湿の気候で、平安時代から兼好法師の徒然草で「家の作りやうは、夏をむねとすべし」と描かれているように、平安時代は内部にある塗籠（寝室）以外ほとんど壁がない開放的な造りである[8]。蔀戸の上げ下ろしで屋内と屋外を隔てている風通しの良い空間を構成している[9]。

(3)寒冷地域

寒冷地域の住空間においても、熱負荷を少しでも小さくするため、壁は厚く、開口部は小さくなる。森林資源が豊かな北欧などの地域では木造校倉造のログハウス[10]が多く、寒帯では氷や雪を材料とする家もある[11]。

■シャレー

アルザス地方など雪深い地域で用いられる建築様式。雪で埋もれる1階部分は、煉瓦や石で造られ家畜小屋として利用され、2階以上が木造である[12]。

■ハーフティンバー

15〜16世紀の北方ヨーロッパにみられる木造真壁建築の技法。1階は石造りで、2階以上は石よりも簡便に安く建築できる木材と土や煉瓦が使われている[13]。

14. 地中住空間・ヤオトン（河南省）

16. 地中住空間・クエバス（グアディクス）

17. チパヤ族の住空間プトゥク（チパヤ）

18. 泥や土でできた複合施設タタ（トーゴ）

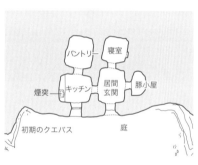

15. 地中住空間（チュニジア）

19. 漏斗状屋根の住空間（セネガル）

（4）寒暖差が激しい地域

寒暖差が大きい地域では、地中利用の住空間がある。

■ヤオトン（中国）

中国の黄土高原では、雨が少なく寒暖差が大きいため、温度変化の少ない地中に住空間がつくられた。地面に約10m角、深さ6mほどの中庭となる竪穴を掘り、この側面から居住用の横穴を掘って居室をつくり生活している[14]。チュニジアにも同様の地中住空間が見られる[15]。

■クエバス（スペイン）

スペイン・ガディ地方のグアディクスでは外気温が冬0℃、夏は50℃にもなるが、地中は一年中20℃〜28℃で一定なため、岩山をくりぬいてつくったクエバスと呼ばれる洞窟住居で快適に過ごすことができる[16]。

（5）乾燥地域

雨が少なく樹木が育ちにくいため、身近な材料として、土を使った構法の住空間が多い。泥・粘土は熱容量が大きく遮熱効果があるため、酷暑・酷寒の地域に向く。ボリビア・チパヤのようにブロック形状にした日干し煉瓦を用いて組積造で建てたり[17]、トーゴやベナンの一部でしか見られない泥や土を積み上げる構法の複合家屋タタ[18]。どちらも日本の土壁と同様、乾燥した時のひび割れを防止するつなぎ材として藁を混ぜている。床や屋根は木を水平に並べて泥で固めている。セネガル・カザマンス州エルパリン村では河川の塩水化による飲料水不足のため、雨を効率よく集めるために、室内に向かって逆勾配の漏斗状屋根を持つ住空間もある[19]。

（チュニジア）

20. ゲル（モンゴル）

22. ベドウィンのテント（パレスチナ自治区）

21. ゲル（パオ）、ユルトの骨組

23. 竪穴住居　三内丸山遺跡（青森県）

2 — 生活様式

（1）遊牧・狩猟

　遊牧民は移動に便利な材料・構法の住空間をつくる。中央アジアでは、モンゴル人のゲル（中国語：パオ）やキルギス人のユルトと呼ばれる直径 4 〜 6m の住まい[20]は、ほぼ同じ形状である。格子状に組んだ折畳み式の骨組みの上に羊の毛皮で屋根と壁を覆う[21]。アラブの遊牧民族ベドウィンは、木材が乏しい地域のため、ほとんど木材を使用しない。枝を柱とし、フェルトや皮を張った屋根だけの簡易なテントに住まう。生活の大半を戸外で過ごすため、地面に絨毯を敷き、開放的なつくりで、暑い日の続く夏には、心地よい日陰と風通しが得られる[22]。

（2）採集・農耕

■ 竪穴住居

　竪穴住居は人類史に共通する定住型の原始的構造の住空間である。日本では縄文時代からつくられている[23]。地面に竪穴を掘って床とし、その上に木で骨組みをつくり、土、葦などの植物で屋根を葺く。一般的な竪穴住居は直径が 3 〜 4m くらい、竪穴の深さは 50 〜 80cm が多いが、三内丸山遺跡の大型のものでは長さが 32m、竪穴の深さは 1.5m ほどあるものもある。中央には炉がある。平面形や構造は時代と地域によって変化する。頭頂の開口部が排気口となるため、内部で火をくべて暖房や煮炊きが可能である。竪穴は居住空間をより広く使うために地面を掘り下げたと考えられる。

24. バジャウ族の水上住空間（フィリピン）

25. 香港の蛋民（1946年）

26. 東京隅田川の船上生活者（1960年頃）

27. ハウスボート（アムステルダム）

28. ハウスボート（サウサリート）

(3)漁業

■水上住空間（フィリピン・スールー諸島）

　元々、漁業を生業としているバジャウ族は漁に便利な浅瀬に杭をうち、その上に高床式の建物を建てて生活している。建物同士を通路でつなぎ、水上の住空間集落をつくっているものもある[24]。

■家船・船上生活者

　河川や沿海で船を住空間として暮らす水上生活者が東アジアから東南アジアにかけて広く存在し、香港では蛋民（たん）みん）と呼ばれ、最盛期で15万人を超えていた[25]。日本各地にも土地に定住しないで、漁業を生業とし家船（えぶね）と呼ばれる船上で生活する人々がいた。また、かつて、東京の港湾労働者にも船上生活者がいた[26]。

■ハウスボート

　19世紀の産業革命期に工場労働者として大都市に流入した人口の急激な増加による住空間不足は各国で問題となり、水都オランダでは古い貨物船などを改造した水上の住空間がつくられた。現在1万以上のハウスボートがあると言われている[27]。アメリカではサンフランシスコ郊外サウサリートのハウスボートが有名[28]。

3 ― 社会的背景

(1)防御

　住空間の長い歴史の中では、人は迫害や差別から逃れたり戦禍から身を守ったりするため、時として住むには厳しい場所に身を寄せて住むことがある。

29. サンマリノ城塞都市

32. トンレサップ湖の水上の住空間

湖の水で食器を洗う住民

30. ピティリアーノ城塞都市（イタリア）

33. 浮島の住空間（チチカカ湖）

トトラでつくられた住空間

31. コロワイ族の樹上住宅（インドネシア）

34. 洞窟の住空間（カッパドキア）

迷路のような内部空間

　トンレサップ湖やチチカカ湖、ベネツィアなどは戦禍を逃れて湖や湿地帯に移り住んだものであり、カッパドキアやサクロモンテは宗教上の迫害や差別によって地中に住空間を求めたものである。また、ロンダやサンマリノ[29]、ピティリアーノ[30]、メテオラは、宗教上の迫害から逃れるため険しい山上に住空間を作った事例である。インドネシアの熱帯雨林のジャングルでは外敵から身を守るため樹上に住空間をつくっている[31]。

■水上住空間（カンボジア・トンレサップ湖）

　1970年代ベトナム戦争に発生した難民の一部を当時のカンボジア政府がトンレサップ湖に住まわせたことが、今の水上生活者の大半である。湖の水を生活用水として利用するため、感染症により幼児の死亡率が高い[32]。

■浮島住空間（ペルー・チチカカ湖）

　標高3810mの高地に位置し、湖に生えるトトラと呼ばれる葦で3m厚さの浮島をつくり、その上に住空間を構築している。湖には40近くの浮島がある。16世紀頃インカ帝国が戦いを繰り広げていた時代に、住民が戦禍を逃れるために移ってきたとされる[33]。

■洞窟住空間（トルコ・カッパドキア）

　4世紀、迫害を受けたキリスト教修道士が岩に洞窟を掘り住み始めたといわれている。入口は円盤状の石で閉ざすことができ、外部からの侵入を阻んでいた。内部は8〜16層もの多階式で、アリの巣のような迷路状になって無数の部屋が並んでいる巨大な洞窟住空間である。最大10万人くらいが住んでいたという[34]。

初期のクエバス

現代のクエバス

クエバス内部
35. クエバス（サクロモンテ）

当時はロープウェーやリフトで出入りしていた
36. 山上修道院（メテオラ）

37. 断崖絶壁都市（ロンダ）

38. コロニアルスタイルの住空間（ニューオリンズ）

■洞窟住空間クエバス（スペイン）

　ロマ族たちが暮らすクエバスという洞窟住空間は、丘に横穴を掘ってつくられ、石灰で外も中も壁が白く塗られている[35]。元々ロマ族は流浪の民で箱馬車などに住んでいたが、キリスト教徒の迫害と差別から15世紀頃からサクロモンテの丘付近に定住した。

■山上住空間（ギリシャ・メテオラ）

　ビザンチン時代後期およびトルコ時代に、キリスト教徒が迫害から逃れるために高さ400mの岩山の上に修道院を建設したのが始まりとされる。メテオラの厳しい地形は修道士たちには俗世と断ち切る理想的な環境であったが、出入りには当時、危険な簡易ロープウェーや滑車のリフトを用いていた[36]。

■断崖絶壁住空間（スペイン・ロンダ）

　8世紀ごろ、アンダルシアがイスラム教徒の国だった時代、この町は砦として断崖絶壁の上に築かれた[37]。15世紀に、レコンキスタでキリスト教徒がこの土地に攻め込んだ際も、攻略が難しかったといわれている。

(2)植民地

■コロニアルスタイル（ニューオリンズ）

　17〜18世紀にイギリス・スペイン・オランダなどの植民地に発達した住空間の様式であり、母国の文化と植民地の気候・風土が融合することで生まれたデザインである。ニューオリンズでは綺麗なアイアン・レース（鉄でつくったレース模様）を用いたフレンチ・コロニアルスタイルのバルコニーが特徴となっている[38]。

39. トゥルッリ（アルベロベッロ）

外観

44. マチュピチュ全景（ペルー）

40. 運河沿いに建つ住宅（アムステルダム）

内部
42. 客家土楼（福建省）

15世紀インカの緻密な石組（ペルー・クスコ）

41. 京町家
「うなぎの寝床」と呼ばれる町家は、間口が狭く通り庭があり奥行が長い。

43. 版築
型枠に土と、小石や石灰を入れて突き固めたもの。非常に頑丈で、万里の長城の城壁にも用いられている。

17世紀日本の石垣（江戸城）
45. インカの石組と日本の石組比較

(3) 社会制度

■アルベロベッロ（イタリア）

　漆喰で仕上げた白壁に円錐形の石積み屋根を載せた独特の住空間である。部屋一つに対して一つの屋根があり、この集合体がトゥルッリという一軒の住空間となる39。この地方は石灰岩質であり、これを用いて解体しやすく再建しやすい屋根構造となっている。16世紀、住居の数で領主に払う税金が決まっていたため、課税対策として徴税官が来るときに屋根を壊して、数を少なく見せていたという記録がある。同様に、16世紀オランダでも間口の幅により税を課す「間口税」があり、これにより細長く、奥行きの深い構造の住空間のスタイルが出来上がった40。日本においても同じような理由から間口の狭い町家がみられる41。

(4) 居住集団・宗教

■客家土楼（中国・中原）

　客家は、4世紀の三国春秋時代に戦乱から逃れるため、中原から南へと移動し定住した人々である。客家土楼は、要塞のように外部には小さな開口部しかなく、内部に大きな中庭を持ち、姓を同じくする一族が住む集合住空間である42。円楼と方楼がある。外周は版築の土壁43でつくられている。

■マチュピチュ（ペルー）

　15世紀インカ帝国の遺跡。標高2430mの山の尾根に築かれた都市。建設の目的は太陽信仰の宗教都市といわれているが、いまだに解明されていない44。緻密な石組でできた建築物が特徴的な天空の住空間である45。

初期クレタの住宅

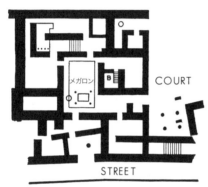

2. ティリンス宮殿のメガロン型式 （紀元前1400〜1300年頃）

ミケーネ時代（紀元前1600〜1100）には、炉のある主室、前室、ポーチから構成される長方形のメガロン形式の住空間が成立し、この様式が、古代ギリシャの宮殿や神殿に受け継がれた。

紀元前2000年頃のクレタの住宅

1. クレタ島の住宅「メガロン」

古代ギリシャの住空間は、メガロン（広間）が中央にあるのが特徴である。大きな住居ではメガロンの周囲を小室が囲んで配置されていた。

3. 古代ギリシャ都市ミケーネ宮殿遺跡のメガロン

メガロン中央の円形の炉、奥に前室、ポーチ跡が見られる。

1 西洋における住空間の展開

1─前近代の都市型住居

　紀元前3000〜2000年頃のメソポタミア、エジプト、インダス川、中国黄河の四大河川文明による都市化により、住民や支配者の住宅が都市型の住居として成立したが、その後、時代や地域により様々な変化・展開が見られる。

　共通する住空間のタイプは中庭型住居であり、古代ギリシャ時代からローマ、イスラム世界、そして古代中国にいたるまで、概ね住居は外部には閉じて内部に開く形式となっている。そして、内部に中庭を設けることで、採光と通風が得られ、居住環境の向上が図られている。

古代ローマ人は城壁で囲まれた都市をつくり（城郭都市）、公共施設や住宅などを設置した。これは、外敵からの防御と効率的な都市づくりの両面を備えている。そして、高密度な市街地の中で良好な居住環境を図る手法として、中庭を有する都市型住居が生まれた。

(1) メガロン

　紀元前2000年頃のクレタ島では、住居はメガロンと呼ばれる広間を中心に構成されていた[1]。この形式がミケーネの宮殿や古代ギリシャの神殿に受け継がれていった。宮殿の平面構成は、2本の柱が立つポーチと、前室、主室（王の居室）からなる。主室中央は屋根を支える4本の柱に囲われ、上部屋根に開口のある炉があり、絶やすことなく火が焚かれていた[2,3]。

4. プリエネの住宅（紀元前4〜3世紀）
中庭の上部中央がメガロンの形式を留めている。部屋が増え、前庭が中庭となった。

アトリウム

ペリスタイル

6. 古代ローマの住居「ドムス」（ポンペイ復元）

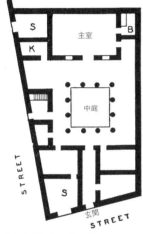

5. デロスの住宅（紀元前3世紀）
古代ギリシャ特有のメガロン形式の住宅は、次第にアトリウムと呼ばれる中庭の周りに部屋を配置した形式に変わっていった。

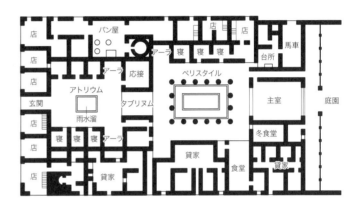

7. 古代ローマの大規模住宅「パンサの家」（紀元前2世紀、ポンペイ）
敷地は東西30m、南北90mの大邸宅。道路側は店舗、入口を入ったところにアトリウム。さらに奥にペリスタイルという列柱廊を持つ中庭があり、この周りを部屋が囲む「ドムス」と呼ばれる住宅が生まれた。アトリウムには屋根から雨水を集める雨水溜めがある。

(2)古代ギリシャの住居

　古代ギリシャの住居は基本的にメガロン形式であったが、次第にメガロンや複数の部屋が中庭を囲む、中庭式メガロン形式となる。この形式が以後のギリシャ住居の基本形となる。

　道路から細い廊下のような通路を通って中庭に入ると、中庭の周囲に小部屋が並び、一番奥の部分に大きな長方形の主室が南面し、庇のあるポーチを隔てて中庭に面する形がとられた。中庭では雨水を集めて飲料水とするために、屋根は中庭側に傾斜し片流れとなっている[4]。

　都市発展と生活の複雑化から、初期のメガロン形式の住居は徐々に変化し、開放されていた中庭（アトリウム）が、大きな広間として住空間の中に取り入れられ、天井には採光と通風のための穴があけられるようになった[5]。

(3)古代ローマの住居「ドムス」

　古代ローマの住居はドムスと呼ばれ、古代ギリシャ以来の中庭（アトリウム）を持つ。大規模な住宅は列柱のある中庭（ペリスタイル）が付け加えられた[6]。その二つを結ぶ空間に主人の執務室（タブリヌム）が置かれた。入口からアトリウム、タブリヌム、ペリスタイルが一つの軸に沿って並ぶ。

　パンサの家[7]の平面構成はドムスの代表的なものである。貸家の間の細長い廊下のような玄関から入ると、アトリウムを中心とした来客用空間と、ペリスタイルを中心とした家族用空間に分かれる。

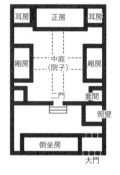

8. 二門のある四合院
中央に院子と呼ばれる中庭があり、十字形の通路がある。東西南北に4棟が配置され、正房に主人、東の廂房に両親や長男、西の廂房に次男など家族が住む。倒坐房は使用人の住まいとなっている。

図中ラベル：耳房、正房、耳房、中庭（院子）、廂房、廂房、二門、套間、照壁、倒坐房、大門

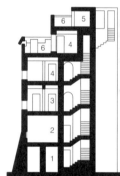

凡例：
1. 家畜
2. 倉庫
3. リビング
4. 女性の部屋
5. 増築部分（子供のための部屋）
6. 屋上テラス

9. シバームの塔状住居
板状の日干し煉瓦を重ねて建てられている。建物下部は漆喰塗りで日干し煉瓦を保護している。

（4）中国の中庭住居「四合院」

　中国には古くからの伝統的家屋である四合院（四合房）という中庭型住居がある。方形の高さ約2mの塀で囲まれ、東西南北に4棟を配し、中央の中庭（院子）を取り囲むタイプである[8]。風水の影響を受けており、中国北方を中心に広範に分布しているが、紀元前7世紀頃には、住居だけではなく、宮殿や廟にも見られた。

　規模は大小様々で、富裕層や王族の住居では、中庭や建物がいくつもある。大邸宅になると、四合院を南北の中心軸上に何重にも繰り返して、奥行の深い中庭群（院落）を形成しているものもある。現在では、四合院は、各建物に別々の住人が住む集合住宅になっている（大雑院）ほか、学校やホテルとして利用しているものもある。

（5）世界最古の摩天楼都市

　アラビア半島に位置するイエメンの古代都市シバームでは、16世紀頃から現代都市のような高層住宅建築が建てられた[9]。高さ約30m、5〜9階にもなる塔状住居が密集して建っている。建物は、日干し煉瓦を積み重ねて建設されており、低層階では構造的に壁厚を大きくするため基部が広がっている。現在でも500棟以上の建物がある。1階部分は家畜用、2階には倉庫が配置され、人が利用する部屋は3階以上にある。このような形態になったのは、ワジ（涸れ川）の氾濫や遊牧民からの脅威を避けるためと考えられている。これらの塔状住居のほとんどは複数世帯が住む集合住宅ではなく、一家族が住む住居である。

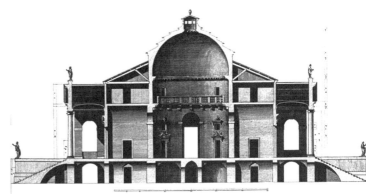
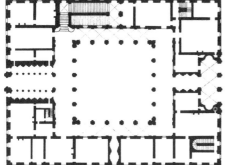

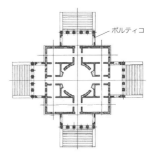

10. パラッツォ・ファルネーゼ（1515〜89）　　11. ヴィラ・ロトンダ（アンドレーア・パラーディオ／1566〜67）

12. ロイヤルクレセント（ジョン・ウッド／1767〜74）ロンドンのタウンハウス・スクエア開発

（6）近世イタリアの住居「パラッツォ」「ヴィラ」

　近世になって、資本主義の誕生により富を蓄えたイタリアの商人たちは都市にパラッツォ(邸館)を建てた。中庭のある３層構成で中央に入口を設け、厳格な左右対称で水平線を強調している。古代ギリシャ・ローマ様式をモチーフとしたルネッサンス様式の建築である。パラッツォ・ファルネーゼ10やパラッツォ・メディチが有名である。

　都市のパラッツォに対して、裕福な人たちは季節を楽しむ別荘として、古代ローマが起源のヴィラ（田園邸宅）を郊外に建てるようになる。ヴィラの玄関は中央にあり、柱の並んだポルティコを持った左右対称の２階建ての邸宅である。

　パラーディオのヴィラ・ロトンダ11は、厳密な正方形の４面にそれぞれ柱列のポルティコ（ポーチ）があり、中央のホールの上にはドームがかかったモニュメンタルな構成であり、後世にまで影響を与えた。

（7）近世イギリスの住居「タウンハウス」

　イギリスでは18世紀の産業革命により都市に人口が集中する。これに伴い郊外に居宅を持つ貴族や上流階級のために、ロンドン市内の居宅としてタウンハウスが誕生する。多くは界壁を共有する集合住宅(テラスハウス)で、連続する住宅が広場を囲んで街区を構成する様は宮殿のようであった。四角い広場を持つスクエアや、円形広場のサーカス、楕円形の広場のロイヤルクレセント12などがある。

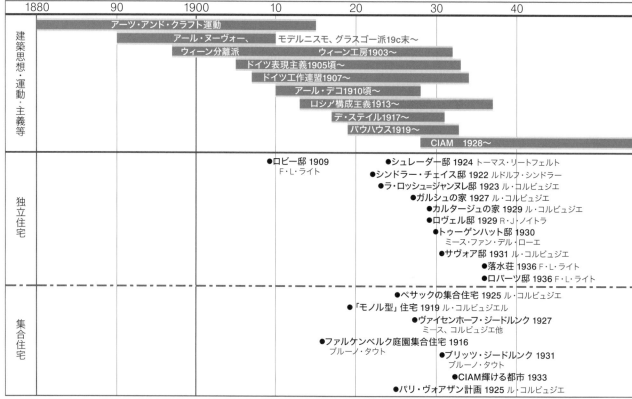

	1880	90	1900	10	20	30	40

建築思想・運動・主義等

- アーツ・アンド・クラフト運動
- アール・ヌーヴォー、
- ウィーン分離派
- モデルニスモ、グラスゴー派19c末〜
- ウィーン工房1903〜
- ドイツ表現主義1905頃〜
- ドイツ工作連盟1907〜
- アール・デコ1910頃〜
- ロシア構成主義1913〜
- デ・ステイル1917〜
- バウハウス1919〜
- CIAM　1928〜

独立住宅

- ●ロビー邸 1909　F・L・ライト
- ●シュレーダー邸 1924 トーマス・リートフェルト
- ●シンドラー・チェイス邸 1922 ルドルフ・シンドラー
- ●ラ・ロッシュ=ジャンヌレ邸 1923 ル・コルビュジエ
- ●ガルシュの家 1927 ル・コルビュジエ
- ●カルタージュの家 1929 ル・コルビュジエ
- ●ロヴェル邸 1929 R・J・ノイトラ
- ●トゥーゲンハット邸 1930 ミース・ファン・デル・ローエ
- ●サヴォア邸 1931 ル・コルビュジエ
- ●落水荘 1936 F・L・ライト
- ●ロバーツ邸 1936 F・L・ライト

集合住宅

- ●ペサックの集合住宅 1925 ル・コルビュジエ
- ●「モノル型」住宅 1919 ル・コルビュジエル
- ●ヴァイセンホーフ・ジードルンク 1927 ミース、コルビュジエ他
- ●ファルケンベルク庭園集合住宅 1916 ブルーノ・タウト
- ●ブリッツ・ジードルンク 1931 ブルーノ・タウト
- ●CIAM輝ける都市 1933
- ●パリ・ヴォアザン計画 1925 ル・コルビュジエ

13. 西洋の近代住宅年表

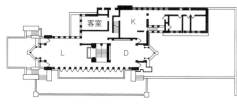

14. ロビー邸（フランク・ロイド・ライト／ 1909 ／シカゴ）プレーリースタイルとして内外空間の流動性を展開

2 ― 近代建築と近代住空間

　近代建築（モダニズム建築）とは、産業革命以降の工業化社会を背景として、過去の様式にとらわれず機能性や合理性を追求した建築である。

　20世紀の近代建築を代表する三大巨匠（フランク・ロイド・ライト、ル・コルビュジエ、ミース・ファン・デル・ローエ）の一人であるコルビュジエは、かつて「住宅は住むための機械である」と言ったが、それまでのボザールの様式主義的な建築に対して、機能的で合理主義的な造形表現によって住空間を構成した。サヴォア邸で実現した「近代建築の5原則」は、新たな時代の建築が満たす5つのポイントを示した。さらにコルビュジエは「建築とは光のもとに集められた立体の、巧みで正確で壮麗な操作である」とも表現しており、機能性・合理性を超えた空間構成の豊かさを目指した。

　上記の近代住宅年表[13]は、現代住宅に多大な影響を与えた西洋近代住宅の主要な作品を時系列に示したものである。年表の中段に主要な建築家とその作品を時系列に並べている。表上段は近代住宅の住空間構成における様々な手法に影響を与えた建築運動や設計思想などとの相関を示している。表下段では本章3節で示す西欧の重要な近代の集合住宅の年表を併記した。

　次に、年表の中から工業化、都市化の始まった近代に試みられ、現代の住宅に特に大きな影響を与えた欧米の近代住宅の代表的な作品を取り上げ、その特徴を解説する。

50	60	70	80	90	2000	10	20

ポスト・モダニズム

●母の家 1963 ロバート・ヴェンチューリ
●ファンズワース邸 1950
　ミース・ファン・デル・ローエ
●チャールズ・ムーア自邸 1966
●住宅4号 1974 ピーター・アイゼンマン
●フィッシャー邸 1960
　ルイス・カーン
●カーサ・ロトンダ 1981 マリオ・ボッタ
●ザルツマン邸 1969
　リチャード・マイヤー
●グロッタハウス 1989 リチャード・マイヤー
●チャールズ・グワスミー自邸 1965
●ハウス10 1966 ジョン・ヘイダック
●フラクター邸 1954 ルイス・カーン
●ゴールデンバーグ邸 1959 ルイス・カーン
●フランク・O・ゲーリー自邸 1979

●垂直の森 2014
　スティファノ・ボエリ

●ハーレン・ジードルンク 1961 アトリエ・ファイブ
●ガソメーター 2001
　ジャン・ヌーベル他
●ユニテ・ダビタシオン・マルセイユ 1952
　ル・コルビュジエ
●ギルドハウス 1963 ロバート・ヴェンチューリ

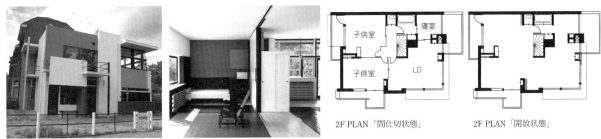

子供室　寝室
子供室　LD

2F PLAN「間仕切状態」　2F PLAN「開放状態」

15. シュレーダー邸（トーマス・リートフェルト／ 1924 ／ユトレヒト）面・線で構成、可動間仕切りによる空間の変化

(1)ロビー邸[14]　フランク・ロイド・ライト

　水平を強調したデザイン、プレーリースタイル（草原様式）の代表作である。建物はこれまでのヨーロッパの「箱」の建築からの脱却をはかり、ヨーロッパの建築家たちに多くの影響を与えた。ライトは日本文化・住宅の影響を受けたと言われていて、日本の伝統的な建築・住宅の要素が垣間見られる。キャンチレバーの屋根は外壁面から大きく張り出し水平を強調したデザインで構成されている。部屋を区切らずに緩やかにつなぐことで、流動的で開放的な平面プランとなっているのが特徴的である。また、連続的な大開口は開放的で外部と内部を視覚的に一体化し、建物の高さを抑えることで広大に拡がる大地と呼応する空間構成が展開されている。

(2)シュレーダー邸[15]　ヘリット・トーマス・リートフェルト

　フランク・ロイド・ライトの水平構成に影響を受けたデ・ステイルを代表する作品であるシュレーダー邸は、幾何学的な面と線の構成で建築空間をつくり出している。壁やスラブの面が独立した面的要素となり、手摺・窓枠・支柱が線的要素として、それぞれの要素はモンドリアンの抽象画のように赤、青、黄と鮮やかに彩色されている。これは 1917 年発表の椅子「レッド＆ブルー」の構成の発展である。平面プランにおいては、2階は固定した壁による部屋割りを廃して、可動間仕切りにより、中央の階段を中心に四つの別々の部屋に分けることもできれば、オープンな一つの部屋として使うこともできる可変的な住空間を提案している。

16. シンドラー・チェイス邸（ルドルフ・シンドラー／ 1922 ／ハリウッド）内外空間の相互の一体化を高める平面・空間構成

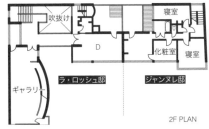

17. ラ・ロッシュ＝ジャンヌレ邸（ル・コルビュジエ／ 1924 ／パリ）ル・コルビュジエの「5原則」の原点となる2軒の邸宅

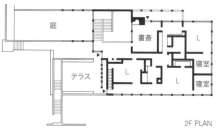

18. 健康住宅（ロヴェル邸）（リチャード・ジョセフ・ノイトラ／ 1929 ／ロサンゼルス）立体的な空間の相互貫入が全面に展開

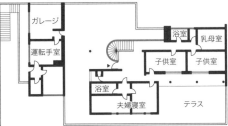

19. トゥーゲンハット邸（ミース・ファン・デル・ローエ／ 1930 ／チェコスロバキア）外壁や間仕切壁が構造から自由に配置

(3)シンドラー・チェイス邸[16]　ルドルフ・シンドラー

　シンドラーと友人のチェイス夫妻の共同住宅で、中庭を取り囲むL型のブロックを組み合わせた平面プランで構成される。ロサンゼルスの温和な気候と調和する住宅である。内部と外部の空間相互の一体感を高めるために内外空間のレベル差をなくし、完全に開放可能な引き戸が設けられた。このほか庇と高窓、可動の間仕切り壁や屋外の暖炉など様々な空間構成要素が用いられている。

(4)ラ・ロッシュ＝ジャンヌレ邸[17]　ル・コルビュジエ

　コルビュジエの「近代建築の5原則」の原点となる住宅。美術コレクターのラ・ロッシュとコルビュジエの兄のための二つの邸宅は、L字型のプランで内部で仕切られている。奥に配置されたピロティの曲面の空間はラ・

ロッシュのギャラリーで、エントランスホールの3層吹抜けを中心に、斜路、ブリッジを通じてすべての空間が関係するよう構成されている。

(5)健康住宅（ロヴェル邸）[18]　リチャード・ノイトラ

　米国初のインターナショナルスタイル。標準化された鉄製材を用いて上部に張り出した形態を創出している。

(6)トゥーゲントハット邸[19]　ミース・ファン・デル・ローエ

　傾斜地に建っており、道路に接した上階に玄関と個室群が配置されている。下階は外に向かって開け、15m × 24m の水平に広がるガラスに囲まれた居間・食堂・書斎の空間がある。バルセロナパビリオンのように、鉄骨の十字柱が壁から独立して配置されており、壁で仕切らず、流動的な連続する均質空間が実現されている。

20. サヴォア邸（ル・コルビュジエ／ 1931 ／ポワシー）近代建築の 5 原則と建築プロムナードが高い完成度で実現

21. 落水荘（エドガー・カウフマン邸）（F・L・ライト／ 1936 ／ベア・ラン）内外床仕上げなどの同調性により内外空間の流動性を創出

22. ファンズワース邸（ミース・ファン・デル・ローエ／ 1950 ／シカゴ）完璧なディテールによる無限定で透明度の高い空間

  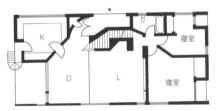

23. 母の家（ロバート・ヴェンチューリ／ 1963 ／フィラデルフィア）ポストモダン建築としての多様性を表現した代表的作品

(7) サヴォア邸20　ル・コルビュジエ

「近代建築の 5 原則」を明確に表現した代表作品。自然としての大地から屋上庭園まで連続する斜路や階段はコルビュジエの言う「建築的プロムナード」として巧妙に内部に組み込まれ、連続する空間の変化を構成している。

(8) 落水荘（カウフマン邸）21　フランク・ロイド・ライト

キャンチレバーで滝の上にせり出し、重ねられたテラスの水平構成のデザインは、滝や周辺環境と一体となり、内部は外部と連続し自然と建築の調和が図られている。

(9) ファンズワース邸22　ミース・ファン・デル・ローエ

鉄骨の柱を外に出し、2 枚の水平スラブに挟まれ、4 周をガラスで構成された無柱の内部空間は、「ユニバーサル・スペース」と呼ばれている。

(10) 母の家23　ロバート・ヴェンチューリ

ヴァナ・ヴェンチューリ邸。ヴェンチューリの母のための住宅である。「機能的で均一」なモダニズム建築への批判として現れたポストモダン建築は、「多様性と対立性」に価値を見出した。マイケル・グレイブスらの「ホワイト派」に対して、ロバート・ヴェンチューリはバナキュラーな形態や古典様式を引用する「グレイ派」の建築家である。「母の家」は、モダニズム建築の陸屋根に対して、バナキュラーな民家の切妻屋根から引用したデザインが特徴的である。その平面は随所で歪められており、階段は裾で幅広く上で先細りになっていたり、構造的ではないアーチ天井など、モダニズム建築の「形と機能」の関係を否定している。

24. 古代ローマの集合住宅「インスラ」（オスティアの集合住宅）

上左：モノル型（1919）
連続するヴォールト屋根を主とする量産型住宅。大地と一体になって、水平に
連続する住宅群。
上右：シトロアン型（1920）
水平スラブの陸屋根を主とする白い箱形の量産型住宅
右：ヴィラ型集合住宅（1922）
シトロアン型住宅を応用した住居のユニットを垂直に積み重ねた住宅群

25. ル・コルビュジエの量産型集合住宅「モノル型住宅」と「シトロアン型」

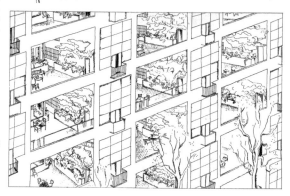

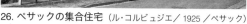

26. ペサックの集合住宅（ル・コルビュジエ／ 1925 ／ペサック）

3 ― 西洋の集合住宅

　集合住宅の歴史は古く、古代ローマ時代に出現している。古代ローマ人は、属州の各地域で都市を形成してきた。そして、都市内部には公共下水道や集会場、競技場、浴場といった都市施設を設けるなど、効率的な都市計画の中で住宅も集合化され積層されてきた。このような都市がローマ帝国各地に建設され、それらの都市が現在のヨーロッパの都市に受け継がれている。

(1)古代ローマ

　3世紀頃になると、古代ローマには70万人以上が生活し、組積造の集合住宅が大量に建設された。やがて階数が9階に達して日照が問題になり、家屋の崩壊も頻発したため、アウグストゥス帝は建築物の高さを70フィート（5階程度）に制限したという。

(2)オスティアの中層アパート「インスラ」

　ローマは帝政期の人口増加で、市民の住空間は平屋のドムスからインスラと呼ばれる集合住宅に変わっていった。ローマの外港オスティアは過密都市であり、インスラが多く建てられていた。これは5階建ての煉瓦造で、地上階の商店は中に階段があり、各戸から上のアパートに通じていた[24]。

(3)近世

　ロンドンの大火（1666年）を契機に建築に関する法令が段階的に整備され、細かい規準が定められた。大火の後、貴族階級が自らの地所を投機的に開発（エステート開発）することによって形成された集合住宅が急増した。

27. ファルケンベルク庭園集合住宅（1913～16）

28. ブリッツと大規模集合住宅群（1925～）

29. ブリッツ中庭

30. ヴァイセンホーフ・ジードルンク（1927／ドイツ）
17人の建築家が参加して建設された実験的集合住宅である。主な設計者は、ミース・ファン・デル・ローエ、ル・コルビュジエ、ヴォルター・グロピウス、ピーター・ベーレンス、ブルーノ・タウトらである。コルビュジエは「近代建築の五原則」を反映した住宅を提案した。

31.「300万人の現代都市」（1922）

32. ル・コルビュジエによる「パリ・ヴォアザン計画」（1925）

（4）近代

　18世紀の産業革命から19世紀に入ると、英国では都市人口が急増し、人々の生活環境は、公害、過密、不衛生という極めて劣悪なものとなった。

　19世紀の中頃から、英国政府も深刻な住宅問題の解決を図るための取組みを始めている。1868年にトレンズ法、1875年にはクロス法が制定され、不良住宅のクリアランス権限が地方自治体に付与された。また、ほぼ同じ頃に非営利組織による労働者階級に対する住宅供給を推進する法律も定められ、集合住宅の建設がはじまった。

　第一次世界大戦前後からは、集合住宅の設計理念が様々な建築家によって示された。フランスでは1915年以降、コルビュジエを中心として様々な集合住宅の計画が展開され[25]、ペサックの集合住宅[26]などが建設された。ドイツでは、ブルーノ・タウトによるファルケンベルク庭園集合住宅[27]、馬蹄形をしたブリッツなどの大規模集合住宅団地[28,29]などが建設された。さらに、ドイツのヴァイセンホーフにおいてミースが中心となり、コルビュジエらの設計によるモダニズム集合住宅群が建設された[30]。

　都市計画では、コルビュジエが「300万人の現代都市」、「パリ・ヴォアザン計画」を発表[31,32]。1933年には第4回CIAM（近代建築国際会議）が開催され、コルビュジエが提唱した「輝ける都市」の理念である「太陽・緑・空間」を重視した都市のあるべき姿がアテネ憲章として採択され、その後の世界の都市計画や住宅地計画に大きな影響を与えた。

1. 竪穴住居（縄文時代〜）中世まで変化を見せない庶民住居の原型

2. 高床住居（弥生時代〜）神社建築に進化

3. 平地住居（弥生時代〜）地面を掘らずに平地のままに建てた住居。古墳時代には壁立式の平地住居が出現している。

4. 公家住宅（奈良時代／法隆寺伝法堂前身建物復原図）

6. 武家住宅（鎌倉時代／秋田城介泰盛の家）

8. 数寄屋造（江戸時代／桂離宮）

5. 寝殿造（平安時代／東三条殿復元図）

7. 書院造（室町・桃山時代／園城寺光浄院客殿）

ぬれえん　へや　えんがわ　へや

えんがわ　いりがわ　へや

11. 縁側の室内化（入側）による農家住宅の拡張
外周に張り出して設けられた板敷き状の通路である縁側は、必要に応じて室内化され、さらに外側に拡張していく。

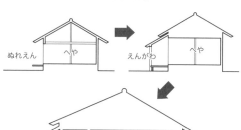

なんど　だいどこ　かまど　にわ　おもて　うまや

棟木　棟束（おだち）　垂木

10. 農家住宅「箱木家住宅」の平面・断面図（推定室町時代／神戸市）

2　日本における住空間の展開

1 — 古代〜近世

　日本の住宅における変遷は、竪穴住居、高床住居、平地住居から始まった[1]〜[3]。支配階級や富裕層の住宅は、奈良時代の公家住宅[4]、平安時代の寝殿造[5]、鎌倉時代の武家住宅[6]、室町時代および安土・桃山時代の書院造[7]、江戸時代の数寄屋造[8]へと発展してきた。一方、庶民の住宅は竪穴式住居が平安から室町時代まで続き、その土間空間を受け継ぎながら町家、農家住宅へと展開され、部屋数も増え、さらに書院造などの影響も受けながら発展してきた。

(1) 住宅平面の変遷[9]

　日本住宅の平面は、竪穴住居における「屋根」のある一室土間空間から始まり、建築技術の向上とともに「壁」のある平地住居や、地面から持ち上げられた「床」のある高床住居へと発展する。さらに、これらの土間と床を混合した二間取り平面から、町家住宅と農家住宅へと分かれ、それぞれ発展してきた。平安時代に描かれた「年中行事絵巻」から当時の土間のある町家の構成が読み取れる。一方で、高床住居は支配層の住宅として発展していく。奈良時代の貴族の家である「藤原豊成殿」では、テラス・縁側などの床が設けられている。武士階級が次第に勢力を増すと、寝殿造は武士階級の生活を反映しながら接客空間のある武家住宅、書院造へと受け継がれていく。

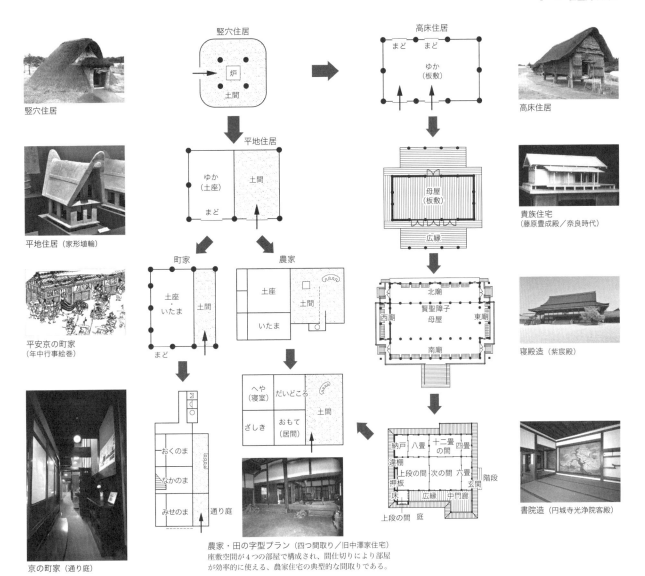

9. 日本の住宅平面の変遷

竪穴住居

高床住居

平地住居（家形埴輪）

平地住居

町家

農家

平安京の町家
（年中行事絵巻）

貴族住宅
（藤原豊成殿／奈良時代）

寝殿造（紫宸殿）

京の町家（通り庭）

農家・田の字型プラン（四つ間取り／旧中澤家住宅）
座敷空間が4つの部屋で構成され、間仕切りにより部屋
が効率的に使える、農家住宅の典型的な間取りである。

書院造（円城寺光浄院客殿）

(2)農家住宅、町家住宅の住空間構成の変遷

「箱木千年家」の通称で知られている神戸市北区の箱木家住宅[10]は、記録によれば806～810年に建てられたとされ、日本最古と推定される民家の一つである。ダムの建設による水没を避けるため、1979年に約60m南東の現在地に移築されたが、この時に解体調査が行われた結果、母屋は鎌倉～室町時代前半のものと考えられる。建設以来、多くの部材が取り替えられているものの、柱などの主要な構造部材は建設当時のものが残存している。

平面の構成は、入口から右側に「にわ」と呼ばれる土間に、「かまど」と「うまや」が併設され、入口左側に上部床として3室ある。表側縁側に面した囲炉裏のある部屋が「おもて」（客間）で、それに続く奥に「なんど」（納戸）と土間に面した「だいどこ」（台所）となっている。このように、「土間」と「床」の屋内空間の構成が竪穴住居以降の住宅の基本的な平面構成といえる。

農家は後世になるとの規模も大きくなり、さらに書院造などの影響も受け、田の字型（四つ間取り）の平面プランが生まれてくる。また、雨などによる室内への影響を避けるために庇が延長される。縁側も廊下となって、「入側」と呼ばれ室内化される[11]。この縁側の室内化とその延長により部屋を多く設置することで、住空間を拡張してきたのが、日本の住宅の特徴といえる。

町家では、土間は炊事用の竈も設置する「通り庭」と呼ばれる入口から裏庭へと抜ける細長い通路となった。通り庭には中庭からの通風と採光を得る機能もある。

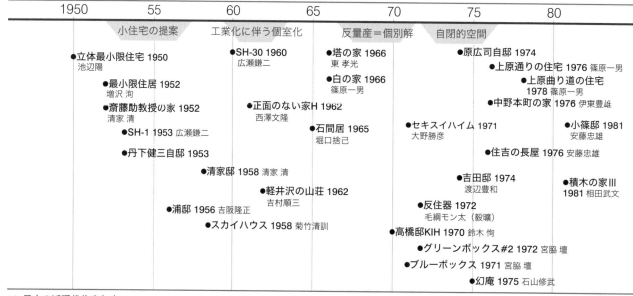

12. 日本の近現代住宅年表

小住宅の提案　　**工業化に伴う個室化**　　**反量産＝個別解**　　**自閉的空間**

●立体最小限住宅 1950
池辺陽

●最小限住居 1952
増沢洵

●斎藤助教授の家 1952
清家清

●SH-1 1953 広瀬鎌二

●丹下健三自邸 1953

●浦邸 1956 吉阪隆正

●SH-30 1960
広瀬鎌二

●正面のない家H 1962
西澤文隆

●清家邸 1958 清家清

●軽井沢の山荘 1962
吉村順三

●スカイハウス 1958 菊竹清訓

●塔の家 1966
東孝光

●白の家 1966
篠原一男

●石間居 1965
堀口捨己

●原広司自邸 1974

●上原通りの住宅 1976 篠原一男

●上原曲り道の住宅
1978 篠原一男

●中野本町の家 1976 伊東豊雄

●セキスイハイム 1971
大野勝彦

●住吉の長屋 1976 安藤忠雄

●吉田邸 1974
渡辺豊和

●反住器 1972
毛綱モン太（毅曠）

●高橋邸KIH 1970 鈴木恂

●グリーンボックス#2 1972 宮脇檀

●ブルーボックス 1971 宮脇檀

●幻庵 1975 石山修武

●小篠邸 1981
安藤忠雄

●積木の家Ⅲ
1981 相田武文

14. 居間中心型住宅
（熊谷喜邦／1922）

物置　K　D

寝間　L

児童室　書斎兼客間

押入　濡縁

K

13. 和洋並列型住宅「新島襄旧邸」(1878)

物置　K
物置
応接室　D
茶室　書斎
L
広縁

15. 中廊下型住宅「同潤会
中廊下型住宅」(1930〜40)

16. 立体最小限住宅
（池辺陽／1951）

LD
K
寝室
（子供室）
便所・浴室

17. 最小限住居（増沢洵／
1952）

寝室　浴室
LD
K

2 ― 近代〜現代[12]

（1）明治時代

　文明開化による西欧化は、住宅にも影響を与え始めた。特に、貴族や官僚、財閥といった階級の人達が洋館を建設した。ただ、それらの洋館は基本的に接客本位の住宅であった。彼らの日常的な生活の場は洋館とつながる母屋となる和風住宅であった。新島襄旧邸は、両親のために建てられた和風住宅が連結する「和洋並列型」住宅である[13]。その後、中産階級の間にも住宅の洋風化が広まり、和風住宅に応接室や書斎が取り入れられた「和洋折衷型」が普及した。

（2）大正時代

　大正デモクラシーの影響もあって、住宅改善運動が展開され、1922年の東京平和記念博覧会には、上野に文化村と称する14戸の住宅が展示された。このなかで生活改善同盟が出品した住宅は、家族生活の中心となる「居間中心型」の家族本位の住宅であった[14]。

　また、従来の和風住宅にみられる、部屋を通って次の部屋に移動する形式から、独立した部屋の使用やプライバシー確保の観点から「中廊下型住宅」が生まれた[15]。

（3）第二次世界大戦前後

　第5回CIAMのテーマが最小限住宅であったことや、戦後の物資不足は合理的で機能的な住宅を求めたため、15坪の「最小限住宅」や「一室住居」が提案された[16,17]。

（4）1950年代半ば以降

　1951年の公営住宅法制定とともに51C型と呼ばれる

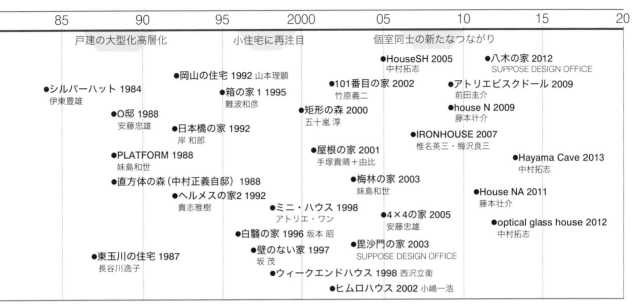

85	90	95	2000	05	10	15	20

戸建の大型化高層化　　　　　小住宅に再注目　　　　　個室同士の新たなつながり

●HouseSH 2005
中村拓志

●八木の家 2012
SUPPOSE DESIGN OFFICE

●岡山の住宅 1992 山本理顕

●101番目の家 2002
竹原義二

●アトリエビスクドール 2009
前田圭介

●シルバーハット 1984
伊東豊雄

●箱の家1 1995
難波和彦

●矩形の森 2000
五十嵐 淳

●house N 2009
藤本壮介

●O邸 1988
安藤忠雄

●日本橋の家 1992
岸 和郎

●IRONHOUSE 2007
椎名英三・梅沢良三

●PLATFORM 1988
妹島和世

●屋根の家 2001
手塚貴晴＋由比

●Hayama Cave 2013
中村拓志

●直方体の森（中村正義自邸）1988

●ヘルメスの家2 1992
貴志雅樹

●梅林の家 2003
妹島和世

●House NA 2011
藤本壮介

●ミニ・ハウス 1998
アトリエ・ワン

●4×4の家 2005
安藤忠雄

●optical glass house 2012
中村拓志

●白翳の家 1996 坂本 昭

●毘沙門の家 2003
SUPPOSE DESIGN OFFICE

●東玉川の住宅 1987
長谷川逸子

●壁のない家 1997
坂 茂

●ウィークエンドハウス 1998 西沢立衛

●ヒムロハウス 2002 小嶋一浩

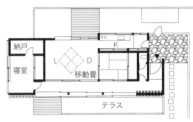

18. 斎藤助教授の家（清家清／1952／東京）小住宅のプロトタイプ・可動家具の設えによる住空間の変化

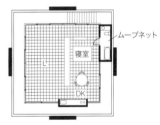

19. スカイハウス（自邸）（菊竹清訓／1958／東京）メタボリズム（新陳代謝）という思想を原理とした住宅

公営住宅の標準設計で「食寝分離」の平面が誕生した。これが住宅公団（現 UR）に受け継がれ、ダイニングキッチンのある DK 型として普及した。その後の高度経済成長により、生活スタイルにも変化が生まれる。プライバシー意識の高まりにより、個室など私的な空間が確保されるようになる。一方で、家族が集まれる公的な空間が求められるようになり、リビングを加えた LDK 型が普及するようになった。

(5) 1965 年頃

　高度経済成長による都市人口の急激な増加は、急激な住宅需要をもたらした。分譲マンションや住宅メーカーによるプレハブ住宅が誕生した。住宅の商品化と量産化のはじまりである。

(6) 斉藤助教授の家[18]　清家清

　床と屋根の 2 枚の水平面と天井まで大きく開いた開口部で構成された内外連続する空間は、ファンズワース邸を彷彿とさせる。居間はガラス戸や障子の鴨居や敷居がフラットに仕上げられており、縁側と一体的となった開放的な空間となっている。

(7) スカイハウス（自邸）[19]　菊竹清訓

　傾斜する敷地に 4 枚の壁柱によって支えられたピロティの上に、7.2m 四方の居住部分が浮いたように据えられている。台所、浴室、収納などは、ムーブネットと呼ばれて装置化され、取り替えや変更が可能になっている。メタボリズム（新陳代謝）の理念を具現化したものである。

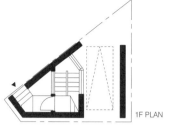

20. 塔の家（自邸）（東孝光／1966／東京）6坪の敷地に実った都市型住宅の極致

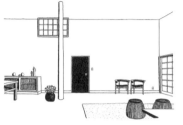

21. 白の家（篠原一男／1966／東京）日本の伝統的な空間構成を抽象化して表現した作品

22. セキスイハイムM1（大野勝彦／1971）住宅の工業化、量産化、ユニットの数と組合せでバリエーションが変化

23. 中野本町の家（伊東豊雄／1976／東京）都市に対して閉じた住空間をつくり出す

(8) 塔の家（自邸）[20]　東孝光

都心にある約6坪の敷地に建った都市型住居である。長女で建築家の東利恵氏が「物理的な広さと心理的な広さは一緒ではない」と表現しているように、各階一室の部屋は吹抜けや階段の開放性によってつながり、広がりを感じさせてくれる。

(9) 白の家[21]　篠原一男

日本の伝統的な空間構成を抽象化して表現した作品であり、初期の代表作の一つである。平面が1辺10m四方の正方形の内部空間は、壁や天井が真っ白に仕上げられ、平面の中央に1本の杉磨き丸太柱がシンボリックに立てられ、空間に非日常性を与えている。

(10) セキスイハイムM1[22]　大野勝彦

工場生産された部品を使用して住宅建築を行うユニット工法で販売され、工業化による住宅供給手段を革新した。間取りは4LDKの2階建だが、ユニットの数と組み合わせで住空間のバリエーションが変化する。設備もすべてユニットに組み込まれており、現場ではクレーンでユニットを据えつけるだけで完成する。

(11) 中野本町の家[23]　伊東豊雄

一見コートハウス的であるが、屋内住空間は外部に対してばかりでなく、中庭に対してもほぼ閉ざされた洞窟のような空間である。その内部は、特定の場所からだけシンボリックな光が入ってくる幻想的で美しい内部空間をつくり出している。

24. 住吉の長屋（安藤忠雄／1976／大阪）長屋の一郭を切り取ってコンクリート打ち放しの箱を挿入した形の住宅

25. 小篠邸（安藤忠雄／1984／兵庫県芦屋市）荒々しさとは異なり、むしろ繊細な材料としてコンクリートの存在感を高めた住宅

26. シルバーハット（伊東豊雄／1984／東京）屋根を覆うアルミの被膜が仮設的な軽やかさを表現　　伊東豊雄ミュージアム（伊東豊雄／2011／愛媛県今治市）

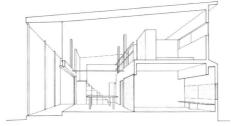

27. 箱の家1（難波和彦／1995／東京）最小限のコストと最小限の空間による現代版最小限住宅の試み

(12)住吉の長屋²⁴　安藤忠雄

　木造の三軒長屋の真ん中を切り取ってコンクリート打ち放しの箱を挿入した住宅。敷地は間口2間、奥行き8間を3等分し、中央に中庭を持つ。外部に対してはRC造の閉じた表現を持ちながら、内部では中庭を囲み、四季の移ろいを肌で感じることができる構成となっている。

(13)小篠邸²⁵　安藤忠雄

　緑豊かな国立公園内のゆるやかな斜面地を巧みに活かした、2棟に分かれたコンクリート打ち放しの住宅である。南側は住居部分が平行配置され、北側の増築部は、1/4円弧の壁で構成されたアトリエである。光と陰で織りなす内部空間は、独特なものとなっている。

(14)シルバーハット（自邸）²⁶　伊東豊雄

　中庭を着脱可能なテント1枚の薄い屋根で覆うことによって、居間の延長の室内として使える。鉄骨フレームやアルミのエキスパンドメタルを使用することで、屋根や壁は軽やかな皮膜へと変化している。現在、シルバーハットは伊東豊雄ミュージアムに移築されている。

(15)箱の家1²⁷　難波和彦

　最小限のコストと最小限の空間による現代版最小限住宅の試み。吹き抜けのある居間を中心に階段とテラスを持った構成は、都市に開いて光と風を室内に取り込み、普遍性を持った住空間構成としてその後シリーズ化され、無印良品の家の商品化にもつながる。

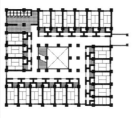

28. 端島

通称、軍艦島として知られる。明治から昭和の海底炭鉱の発掘場として栄える。最盛期には 5000 人以上の人々が、総面積 6ha ほどの小さな島で暮らしてきた。日本のエネルギー政策が石炭から石油に転換されたことで、1975 年に無人島となった。2015 年には世界文化遺産に登録されている。

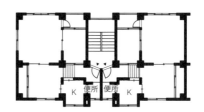

29. 同潤会青山アパート（1926）

同潤会アパートの室内は、RC 造の建物に和風の畳や押入れを取り入れた日本的な住まい方であった。総建設戸数は東京と横浜で 2500 戸程度であった。しかし現在、すべての同潤会アパートは解体され、建て替えられた。「住宅の規格化や量産化」を図るとともに、「食寝分離」をうながすなど集合住宅の理念を定着。

30. 同潤会代官山アパート（1927）

2～3 階建ての近代的なデザインの集合住宅。36 棟で住戸数は 337 戸、間取りは 2K が中心であった。ここでは、居住者のコミュニティも意識されており、娯楽室や食堂、公衆浴場なども併設されていた。さらに近代的な設備として、水洗トイレや、ダストシュートのほか、水道施設なども整備されていた。

31. 公営住宅 51C 型（1951）

戦後間もない時期には住宅不足が深刻であり、全国で早期に大量に公営住宅を建設する必要があった。このため、西山夘三の「食寝分離論」に基づき、吉武泰水らによって原案を作成された最小プランが、公営住宅の標準設計 51C 型 2DK（35m²）となった。

32. 公団住宅 55-3.4N-2DK 型（1955）

戦後復興期が終わり、51C 型に浴室を備え 2DK とした公団住宅が供給された。

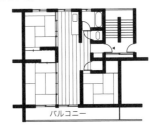

33. 公団住宅 63-3.4.5N-3DK 型（1963）

生活が豊かになってきた高度成長期には、1 部屋を付け加えた 3DK 型の公団住宅が生まれた。また、1968 年にはリビングを加えた 3LDK 型が誕生している。

3 ― 住宅団地と集合住宅

(1)日本最初の RC 造集合住宅

　1916 年長崎県の端島（軍艦島）[28] に日本で最初の鉄筋コンクリート造 7 ～ 10 階建ての高層集合住宅が建設された。炭坑労働者住宅で、広さは 18m² の 6 (4) 畳 1 間の一室住居であった。

(2)関東大震災後の復興住宅

　1923 年に設立された同潤会によって、関東大震災後の復興に鉄筋コンクリート造による中層集合住宅の供給が試みられた。これが本格的な集合住宅のはじまりで、以後の日本の集合住宅計画に多大な影響を与えた[29, 30]。

(3)戦後住宅の間取り標準タイプの展開

　1941 年に同潤会は住宅営団に吸収され、戦後の住宅不足を補うため住宅の規格化とともに食寝分離の理念を定着させた。1950 年住宅金融公庫法、1951 年公営住宅法が成立し、1955 年に住宅営団が日本住宅公団となり、各地で住宅団地が大量に建設された。その後、住宅都市整備公団、現在の都市開発機構（UR）に継承された[31, 32]。

(4)郊外型大規模住宅団地

　1955 年以降の高度成長期における経済発展は、都市への人口集中と住宅地のスプロール化を起こした。そのため、日本住宅公団は良好な住宅団地の形成を目指して、大都市の郊外に大規模住宅団地を数多く建設した[33]。

　1965 年頃からは、イギリスのニュータウンをモデルとして、千里ニュータウンや多摩ニュータウンなどの郊外ニュータウンがつくられた。

第Ⅱ部
住空間の計画

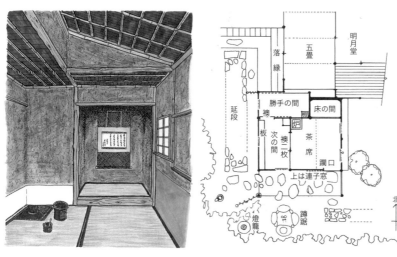

1. 待庵
千利休が設計したとされる2畳の茶室で、日本最古のもの。茶室及び数奇屋建築の原型ともされる。京都府大山崎町の寺院「妙喜庵」にある国宝。究極ともいえる最小の寸法でつくられた茶室。

2. 「Google」のロゴマーク
私達の身近な「Google」のロゴマークにも、寸法の秘密が隠されている。大文字の「G」と小文字の「o」の直径、小文字の「g」の幅と高さ、水平方向の高さ等の比も約「1：1.618」の黄金比に近い数値でデザインされている（P.39参照）。

3. キュビット
肘から中指の先端までの長さで、古代の西洋で使われてきた。
1キュビットは、約43～53cm程度。

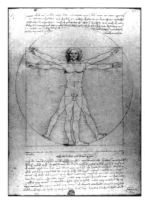

4. ウィトルウィウス的人体図
レオナルド・ダ・ヴィンチが、古代ローマの建築家ウィトルウィウスの『建築書』の記述をもとに描いた。円と正方形の中に、人体の手と足が内接されていることを示し、人体がある一定の調和で成り立っていることを表現している。

1 単位・寸法

1 ― 人体基準

待庵は、小間（4畳半より小さい）茶室の原型といわれ、畳2畳分のスペースという狭さである。千利休は、究極ともいうべき空間距離で、亭主と客人が緊張感をもちつつ相対する空間を計画した[1]。また、美しい形や空間は一定のプロポーションをもつといえる。「Google」のロゴマークも黄金比に近いプロポーションをもっている[2]。

空間のイメージから実際の空間をつくるには、具体的な寸法や規模を決める必要がある。そのためには、一定の基準となる寸法や物の大きさを把握した上で、計画を進めねばならない。特に住宅は日常的生活に密着するた

め、人体を基準としたヒューマンスケールを勘案した空間構成が重要となる。

古代メソポタニアやエジプトなどで使用されていた単位「キュビット（cubito）」は、肘を意味するラテン語から生まれている[3]。日本においても中国から伝わった「尋（ひろ）」（成人が両手を左右に広げた長さで、約1.818m）という単位があり、現在でも水深を表す単位として用いられている。このように、単位・寸法の始まりは人体が基準であった。

レオナルド・ダ・ヴィンチは、ウィトルウィウスの『建築書』から、「ウィトルウィウス的人体図」を描いた。ウィトルウィウスは、人体は一定の比例と調和をもつことから建築のプロポーションもそうあるべきだとした[4]。

長さの単位		m（約）
1 里	36 町	3927.273
1 町	60 間	109.091
1 間（1 歩）	60 尺	1.818
1 丈	10 尺	3.030
1 尺	10 寸	0.303
1 寸		0.030

面積の単位		m²（約）
1 町	10 反	9917.355
1 反	10 畝	991.736
1 畝（せ）	30 坪	99.174
1 坪（1 歩）	10 合	3.306
1 合	10 勺	0.331
1 勺（しゃく）		0.003

5. 尺貫法の長さと面積の単位

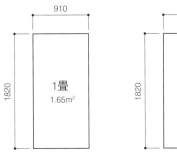
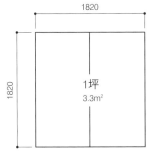

6. 畳の大きさと坪単位

1 坪の面積は、約 3.3m²（1820mm × 1820mm）となり、約畳 2 畳分の大きさ。ただ、1 坪の単位面積は常に一定であるが、畳の大きさは常に一定ではなく、部屋の大きさや日本の地域によっても異なる（P.41 参照）。

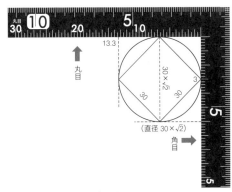

7. 指矩の丸目と角目の使い方

円の直径が、丸目目盛り（円周率 3.14 の倍数）で 13.3 なら円周は 13.3cm、角目（かどめ）目盛りで 3（実際の長さの $\sqrt{2}$ 倍）の場合、3cm 角の角材がとれる。

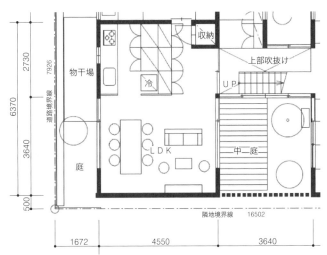

8. 設計図書の寸法表示

上図の平面図において、LDK の大きさは幅 4550mm、長さ 6370mm となる。

2 ― 尺貫法

　中国を起源とする尺貫法（しゃっかんほう）は、長さや面積などを表す単位の一つで、広く東アジアで使われてきた。ただ、尺貫法の「尺」は長さの単位、「貫」は質量の単位を表すが、「貫」は日本のみで使用されてきたため「尺貫法」の名称は日本固有のものである。尺は、長さ・距離の基本単位で、他の単位は尺の整数倍として決められている。同様に、面積の基本単位は坪（歩）で、1 辺が 6 尺（約 1.818m）の正方形の面積となる[5]。

　一般的な木造住宅の設計においては、1820 や 910 という尺モジュールが採用されている[6]。

　また、尺を単位とする大工道具の指矩（さしがね）[7]は、現代においても重要な道具として使われている。

3 ― メートル法

　メートル（m）は 1983 年に国際単位系として光の速さと時間による「光が真空中を 1 秒の 299,792,458 分の 1 の時間に進む距離」と定義された。

　日本では、1951 年の「計量法」によって、尺貫法が廃止され、メートル法の使用が原則として義務付けられた。住宅設計など建築物の設計に使用する寸法はメートル法で表されるが、図面上で単位が記載されていない場合は、mm（ミリメートル）となる[8]。

　また、面積を表す単位は m²（平方メートル）であるが、日本では坪（つぼ）（1 坪＝約 3.3m²）でも表示され、おおよそ畳 2 畳分の面積が 1 坪となる[5]。

　尺貫法の坪単位は、今でも一般的に使用されている。

尺モジュールの住宅平面計画　　メーターモジュールの住宅平面計画

1. 尺モジュールとメーターモジュール

同じ間取りの住宅平面図を、それぞれのモジュールで計画した場合、メーターモジュールでは各室、各部分の面積が少し大きくなっていることがわかる。車椅子などの使用を考えると今後メーターモジュールの採用が増加すると思われるが、メーターモジュールは床面積の増加要因であるため、建設コストが上昇する。

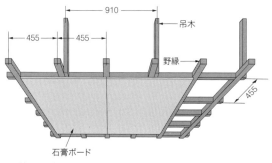

2. 天井のモジュール

メーターモジュールの建築資材も増えているが、多くの建築資材、内装用資材等は、尺モジュールが基本単位である。尺モジュールによる木造天井の造作で石膏ボードを張る場合、吊木、野縁等を910、455ピッチで配置し、それに幅910、長さ1820（910×2）の石膏ボードを張り付ける。このように、柱と柱の間隔のほか柱間の部材も尺モジュールで設置される。

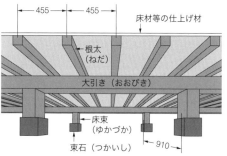

3. 床組のモジュール

木造床組みとして、まず、束石の上に床束をのせ、つぎに床束に大引きを架構し、さらにその上に根太を架構して床材等の仕上げ材を張ることが多い。尺モジュールの場合、通常大引きの間隔は910、根太間隔は455程度とする。また、製材においても規格が定められている。JAS構造用製材の標準寸法の一例として、例えば木口の短辺が36の場合、長辺は36、45、60、90、105など。

また、柱材も、90×90、105×105、120×120など規格寸法で供給されている。

2　人と空間

1 ― モジュール

建築におけるモジュールは、設計をする上での基準となる基本的な寸法システムのことを指す。

主なモジュールとしては、北米のフィート（30.48cm）・インチ（2.54cm）モジュール、日本のメーターモジュール、尺モジュールがある。木造建築の設計においては、このモジュールを基本単位として部屋の大きさを決める場合が多い。

メーターモジュールは1000mm×1000mm、尺モジュールは910mm×910mmを基準単位としている。一般的に木造住宅では、尺モジュールで計画されることが多い[1]。

尺モジュールのメリットとしては、メーターモジュールと比べて建物面積が少なくなるため、建設コストの圧縮ができる。さらに、天井・壁材といった建設資材は尺モジュールを基本として生産・加工されているものが多いため、材料選択の幅が広くなる[2,3]。

メーターモジュールのメリットは、部屋等の大きさを広く計画できることである。日本人の体型が大きくなってきたことや、設置する家具などの増加に対応することができる。デメリットとして、個々の部分の面積が増えることで建物全体の面積が増加し、結果的に建設費のコストアップにつながる。使い方によって資材の無駄が生じることにもなる。

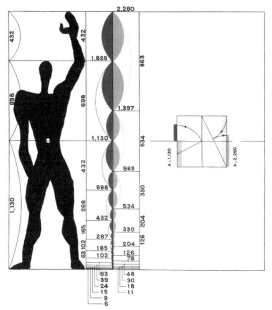

4. モデュロール

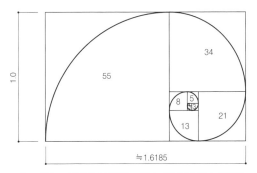

5. フィボナッチ数列の各項を一辺とする正方形と黄金比
0＋1＝1、1＋1＝2、1＋2＝3、3＋5＝8、5＋8＝13、8＋13＝21、…
2÷1＝2、3÷2＝1.5、5÷3≒1.667、8÷5＝1.6、13÷8≒1.625、
21÷13≒1.6154、34÷21≒1.6190、55÷34≒1.6176、…
数が大きくなるにつれ、縦横比が1.618に近づいていく。

外観

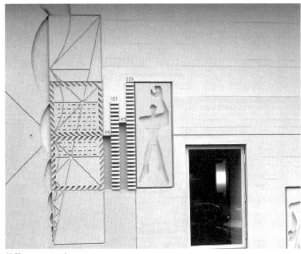

外壁モニュメント

6. ユニテ・ダビタシオン（ベルリン／ル・コルビュジエ）
建物外観はモデュロールの比率で計画されており、また住戸内部の天井高さは、人が手を上げた高さである226cmを基準として定められている。外壁に刻まれたモニュメントは、この建物をモデュロールでデザインしていることを示している。

2 ― モデュロール

　ル・コルビュジエは、人体寸法、黄金比とフィボナッチ数列を組み合わせたモデュロールによって、建築計画の基準となる寸法を提案した[4]。

　モデュロール（Modulor）は、フランス語のモジュール（module）と黄金分割（Section d'or）との造語である。

　黄金分割（黄金比）とは、古代ギリシャから使用されてきた彫刻や建造物などを美しくデザインするための比率（プロポーション）を決めるもので、ある線分を「a」と「b」の2つの長さに分割する場合、a：b＝b：（a＋b）から成り立つ比で、aを1とするとbは約1.618となる。西欧では、この黄金分割を基準とした比率構成が美しく見えるとされている。

　また、フィボナッチ数列とは、「1，1，2，3，5，8，13，21，34，55，89，144，233，…」のように、「直前の2つの数を加えたものが次の数」というもので、ある数を分母としてその次の数を分子とすると、数字が大きくなるほど黄金分割の比である「1.618」に近づく値となる[5]。

　コルビュジエは、モデュロールで人体の標準寸法を183cm、人が手を上げた高さを226cm、臍の位置を113cmと設定した。そして、このモデュロールを基準単位として、建物外観やプロポーション、また、建物内部の空間ボリュームを決定し、マルセイユやベルリン等においてユニテ・ダビタシオンを設計した[6]。

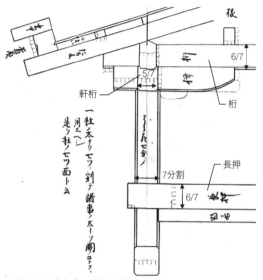

7. 建仁寺派家伝書　匠用小割図

外観

浄土寺の組物と垂木

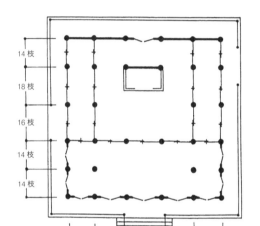

平面図

8. 浄土寺本堂

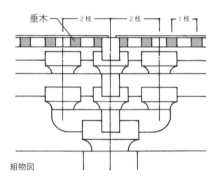

組物図

3—木割

　木割とは、木造建築において梁など各部材の寸法を決めるシステムで、柱の径や柱間隔を基準として各部材の寸法を算出する方式である。木割は、古代の神社仏閣などの建設から行われてきたと考えられているが、奈良・平安時代の資料は残っていない。日本最古の木割書と思われる室町時代の「三代巻」が、江戸時代の木割書「愚子見記」に収録されている。現存する著名な木割書として、桃山・江戸時代に作られた大工棟梁家の甲良家による「建仁寺派家伝書」と平内家の「匠明」がある。

　木割書の主な内容は、社・堂・塔・門・殿家（屋敷）に分けられ、それぞれに異なる単位寸法の比例関係で各部・各材の寸法を決めるというものである。

　「建仁寺派家伝書」の「匠用小割図」では、柱太さの7分の1を各部材寸法の基準とし、長押のせいや肘木の幅は、柱太さの7分の6、軒桁の幅は7分の5と解説している。木割は建物をつくる一種のマニュアル書で、建物の大きさが異なっても、一定のプロポーションをもった建物をつくることが可能となる[7]。

　浄土寺本堂（広島県尾道市）の柱間と垂木の割付、組物の寸法を示す[8]。

　浄土寺本堂は、1枝（5.9寸：約17.7cm）を基準として、各柱間で垂木の割付が、妻側から14枝、16枝、18枝となっている。また、組物も垂木の割に合わせて加工されている。

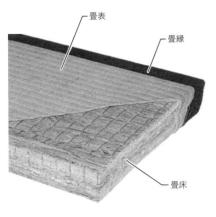

9. 畳の構造
畳床を畳表で覆い、縫い合わせる仕組みであるため、畳表が痛むと畳表を取り替える「表替え」が行われる。

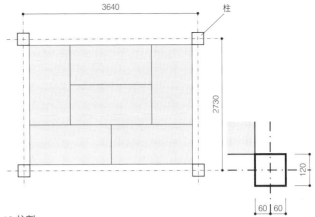

10 柱割
柱割は、柱芯を基準とした平面計画。真壁（柱を見せる壁仕上げ）で部屋をつくる場合、畳の大きさは柱間の内法寸法で決まる。
6畳の和室では、柱芯の間隔は3640×2730となる。その場合、例えば、柱の大きさが120角、また105角の場合で部屋の内法寸法が異なることになる。その部屋の内法寸法で畳の大きさが決まる。

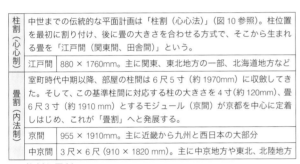

柱割（心心制）	中世までの伝統的な平面計画は「柱割（心心法）」（図10参照）。柱位置を最初に割り付け、後に畳の大きさを合わせる方式で、そこから生まれる畳を「江戸間（関東間、田舎間）」という。
	江戸間　880×1760mm。主に関東、東北地方の一部、北海道地方など
畳割（内法制）	室町時代中期以降、部屋の柱間は6尺5寸（約1970mm）に収斂してきた。そして、この基準柱間に対応する柱の大きさを4寸（約120mm）、畳6尺3寸（約1910mm）とするモジュール（京間）が京都を中心に定着しはじめ、これが「畳割」へと発展する。
	京間　955×1910mm。主に近畿から九州と西日本の大部分
	中京間　3尺×6尺（910×1820mm）。主に中京地方や東北、北陸地方

11. 柱割と畳割

12. 裸貸し（大阪くらしの今昔館）
近世大坂の貸家、畳や襖などのない状態がわかる。

4 ― 柱割と畳割

　畳は日本の伝統的な床材であるが、椅子とテーブルの生活が中心となった現在にあっても、和室の要素として一定の位置を占めている。

　一般的な畳は、稲藁で作られた畳床と呼ばれる芯材をイグサで編んだ畳表で覆い、長手部分の縁を畳縁で装飾・固定したものである[9]。

　通常、畳の縦横比は2:1で、1枚の畳の大きさは概ね3尺×6尺（910mm×1820mm）を基本とするが、完成した部屋の内法寸法に合わせてつくられている。

　このように、完成後の部屋の内法寸法を計測してから畳をつくるのが「柱割（心心制）」で、現在の主流となっている。つまり、尺モジュールによって和室を計画し、建物完成後の部屋の大きさに応じて畳を製作するというもので、実際の畳の寸法は部屋の大きさによって微妙に異なってくる[10]。

　一方、「畳割（内法制）」は、固定された畳の寸法を基準として、部屋の大きさを計画するもので、ある部屋の畳は他の部屋、さらに他の住宅でも使用が可能となる。

　「柱割」は主に江戸、「畳割」は上方地方を中心に行われた[11]。近世江戸時代では、大坂の貸家は畳や襖、建具がない状態で貸出される「裸貸し」が一般的で、畳や襖などは賃借人の財産として、新しい住まいに持ち込まれていた[12]。

　ただ、畳割は住宅の平面計画に制約が生じるため、建築生産システムとしては、柱割の方が合理的といえる。

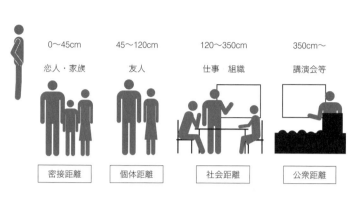

	0〜45cm	45〜120cm	120〜350cm	350cm〜
	恋人・家族	友人	仕事　組織	講演会等
	密接距離	個体距離	社会距離	公衆距離

13. パーソナルスペースと事例
鴨川（京都市）の川べりに座るカップルは、自然にほぼ等間隔で座っている。人が本来有する一定の距離空間意識の表れ。

配置	①	②	③	④	⑤	⑥	合計
会話	42	46	1	0	11	0	100
協力	19	25	5	0	51	0	100
同時作業	3	32	43	3	7	13	100
競争	7	41	20	5	8	18	99

注）同時作業の実際の合計は 101 人となるが、原本のままとした。

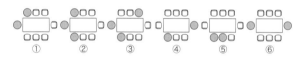

14. 心理学者ロバート・ソマーによる実験
2 人の学生がどの場所に座るかを、会話、協力、競争などの与条件を変えることで、彼らの行動傾向を分析した。実験結果から、人は相手との関係性が異なることで、座る場所や体の向きを変える傾向が見られた。例えば、二人で会話するという条件を与えられた場合、配置①もしくは配置②を選択した学生が多く見られた。協力するという条件では、配置⑤の隣の席を選ぶ者が51人と最も多くあった。

①四角形テーブル　②丸テーブル　③授業形式

15. 机・椅子のレイアウトと人の行動
①「四角形テーブル」対面型であるため、視線が向きあい圧迫感や緊張感が生まれる。議論し、何かを決める配置。
②「丸テーブル」位置関係に序列が生れにくいため、自然に活発な議論やアイデアが生まれやすい配置。
③「授業形式」教室の机配置に多く見られる形式で、一方的な話になりやすい。

5 — 空間の心理

アメリカの文化人類学者エドワード・ホールは、プロクシミクス（proxemics）という空間距離に関する研究で、人と人との間で保たれる間隔は一種の意思伝達手段であり、お互いの関係やそれぞれの文化によっても異なるとした。

彼の著書『かくれた次元』では、パーソナルスペース（人が持つ無意識に感じる空間距離）を4タイプに分け、①密接距離（0〜45cm：お互いに触れることが可能な距離。家族や恋人など極めて近い関係）②個体距離（45〜120cm：互いに手を伸ばせば届く距離。友人関係）③社会距離（120〜350cm：手を伸ばしても、身体に触れることができない距離。職場の上司との関係等）④公衆距離（350cm 以上：講演会等の公式な場における対面距離）とした[13]。

さらに、心理学者ロバート・ソマーは、人は相手との関係性により、異なる行動をすることを示した[14]。

認知心理学では、人は無意識のうちに、自分にとって心地良い位置を選ぶという。例えば、自分の右側にいる人を頼りにし、逆に左側にいる人を守る傾向があるといわれる。さらに、人は就寝する時、通常同じ向きに頭を向けて寝る。部屋の窓やドアなどの位置関係で、自分に心地良い位置を無意識に選ぶ。

したがって、空間計画や家具などの配置についても、人がもつ心理的な側面を検討する必要がある[15]。

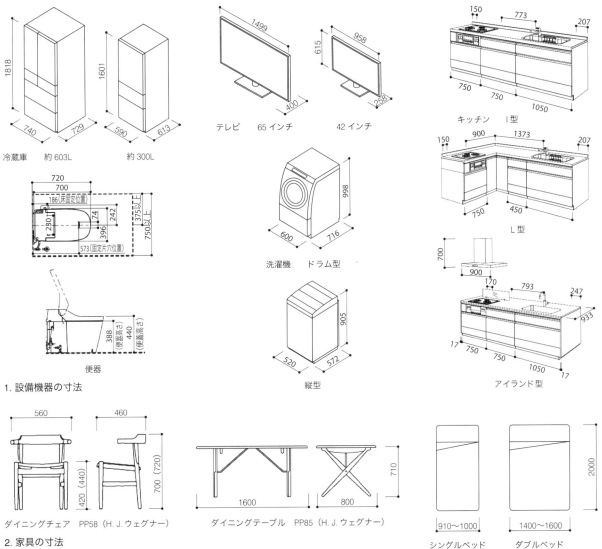

冷蔵庫　約603L

約300L

テレビ　65インチ

42インチ

キッチン　Ⅰ型

便器

洗濯機　ドラム型

縦型

L型

アイランド型

1. 設備機器の寸法

ダイニングチェア　PP58（H. J. ウェグナー）

ダイニングテーブル　PP85（H. J. ウェグナー）

シングルベッド

ダブルベッド

2. 家具の寸法

ダイニングテーブルの高さは700mm程度が一般的。ベッドのサイズは、家具メーカによって異なる。
ベッド高さは、概ね450mm程度とすれば立ち上りの容易な高さ設定となる。

3　単位・寸法の計画

1―物の単位・寸法

　住宅は、人の生活の場である。したがって住宅の計画においては、日常生活の器として住宅各室の適正な空間・規模とともに、設置する家具や設備の配置等も検討しなければならない。

　そのためには、冷蔵庫やテレビ、テーブルやソファーといった設備機器、家具の寸法を知ることも必要である。ここでは、住宅設計に最低限必要と思われる設備機器や家具の一般的な寸法を示している[1,2]。

　なお、具体的な計画においては、これらの基本的な寸法を踏まえた上で設計者によるアイデアが求められる。

　以下、主な諸室と設置が予想されるものを列記する。

①玄関・廊下：下駄箱、靴・傘置きスペース等

②台所：キッチン、配膳スペース、食器棚、換気扇等

③ダイニング：テーブル・椅子等

④リビング：ソファー、テレビ、調度品等

⑤寝室：ベッド、クローゼット等

⑥子供室：ベッド、デスク、椅子、クローゼット等

⑦書斎・趣味室等：デスク、椅子、本棚等

⑧客室・ゲストルーム：ベッド、押入れ、調度品等

⑨洗面・化粧室：手洗い、洗濯機、収納棚等

⑩便所：便器、ペーパーホルダー、収納スペース等

　その他、計画の内容に応じて、家具や備品、照明器具等も合わせて検討することが望ましい。

立位　　　　椅子座位

平座位　　　　臥位

3. 動作と姿勢

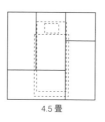

4.5 畳

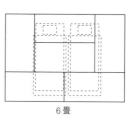

6 畳

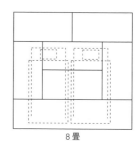

8 畳

4. 畳の敷き方と布団の配置

畳（京間）の1枚のサイズはおおよそ長辺1820mm×短辺910mm。

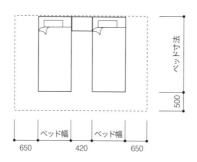

ベッド幅　　ベッド幅

650　　420　　650

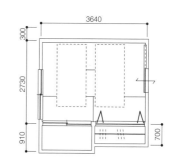

3640

300　2730　910　　　700

5. ベッドの配置と寸法

洋室寝室ではベッドは常に設置の状態で、部屋の使い勝手に大きく影響する。位置の設定に十分な検討が必要。

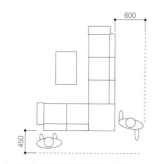

600

450

6. リビングの家具配置と寸法

テレビや音響設備などが設置されることも多く、寛ぎの場所として日本人の生活にも定着してきた。ソファーなど大型の家具が設置されることも多いため、リビング内動線やダイニングなど他の場所とのつながりも十分に検討したい。

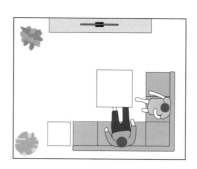

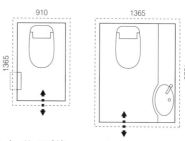

910　　　1365

1365　　　1820

7. トイレの寸法

トイレ空間は、一般的に910mm×1820mm（畳1畳）で決められることが多い。しかし、面積が小さく設定されることもあるが、手洗いや収納庫等を入れて広めに作られることも多い。上左図は最小寸法程度で少し窮屈。右図はゆったりとできる約1.5畳分。

2―人間と空間の単位・寸法

　日常生活において、人の動作・姿勢は、「立位」「椅子座位」「平座位」「臥位」の4つに分類することができる[3]。通常、「立位」は調理や移動など作業を伴う動作であり、「椅子座位」や「平座位」は食事や学習などの動作が、ある一定の時間、椅子や床・畳などに座って行われる。「臥位」は、就寝や休息、読書など比較的くつろいだ状態で行われるものといえる。

　空間の規模や寸法の計画では、人体の大きさだけでなく、人の動き方を知ることも必要となる。人の作業動作、姿勢と設備機器や家具の位置との間隔等、人・設備機器・家具も含めた空間構成を検討しなければならない。

　ここでは、住宅を構成する設備機器や家具を含む、そ

れぞれの単位空間（「畳の敷き方と布団の配置」「ベッドの配置と寸法」「リビングの家具配置と寸法」「トイレの寸法」など）の基本的な大きさを示している[4～7]。

　それぞれの単位空間における、人のスムーズな動作や作業をイメージすることが必要で、これらの単位空間を合理的につないだ集合体が住宅であり、建築物だということができる。

　単位空間からさらに連続する空間構成を図るためには、その空間内を移動する人をイメージすること、建築のシークエンスと呼ばれる「移動によって変化する景色、空間」を意識することが必要である。

8. ドアノブの高さ
ドアのノブ（握り玉）の高さは床から900mm程度が一般的な高さ。ただ、実際の居住者による動作等も考慮する必要がある。

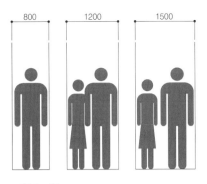

9. 廊下の幅
人の動作空間を600mmとして、壁とのクリアランスを考えると、廊下幅は少なくても750mm以上、800mm程度が望ましい。また、すれ違うことのできる幅は1200mm以上、1500mm程度が望ましい。

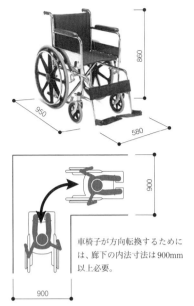

車椅子が方向転換するためには、廊下の内法寸法は900mm以上必要。

10. 車椅子と廊下幅
車椅子の大きさを十分に検討して廊下の内法寸法を決める必要がある。

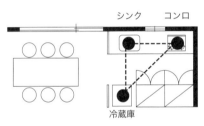

11. ワークトライアングル
キッチンレイアウトでは、作業効率性を高めることが重要。そのためには、冷蔵庫、コンロ、シンクを結ぶ三角形で、位置と間隔など動きやすい動線の検討が必要。

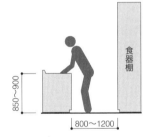

12. キッチン高さ
JISでは、キッチンのワークトップの高さは800、850、900、950mmの4種類を定めている。キッチンバックとの間隔は、屈んでの作業性を考えると800mm以上は必要。

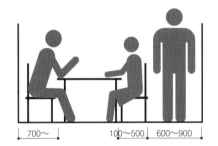

13. キッチン、テーブル等の位置関係
配膳等の動線、家具配置の検討が必要。また、ダイニングテーブルサイズの決定には、ダイニングの大きさや1人当たりの食事、スペースの検討も必要。

3 ― 動作空間と位置

住宅空間の中で、私たちは様々な動作を意識的・無意識的に行っている。そのような生活行動において、椅子やベッドなどの家具、設備機器等は、人の動きに合わせて作業・行動がスムーズに行えるように、その形や位置、高さなどが決められている。同様に、住宅に設置する扉のドアノブや引き手、電灯のスイッチやコンセントの位置等も適正設置の検討が必要である。住宅計画では、日常的な動作・作業がスムーズに行われるように計画することが求められる[8,9]。また、車椅子の使用等も考慮する必要がある[10]。

住宅において最も多様な動作・作業をするスペースはキッチン回りである。キッチンにおける作業として、①食材の収納・保管、②食材の洗浄・調理、③調理・配膳、④食器・調理器具の洗浄・収納等が考えられる。また、調理の手順として、①食材の運び込みや冷蔵庫からの出し入れ等の調理の準備、②流し台で食材の洗浄等、③調理台での作業、④レンジ・コンロでの調理、⑤食器の準備や盛付、⑥配膳となる。これら一連の作業をスムーズに行うことができる動線を検討する必要がある。特に、冷蔵庫、コンロ、流し（シンク）を結ぶ作業動線をワークトライアングルといい、この三角形の三辺距離の合計は360cm～660cm程度が使いやすいとされている[11]。

同様に、キッチンの高さやキッチンスペース、また、ダイニングテーブルとの位置関係も十分に検討する必要がある[12,13]。

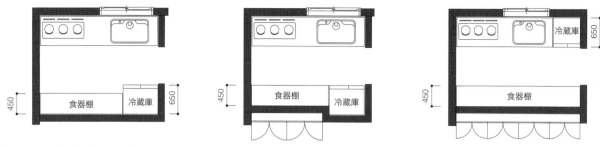

14. キッチンスペースの計画

市販品の食器棚の奥行きは450mmが多い。食器棚と同じ側に冷蔵庫を設置すると冷蔵庫がはみ出してしまう（左）。そこで、冷蔵庫を設置する背後の壁を部分的に下げて、冷蔵庫と食器棚の面（つら）を揃える（中）。また、流し台側に冷蔵庫を設置することで、キッチンの作業スペースを増やすことができる（右）。

15. キッチンとダイニングテーブルの高さ

一般的なダイニングテーブル高さ（700mm）の場合、キッチン高さ（850mm）と150mmの差が生まれる。キッチンとダイニングテーブルの高さを850mmに揃えると、ダイニングチェアとして座位の高い椅子も必要となる。（Fアトリエ／藤本和男）

16. キッチン側の床高さの調整

この事例は、調理側の床高さを手前より約150mm下げることで、キッチンとダイニングテーブルの高さを同じにしている。この場合、調理する人と相対する人との視線を合わすこともできる。（リトルギャラリー／辻壽一＋吉岡一昇）

4 — 設計のポイント

(1) キッチンスペースの計画

　住宅設計における家具・設備機器の位置関係を検討する際には、その幅・奥行き・高さの寸法を知っておかねばならない。

　特に、キッチン回りに設置される設備機器の中でも、冷蔵庫は寸法が大きいため、その設置する位置や扉の開き勝手（右開き／左開き）などの検討が必要である。また冷蔵庫は、食器棚などの家具と比べて奥行きが大きい。したがって、キッチンバックに冷蔵庫を設置する場合、作業スペースが冷蔵庫の部分で狭くなってしまう。これを解消するために冷蔵庫の後ろの壁を一部下げる工夫をすることもある[14]。

　また近年、アイランド型キッチンが設置されることが多くなってきた。デザイン面からキッチンとダイニングテーブルを同じ高さに揃える場合、キッチンの一般的な高さ（約850～900mm）とダイニングテーブルの一般的な高さ（約700mm）の差（約150mm）を解消する対策が必要となる。高低差の対処法として、①座位の高い椅子を使う、もしくは②キッチンの作業スペース部分の床高さを下げる（ダイニングスペースの床高さを上げる）等がある[15、16]。

　ただ、座位の高い椅子はあまり種類が多くないことや小さな子供にとっては使いづらいなどの問題点がある。

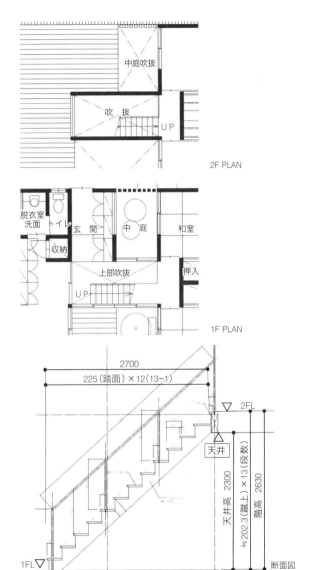

2F PLAN

1F PLAN

断面図

階段断面詳細図

17. 階段の設計事例（四条通の家／辻壽一）

5 ― 階段の計画

　階段の計画では、階段の平面的な長さや高さ（階高）との関係を検討する。階段の踏面や蹴上の寸法は、スムーズな上下移動ができるように考慮しなければならない。合わせて、手すりの位置や高さ、掴みやすい手すりの直径、大きさ等の検討も必要である。

　階段の踏面や蹴上、また階段の幅などは建築基準法で一定の寸法以上に定められていて、その基準は建物の用途や規模によって異なっている。独立住宅の場合、階段幅75cm以上、蹴上23cm以下、踏面15cm以上とそれぞれ定められている。ただ、この寸法はあくまで法律上の最低基準であって、実際には階段の勾配がかなり急なものになるため、日常生活に適した寸法とは言い難い。

　階段の設計順序としては、

①階段の踏面と蹴上をおおよそ決める（移動がしやすい、使いやすい勾配の検討）。

②階高と階段の平面的な長さを考慮し、おおよそ決めた踏面と蹴上に近い数字で割りきれる段数を決める。

③階高および階段長さを段数で割り戻して、踏面と蹴上寸法を決定する[17]。

　また、階段は空間演出の重要な要素となるので、階段のタイプ（直階段、折り返し階段など）や構造（ささら階段、ストリップ階段など）、素材（木製、鉄骨製など）も検討し、効果的な空間演出を考える。

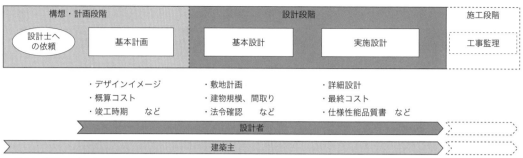

1. 計画〜設計のプロセス

構想・計画段階		設計段階		施工段階
設計士への依頼	基本計画	基本設計	実施設計	工事監理
	・デザインイメージ ・概算コスト ・竣工時期　　など	・敷地計画 ・建物規模、間取り ・法令確認　　など	・詳細設計 ・最終コスト ・仕様性能品質書　など	

設計者

建築主

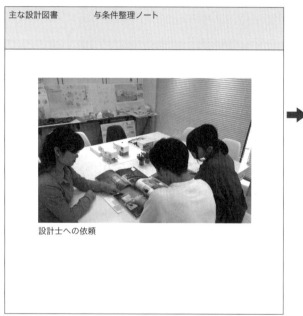

主な設計図書　与条件整理ノート

設計士への依頼

2. はじまり
家族が将来の夢を語り合い、雑誌を見てイメージを膨らませることから住宅は実現へ向かってスタートしていく。

主な設計図書　計画提案書　イメージボード
敷地分析表　ボリューム模型
配置計画比較表

イメージボード

ボリューム模型

3. 基本計画
建築主の要求を満たしながら様々な可能性を探り、提案を繰り返し、基本的な住宅のイメージを固めていく。

---

1 計画のプロセス

1 ― 計画と設計の流れ

　住宅は、建築主の構想段階から始まる。その想いを設計者が尊重しながら、様々な与条件を検討し提案する中で最大の可能性と方向性を導き、設計図書としてまとめる。その一連のプロセスにより住宅は実現する。

　計画と設計は明確な区分はないものの、計画段階では建築主の要求をくみ取り、イメージボード、ボリューム模型、計画提案書などを用いて提案を行うことに重点が置かれ、基本的な設計方針をまとめる。設計段階では、実際に施工し完成させることに向かって、必要な設計図書を作成し、関係法令、コストの調整まで完了するとと

もに、外観透視図、仕上・設備仕様書などを用いて建築主に設計の内容を説明する[1]。

2 ― はじまり

　建築主が、敷地を決め、デザイン、機能、規模、予算などから住まい方をイメージし、これから実現する住宅を構想することから、計画・設計がはじまる[2]。

　これを設計条件とし実現するために設計者が関わる。
主な検討事項：構想をくみ取る

3 ― 基本計画

　建築主の潜在的な要求を引き出しながら、様々な与条件を検討し、あらゆる可能性を最大限反映させた提案をする段階が基本計画である。ここで住宅全体の基本的な方向性が決まる[3]。

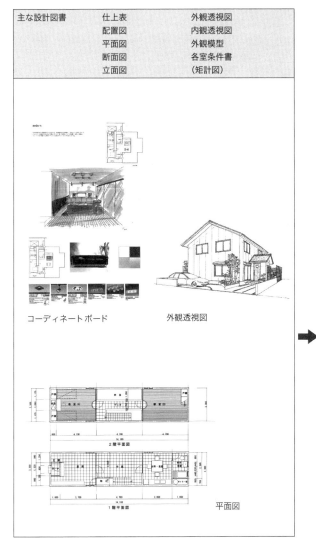

主な設計図書	仕上表	外観透視図
	配置図	内観透視図
	平面図	外観模型
	断面図	各室条件書
	立面図	（矩計図）

コーディネートボード　　　　外観透視図

平面図

4. 基本設計
敷地条件、法規制、住要求などの与条件を満足した設計の基本的枠組みを決定していく。

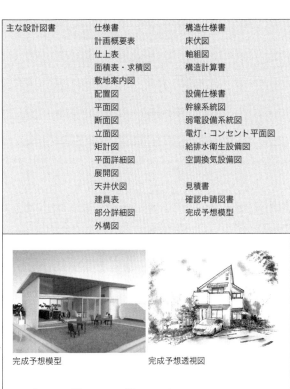

主な設計図書	仕様書	構造仕様書
	計画概要表	床伏図
	仕上表	軸組図
	面積表・求積図	構造計算書
	敷地案内図	
	配置図	設備仕様書
	平面図	幹線系統図
	断面図	弱電設備系統図
	立面図	電灯・コンセント平面図
	矩計図	給排水衛生設備図
	平面詳細図	空調換気設備図
	展開図	
	天井伏図	見積書
	建具表	確認申請図書
	部分詳細図	完成予想模型
	外構図	

完成予想模型　　　　完成予想透視図

平面詳細図

5. 実施設計
性能確認・コスト確認・施工のための設計を完了していく。

主な検討事項：敷地環境、住宅の配置と規模、各種法規制、コンセプト、デザインイメージ、概算コスト、竣工時期など。

4 ― 基本設計

　住宅の重要な枠組みを検討し、平面・断面計画、敷地計画、構造・設備計画、仕上材料などの住宅の概要を決める段階が基本設計である[4]。
主な検討事項：敷地環境、住宅の機能、主な性能・品質、各種法規制、概算コスト、工期など。

5 ― 実施設計

　基本設計をもとに、施工のための詳細な設計をし、法規制・コスト調整も完了する設計段階が実施設計である[5]。
主な検討事項：敷地環境、住宅の機能・性能・品質、各種法規制、詳細コスト、施工技術、工期など。

設計作業には、以下の役割分担がある。
①意匠設計：外観デザイン、建築計画・設計を分担するとともに設計全体を統括し調整する役割も担う。
②構造設計：建物の躯体・基礎を中心に地震などに耐える骨格の設計を行う。
③設備設計：空調換気・給排水衛生設備の設計と電気設備の設計に分かれる。
④インテリアデザイン：各室のインテリア空間のデザインとコーディネートを行う。
⑤エクステリアデザイン：敷地内の庭やアプローチ空間のデザイン、植栽計画を行う。一般的には、意匠・構造・設備の設計担当者が各自の役割を果たしてまとめる。住宅規模、予算等により設計チームが異なる。

①片寄せ型

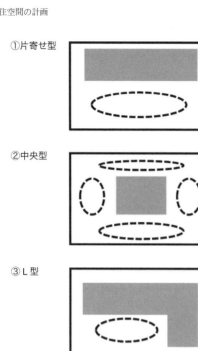

②中央型

③L型

④コ型

⑤ロ型

1. 配置のパターン

ウィンズロー邸
（フランク・ロイド・ライト）

尾張旭の住宅（吉村昭範）

正面のない家／H（西澤文隆）

2　住空間の計画

1 — 敷地計画

(1) 敷地を知る

　土地の持つ力を活かすことは重要である。それには、敷地の特性を知ることである。具体的には、方位、眺望、敷地形状・高低差、既存樹木、接道状況、隣地と建物の状況、周辺環境変化の予測などを調べる。何度も現地を訪れて、スケッチや写真で記録することによって、土地の持つ力が、住宅のイメージを想起させてくれる。

(2) 配置のパターン

　敷地の特性から建物の配置・形状、玄関の位置が決まってくる。敷地に対する代表的な建物の配置を5タイプ示す[1]。

①片寄せ型：郊外住宅地などに見られ、日本の気候・風土、慣習に合った配置。建物を北側に配置し、南側に庭、アプローチ、駐車場などを設けるのが一般的。住宅への日照を確保しやすい。

②中央型：比較的敷地が広く、方位や周辺環境の心配が少ない場合や住宅の格式が大切にされる場合などに多い配置。住宅の各面に積極的な表情が作られ、敷地内の庭やアプローチと一体的にその効果を高めやすい。

③L型：外部空間との緩やかなまとまりが生まれる。

④コ型：くぼませた中央部分が変化のあるファサードと内外の一体感をつくりだす。

⑤ロ型：都市部に見られ、敷地いっぱいに建築する配置。駐車場の確保、玄関の演出の検討が必要になる。

①中廊下型

中廊下

②片廊下型

廊下・土間

SUN（細田みぎわ）

③ホール型
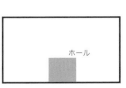
ホール

④ワンルーム型

コア

ファンズワース邸
（ミース・ファン・デル・ローエ）

2. 平面的類型

①積層型
プライベート
パブリック

②吹抜け型
吹抜け
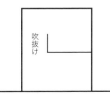
EDMONDSON HOUSE
（フランク・ロイド・ライト）

③スキップフロア型
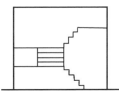
西落合の家
（SUPPOSE DESIGN OFFICE）

④ピロティ型
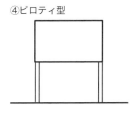
サヴォア邸（ル・コルビュジエ）

3. 断面的類型

2 ― 平面的類型

　廊下やホールなどの水平移動空間と諸室の関係には、いくつかの典型的な平面構成がある[2]。
①中廊下型：廊下の片側には浴室・洗面・便所・台所・階段など、反対側には主に居室を並べる配置。日本の近代住宅の典型的な平面でもある。廊下が暗く採光・通風に工夫が必要になる。
②片廊下型：廊下・土間などに居室が取りつく配置。Ｉ型、Ｌ型、コ型などがある。
③ホール型：中央のホールを介して取りつく諸室同士が相互に関係を持つ配置。
④ワンルーム型：独立した移動空間をもたず、ひとまとまりの大空間の中を家具などで適度に分節する配置。

3 ― 断面的類型

　階段などの垂直移動空間と諸室の関係にも、いくつかの典型的な断面構成がある[3]。
①積層型：一般的には下階をパブリックな諸室、上階をプライベートな諸室として分離積層し、階段でつなぐ配置。
②吹抜け型：玄関やリビングルームの上部の吹抜けにより上下階をつなぐ配置。空間的広がりが生まれる。
③スキップフロア型：床レベルを半階ずらし上下階を分節しながら連続的につなぐ配置。
④ピロティ型：１階はピロティとし車庫や玄関ホール、趣味の空間などに活用し、２階が居住空間となる配置。１階は高い空間的自由度が生まれる。

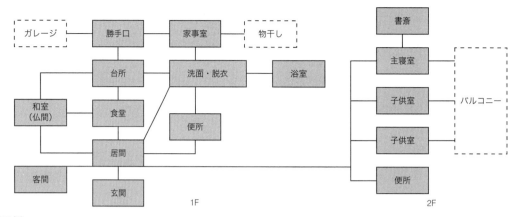

1. 機能図の例

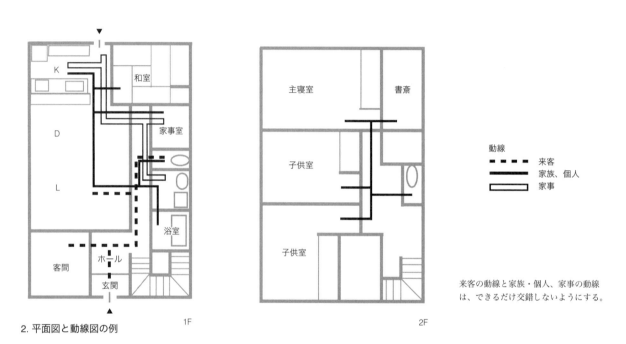

2. 平面図と動線図の例

動線
‒ ‒ ‒　来客
━━　家族、個人
□□　家事

来客の動線と家族・個人、家事の動線
は、できるだけ交錯しないようにする。

3　計画の進め方

1―機能計画

　住宅が持つべき機能を説明するための図が機能図である。人の動きや機能空間の関係を系統として整理するための図となる。各機能空間のボリュームをある程度表現した機能図にすることで、概略の平面図としての住宅が浮かび上がってくる[1]。

2―動線計画

　住宅内での人や物の移動の軌跡を動線という。原則として、①目的や立場、行動の異なる人との動線の交錯は避ける。そうすることで家庭内事故の減少や移動の連続性を確保しやすくなる。ただし、子供と親のコミュニケーションを重視する時などにはあえて交錯させる場合もある。②動線は、短くわかりやすくする。不必要に長いことは、生活効率を低下させてしまう。しかし、仏壇までの動線を長くし、奥行を強調することで先祖を敬う気持ちを高めることもある。

　目指す住生活の質（Quality of Life）を確保するための最適な動線計画が大切である[2]。

3―ゾーニングとブロックプラン

　機能的な共通性を持った空間をゾーンとしてまとめることをゾーニングという。そして、個々の機能空間をゾーニングされた中に配置することをブロックプランという。平面図をイメージできるよう空間のボリュームにも注意しながらまとめる[3]。

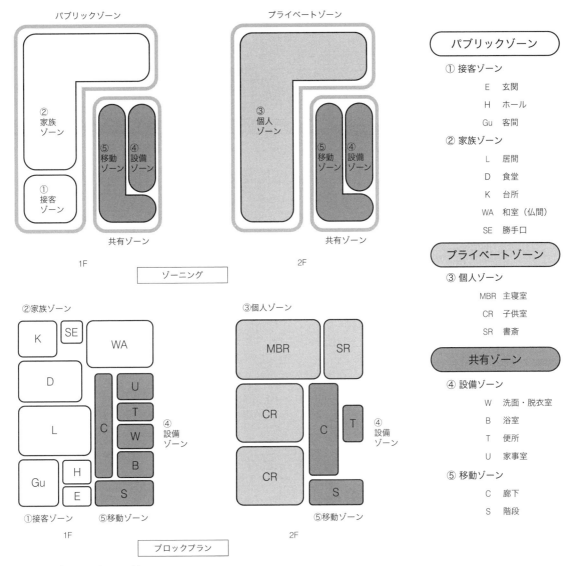

3. ゾーニングとブロックプランの例

ゾーンはいくつかの分類ができる。例えば、
①接客ゾーン：玄関、ホール、客間
②家族ゾーン：居間、食堂、台所、和室（仏間）
③個人ゾーン：主寝室、書斎、子供室、老人室、趣味室
④設備ゾーン：浴室、洗面所、便所、家事室
⑤移動ゾーン：廊下、階段、エレベータ、縁側
などに分けることができる。

このうち、接客ゾーンは、来客者を接客するエリアで、家族ゾーンは、家族の交流が主となるエリアで、パブリックゾーンとなる。個人ゾーンは、家族個人が活動するエリアでプライベートゾーンとなる。移動ゾーン、設備ゾーンは、パブリックゾーンとプライベートゾーンが共通に活動する共有ゾーンとなる。

ゾーン同士の関係のほか、各ゾーン内の各室相互の関係や、動線による各室のつながりも考慮する必要がある。

ゾーニングによって設計の初期段階に住宅全体をまとめておくと、空間構成がイメージしやすくなる。一方で住宅規模によっては、ゾーニングに必ずしもこだわらず設計コンセプトに沿って構成していくこともある。例えば、ライフサイクルの中で子供が育ち独立していくことを考慮すると、子供室の扱い方としてゾーニングを固定的に捉えないほうが良い場合もある。

建築主の固有の住要求に呼応した設計者の提案によって、機能図、ゾーニング、ブロックプランは個性ある活きた概念図になっていく。画一的な原則論では成り立たないのが住宅であることも知っておきたい。

① LDK 型

② LD ＋ K 型

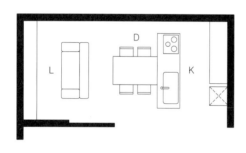

LDK が一つにまとまった空間となる型

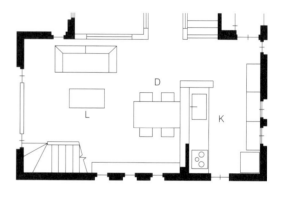

K が適度に分節され、LD と適度につながっている型

1. L・D・K の類型

4　L・D・K のタイプ

1―住宅規模と L・D・K

　住宅の間取りは、nLDK として表される。n は寝室等の数、L（Living room）は居間、D（Dining room）は食堂、K（Kitchen）は台所である。

　L・D・K は、団らん・食事・趣味・家事・接客など生活行為の多くを行う多目的な空間であり、家族のコミュニケーションの場として住宅の要となる。

　L・D・K の計画には住宅規模が影響する。比較的小規模の住宅では DK が一体的になり、逆に大規模な住宅では LD と K が分離し、さらに L と D と K が独立する傾向がある。前者では、省スペースで経済的となり、食事に関わる動線が短くなり、調理側の団らんへの関わりが強くなるが、K が丸見えになり、調理の臭い・煙・音・機器音が気になる。一方後者では、K が独立するので、調理の臭い・煙・音・機器音を遠ざけ、LD は接客を重視でき、デザインを凝らしやすいが、食事に関わる動線が長く、調理側の団らんへの関わりが弱くなる。

2―L・D・K の類型

　住宅の中心的なパブリック空間を構成する L・D・K は、どのように連続し分節するかによって、空間の機能や性格を特徴づけることができる。ここでは、代表的な 4 タイプを例示する[1]。

(1)LDK 型

　L・D・K が一つにまとまった空間となる型。K が露出

③L＋DK型　　　　　　　　　　　　④L＋D＋K型

東大路高野の家（辻壽一）

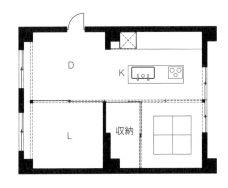
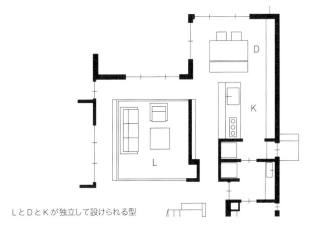

可動間仕切りパネルによりLとDKが分節可能となる型　　　LとDとKが独立して設けられる型

するため、その見せ方、接客空間として使用する時の演出に工夫がいる、また臭い・煙が拡散しやすいので換気・空調への配慮が重要になるが、コンパクトなので家族のコミュニケーションは高められる。

　比較的中規模以上の住宅で、ある程度の空間が確保できる場合は、LとDとKが適度に分節され、それぞれの機能が保ちやすく、多様な使われ方が比較的容易にできる。

(2)LD＋K型

　Kが適度に分節され、台所カウンター越しの対面式により、LDと適度につながっている型。LDへの調理の臭い・煙・音・機器音の影響を抑えられる。小中規模の住宅でよく用いられ、Kの充実が比較的図りやすい。一方、LとDは家具などで仕切ることで適度に分節され、それ

ぞれの独立した機能が確保しやすくなり、落ち着いた接客空間も得やすい。

(3)L＋DK型

　可動間仕切りパネルによりLとDKが分節可能となる型。普段はL・D・Kを一体的に使用しながら、来客時はLを客間として独立させ、落ち着きのある充実した空間にできる。L・D・Kのフレキシブルな空間構成が可能になる。

(4)L＋D＋K型

　LとDとKが独立して設けられる型。Lは接客、Dは食事、Kは調理というそれぞれの機能を充実させ、家族の団らん以上に住宅の格式を重視できる。各室相互の動線は長くなる。比較的規模の大きい住宅に用いられる。

①マッス

Hayama Cave（中村拓志）

②ボックス

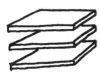

グリーンボックス＃2（宮脇檀）

③プレート

kitchenhouseSR（窪田勝文）

④シリンダー

ロトンダ（マリオ・ボッタ）

1. 形態的発想

⑤リニア（線、曲線）

中野本町の家（伊東豊雄）

⑥タワー

塔の家（東孝光）

⑦スケルトン

いちとにぶんのいち View（河江正雄）

⑧ハウスタイプ

せとの森住宅（藤本壮介）

5　形の発想

　イメージを形にすることが計画・設計する行為だといえる。形の発想は、空間の豊かさ（楽しさ、わくわく感、個性、深みなど）を高め、引き出すために重要である。ここでは、住空間の計画の特徴につながる形の発想を二つ示し、主な事例を説明する。

1 ― 形態的発想

　幾何学的な形そのものがもつ空間的特徴を計画に活かす[1]。

①マッス［mass］：詰まった塊の形態。重厚感のある存在に穿たれた空間を計画できる。

②ボックス［box］：面で構成された箱状の形態。立方体の一つのまとまりとして空間を計画できる。

③プレート［plate］：板状に構成する形態。分節された空間を計画できる。

④シリンダー［cylinder］：円筒状の形態。求心性（遠心性）のある空間を計画できる。

⑤リニア［linear］：線状の形態。一体的、連続的な空間を計画できる。

⑥タワー［tower］：塔状の形態。垂直方向につながりのある空間を計画できる。

⑦スケルトン［skeleton］：立体格子状の形態。全体が一つの秩序でまとまる空間を計画できる。

⑧ハウスタイプ［house type］：家の祖型的な形態。棲家としての記号をもつ空間を計画できる。

①ずらす

皆実町の家 02
（SUPPOSE DESIGN OFFICE）

②重ねる

近田の家（藤本寿徳）

③離す

O-House（向山徹）

④繋ぐ

U2-House（長澤誠一郎）

⑤組み合わす

角の家

2. 形態操作的発想

⑥繰り返す

和歌山の家
（SUPPOSE DESIGN OFFICE）

⑦浮かす

小浜の家
（SUPPOSE DESIGN OFFICE）

⑧覆う

須波の家（藤本寿徳）

⑨抜く：水平に抜く

徳島の家 01
（SUPPOSE DESIGN OFFICE）

抜く：垂直に抜く

正面のない家／H（西澤文隆）

2 ― 形態操作的発想

形に操作を加えることで計画に活かす[2]。

①ずらす：階層をセットバックさせる形態。ダイナミックさ、空間の動きが生まれる。

②重ねる：同質・異質または主従の空間を積み重ねた形態。安定感、機能の効率化が期待できる。

③離す：ひとまとまりの形態が相互に距離をとる形態。隙間にフレキシブルな共有空間が生まれる。

④つなぐ：複数の空間ボリュームを機能的に結び付ける形態。空間相互のつながりが生まれる。

⑤組み合わす：異なる形を一つのまとまりとする形態。多様な外観的表情が生まれる。

⑥繰り返す：規則的に繰り返す形態。リズムと秩序が生まれる。

⑦浮かす：地面から距離をとった形態。接地階のフレキシブルさと建物の浮遊感が生まれる。

⑧覆う：円弧、切妻、片流れといった膜状・板状で覆う形態。採光・通風を比較的確保しやすく、空間に軽やかさやダイナミックさが生まれる。

⑨抜く：全体のボリュームから抜き取られた形態。フレキシブルな外部空間が生まれる。

実際の計画では、敷地やその周辺環境の特性などの与条件によって、上記に示した単独の発想だけでなく、複合的な形態として、あるいはアレンジされた形態として扱われる。すなわち「マッシブでリニア」にすることや、「離しながら抜く」ことも多い。

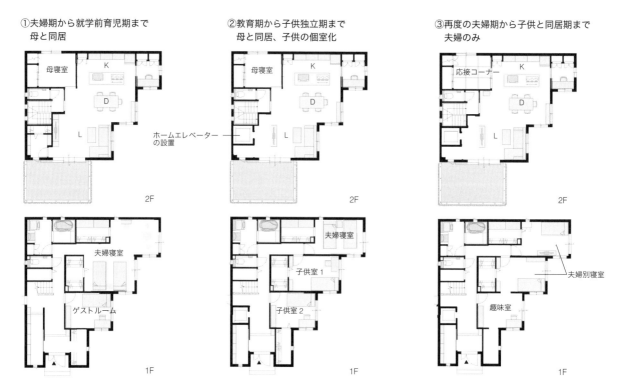

①夫婦期から就学前育児期まで　母と同居

②教育期から子供独立期まで　母と同居、子供の個室化

③再度の夫婦期から子供と同居期まで　夫婦のみ

この事例は、良好な眺望を活かし LDK は 2F、BR は 1F としている。また、夫婦が妻の母親と同居するところから住空間の変化を追っている。

1. ライフサイクルの中での住空間の変化

第1段階	結婚から子供誕生までの夫婦期
第2段階	就学前までの乳幼児の育児期
第3段階	子供が就学する教育期
第4段階	子供が成人していく独立期
第5段階	子供が独立後の再度の夫婦期
第6段階	夫婦の一方が亡くなる単身期

第5・第6段階は、第1〜第4段階の子供世帯との同居もある。
これ以外に、子供を持たない DINKS や生涯単身の生活もある。

2. 主なライフステージ

指向性の高い住居観	その住居観を特に代表するライフステージ	男女別の指向性の高い住居観
1. 心身休養(体と心をゆっくり休められるものにしたい)	20〜30代シングル、20〜40代夫婦二人	
2. 団らん(家族が団らんをする部屋に力を入れたい)	ベビーファミリー(専業)、キッズファミリー(専業)	
3. 個性(他の人のことを気にせず、自分の個性にあったものにしたい)	特に顕著なライフステージはない	男：指向性高
4. 必要最小(あまり広い家より、必要な部屋だけある家にしたい)	アダルトファミリー(専業)、50〜60代夫婦二人	女：指向性高
5. 装飾排除(ねぐらとして割り切りたい)	40〜60代シングル	

これら5つの住居観とは、ライフステージ全体であり、概ね個々のライフステージでも同じ住居観が示されている。
1〜5の住居観が全体の中で約9割を占めている。更に、1. 心身休養が全体の約4割弱で最も高い。
注) ライフステージごとの生活者の住まいに対する 2012 年頃の住居観を調査したもの。

3. 現代に求められるライフスタイル

6　生活の発想

1―ライフサイクルとライフステージ

　住生活は、住まい手自身のエイジングやその時々の出来事によって変化していく。家族構成は、多様に変化する一つの周期（ライフサイクル）をもち、いくつかの段階（ライフステージ）がある[1,2]。この変化を捉えて中長期的要求を満たせる住空間を計画することが大切になる。

2―ライフスタイル

　少子高齢社会となった現在、生活様式（ライフスタイル）は多様な価値観の中で様々に変化している。ライフステージの各段階によっていくつかの住居観が抽出され、現代に求められるライフスタイルが示されている[3]。

3―変化への対応の視点

　住空間の計画は、完成時だけにとどまらず、将来の生活の変化にできる限り対応可能な視点が求められる。以下にその2つの視点を述べる。

(1)バリアフリー（BF）

　事故・病気・加齢によって誰もが障害者・高齢者になる。バリアフリーは、「障害者や高齢者を対象に、日常生活における障壁（バリア）を取り除くという考え方」であり、すでにハウスメーカーからバリアフリー住宅として標準的な仕様が提供されている。即ち、フラットな床、引き戸、手摺、滑りにくい床材などである。本人の障害と加齢による変化とそれに対応した家族の介護を十分考慮した計画が求められる[4]。

外部階段手摺
身体の補助、転倒防止

緩勾配の階段
踏み外し、転落防止（主に原則5・6・7へ配慮）

玄関ベンチ
身体の補助、転倒防止

小上がり
立ち座り移動の負担軽減
（畳コーナー収納ユニット）
（主に原則2・5・6・7へ配慮）

引戸
開閉負担軽減、つまずき転倒防止

ホームエレベーター
上下移動の負担軽減
（主に原則1・5・6・7へ配慮）

浴室床材
転倒防止

LED フットライト
夜間の安全性確保、踏み外し・転落防止
（主に原則3・4へ配慮）

4. バリアフリーの事例

6. ユニバーサルデザインの事例

原則1	誰でも公平に利用できること
原則2	柔軟に利用できること
原則3	単純で直感的に利用できること
原則4	伝わりやすい情報であること
原則5	ミスや危険につながらない寛容さがあること
原則6	身体的な負担が少ないこと
原則7	アクセスしやすいこと

この原文は、THE CENTER FOR UNIVERSAL DESIGN North Carolina State University のロナルド・メイスらによって編集された。

5. ユニバーサルデザイン7原則

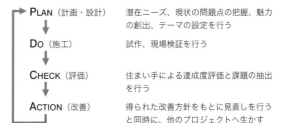

PLAN（計画・設計）　潜在ニーズ、現状の問題点の把握、魅力の創出、テーマの設定を行う

DO（施工）　試作、現場検証を行う

CHECK（評価）　住まい手による達成度評価と課題の抽出を行う

ACTION（改善）　得られた改善方針をもとに見直しを行うと同時に、他のプロジェクトへ生かす

7. PDCA サイクルを活用した継続的に向上させる UD プロセス

（2）ユニバーサルデザイン（UD）

ユニバーサルデザインは、障害者でありデザイナーであったロナルド・メイスが「全ての人を対象に、特別な対応をすることなしに、できる限り使いやすい空間・ものをデザインすることである」と定義した。この概念は、ロナルド・メイスらが編集し、デザイナーへの指針として7原則に示されている[5]。

住宅は、乳児から高齢者までライフサイクルの中で変化する住まい手が住み続け、その時々で様々な来訪者もいる。いつどのような変化があっても、できる限り住みやすい住宅であり続けることが大切である。そのためには、ライフステージの各段階に対応しやすい計画が新築時に必要になる[6]。また、住まい手自身のエイジングに対応できることが必要になる。UD は、一度完成させたらそれで終わりではなく、多様な人々の使いやすさを目指して継続的に改善し続けることが求められる（スパイラルアップの考え方）[7]。リフォームやリノベーションにおいても、その時点のバリアフリー的要求の解決だけにとどまらず、終の棲家として住み続けられるよう UD の視点を持って変化に対応し続けること、容易に対応しやすいことが必要になってくる。

新築から取壊しまで、その住宅と住まい手に寄り添い、家族全員の住みやすさを UD の視点からサポートするためには、住まい手への UD の啓発と、UD の専門性を身に付けたエキスパートの継続的養成が不可欠である。

①建物形態（速度の家／三分一博志）：門型の形態が、海陸風の速度を増し、南北に吹き抜ける風の道になっている。2・3Fの居住空間に風を取り込む。

③屋上緑化（土佐堀の家／山内靖朗）：建物内部への熱伝達を制御している。

②間取り（御城番屋敷）：役人武士の住まいで長屋形式の一住戸。田の字の間取りに縁側、通り土間の構成。

1. 自然環境との共存

④ルーバー（ブラジル学生会館／ル・コルビュジエ）：夏の遮光と冬の採光に最適な寸法・形状とし、通風も確保する。

7　自然とプライバシーと居住環境

1―光、風、熱、音の制御

　居住性を左右する主要な自然環境の要素は、光、風、熱、音である。とりわけ日照・日射の制御、採光・通風の確保が欠かせない。計画的視点としては、配置計画、建物形態（平面形・断面形）、間取りなど、部位からの視点としては、トップライト、中庭、屋上・壁面緑化、ルーバー、縁側などが建築的解決方法である。

　日本の住宅は、気候・風土の特徴から、古来より夏過ごしやすいことを基本として考えられてきたが、地球規模での環境問題が深刻になっている今日では、環境に配慮した自然環境と共存できる住空間が求められている[1]。

（1）計画的視点

①建物形態：日本の伝統的住宅では、入母屋造りの大屋根に深い軒、高い床を設けた形態で夏の蒸し暑さを凌いできた。海岸地帯の海陸風を活かす形態もある。

②間取り：民家の典型的な間取りに「田の字型」がある。障子や襖によって柔軟な室構成が可能となり、開け放てば、どの部屋にも容易に採光・通風が可能になる。

（2）部位からの視点

③屋上緑化：建物に自然環境を確保しながら、住宅の安定した温熱環境を維持できる。

④ルーバー：建築化されたルーバーは「ブリーズソレイユ」と呼ばれている。ル・コルビュジエが命名した。日射を確保しながら強烈な日射を遮る効果がある。

①建物形態的対応（House NA／藤本壮介）：柱と床と屋根で構築され、壁はガラス。夜はカーテンで覆われる。最低限のプライバシーのみ存在する。

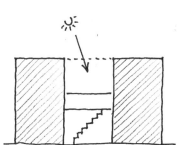

③柔らかく閉じる（optical glass house／中村拓志）：ガラス質のブロック壁が乗り物の騒音を防ぎ、人通りからの視線を遮り採光を確保する。

②装置的対応：面格子（格子戸）、簾、暖簾が街路からの視線を緩く遮りながら採光・通風を確保する。

2. 開かれた環境

④堅く閉じる（住吉の長屋／安藤忠雄）：コンクリート打ち放しの外壁によって外部を遮断した静かな中庭を構成する。

3. 閉じられた環境

2―プライバシーの確保

　自然環境を積極的に取り入れた開放的な住空間を求めると、住宅のプライバシーが損なわれるという二律背反が生じやすい。損なわれる主な要因は、視線（のぞき見、見下ろし）と騒音（乗物、近隣店舗・住民）である。

　前者の対策としては塀があげられるが、街の美観上の配慮が必要になる。後者の対策としては、サッシの気密性を高める方法もあるが、春秋の中間期には窓を開放する気持ち良さも大切になる。

　都市型住宅では、健康で快適な住空間を実現するために、自然環境を取り入れながら、どのようにしてプライバシーを確保するかが大切になる。これには積極的に開かれた関係と、内向きに閉じられた関係がある。

（1）開かれた環境[2]

①建物形態的対応：壁はないものとして昼間は完全に外部へ開かれている、或は内外の隔て自体がない形態。

②装置的対応：京町家は、面格子（格子戸）、簾、暖簾という仕掛けを使って街や自然との関係を構築している。

（2）閉じられた環境[3]

③柔らかく閉じる：半透明な表情をもたせながら確実に閉じた中に居住環境を構成している。

④堅く閉じる：堅牢に閉じた中にオープンな中庭を設け独立させた居住環境を構成している。

　これらは近隣との距離をなくし、または保ちながらプライバシーを確保し、豊かな自然を獲得している。

1. 巨匠と呼ばれる近代の建築家たち（1800 ～ 1900 年）

2.「箱からキャンチレバーを創造した時、それは革命であった」（エドガー・ターフェル『フランク・ロイド・ライト』）

3. ロビー邸（フランク・ロイド・ライト／1909）
大きくキャンチレバーで跳ね出した水平屋根はプレリーハウスの特徴

4. シュレーダー邸（リートフェルト／1920）
水平と垂直で構成されたデ・ステイルの代表作

5. カウフマン邸（落水荘）（フランク・ロイド・ライト／1935）
縦横に伸びた水平テラスが自然とみごとに融和している

　様式や装飾を重視してきた19世紀までの建築に対し、近代建築論は産業革命による新しい材料の出現とそれに伴う技術の進歩により、機能性と合理性と経済性を追求した。また、1980年代以降はその反動としてのポストモダニズム以降、デコンストラクティヴィズム、コンテクスチャリズムなど様々な建築論が提唱された。

　これから住居や建築の設計を始めようとする人達にとって、自身の建築に対する考え方が設計に求められるが、近代以降、巨匠と呼ばれる建築家達[1]がどういった考えで、どのように住空間を構成してきたのか、その構成手法を学ぶことが早道となる。ここではプランニングするうえで役立つ様々な住空間構成に関わる手法をキーワードで学ぶ。

1 フランク・ロイド・ライト

1―キャンチレバー

　ライトの弟子であるエドガー・ターフェルは著書「フランク・ロイド・ライト」で、「箱からキャンチレバーを創造した時、それは革命であった」[2]と書いている。フランク・ロイド・ライトは、これまで箱型しか知らなかったヨーロッパの伝統建築の「箱」を解体し、キャンチレバーの屋根で水平方向を強調した。外壁を被膜的に扱うことで内外を一体化することをロビー邸[3]で試みている。こうした水平線の造形はデ・ステイルのほか、リートフェルト[4]やミースに影響を与え、その後、カウフマン邸[5]やユーソニアンハウスに引き継がれていく。

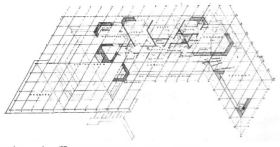

6. ウォーカー邸（フランク・ロイド・ライト／1951）
六角形グリッド平面スケッチ

7. ナショナルギャラリー東館・ワシントン（イオ・ミン・ペイ／1978）

8. 栃木県立美術館（川崎清／1972）

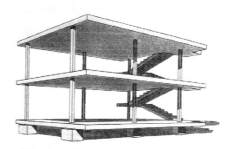

1. ドミノシステム（ル・コルビュジエ／1914）

2. ユニテ・ダビタシオン（ル・コルビュジエ／1952）

3. サヴォア邸（ル・コルビュジエ／1931）

2―グリッド

　グリッドプランニングは、一定のモジュールの格子グリッド上に平面計画する手法であり、その整然とした格子は計画に秩序を与える。日本の住宅では、畳の3尺×6尺のもとになる尺モジュールのグリッドが従来より用いられてきた。しかし、直交する格子グリッドは、えてして単調となり、創造性が失われやすい。フランク・ロイド・ライトはハンナ邸やウォーカー邸[6]、ロバーツ邸（P.69参照）などで六角形の斜めグリッドを用いた魅力的な平面プランを示した。こうした斜めグリッド構成はシャープで刺激的な印象を与えるため、その後、イオ・ミン・ペイのナショナルギャラリー[7]や、川崎清の栃木県立美術館[8]など様々な建築で見られる。

2　ル・コルビュジエ

　コルビュジエは、建築を箱型として捉えているが、これまでのヨーロッパの伝統的箱型建築とは異なる。コルビュジエは産業革命によって手にした新材料と、それを用いた新しい構法「ドミノシステム」[1]を考案し、これに基づいた集合住宅ユニテ・ダビタシオン[2]を建設した。また、新たな時代の建築が満たすべき条件として「近代建築の5原則」と、住宅建築の「4つの平面計画形式」を示した。

1―近代建築の5原則

　近代以前の石やレンガでできた組積造の伝統的建築は壁がないと構造的に建物を支えることができなかった。

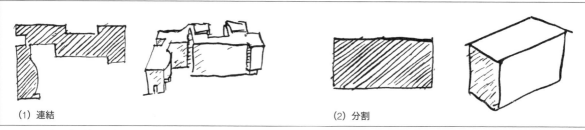

(1) 連結　　　　　　　　　　　　　　　　(2) 分割

4. ル・コルビュジエが示した4つの平面型式

5. ラ・ロッシュ・ジャンヌレ邸（ル・コルビュジエ／1923）

7. ガルシュの家（シュタイン邸）（ル・コルビュジエ／1927）

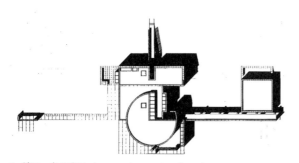

6. グロッタハウス（リチャード・マイヤー／1989）

| へや | だいどころ | どま |
| ざしき | おもて | |

8. 伝統的な日本の農家の間取りに見られる分割

これに対して、コルビュジエは産業革命以降、大量生産が可能となった新材料（鉄・セメント・ガラス）と新構法を使用することで、構造的制約がなくなり、これまでの組積造建築では成し遂げられなかった、自由に構成できる建築を生み出した。そして1927年に「近代建築の5原則（Les 5 points d'une architecture nouvelle）」を発表した。すなわち、①自由な平面、②自由な立面、③水平連続窓、④ピロティ、⑤屋上庭園である。クック邸（1926）で5原則が初めて実現され、その後、20世紀を代表する住宅であるサヴォア邸[3]で完成された。

2－4つの平面計画型式

　コルビュジエは、住宅建築を次の4つの平面計画型式（composition）に分類して示した[4]。

(1)連結

　関連する単位空間を次々とつなげていくという手法である。ラ・ロッシュ・ジャンヌレ邸[5]にみられるように、必要とされる部屋を一塊の空間として、これをつないで全体を構成する。

　寝殿造の構成や、リチャード・マイヤーのグロッタハウス[6]など一連の住宅作品に見られる構成方法である。敷地が広く制約が少なければ、計画しやすいが、全体を統一できる美的感覚が要求される。

(2)分割

　矩形の平面全体を機能に応じて空間を細分化していくという方法で、コルビュジエのガルシュの家[7]や、伝統的日本住宅によく見られる構成である[8]。

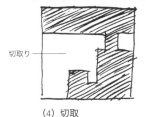
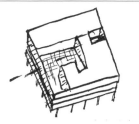

（3）ドミノ　　　　　　　　　　　切取り　　　　　（4）切取

9. ドミノ・カルタージュの家 （ル・コルビュジエ／ 1929）

11. エスプリ・ヌーヴォー館 （ル・コルビュジエ／ 1925）

10. 規格化・量産化された住戸ユニット （ル・コルビュジエ／ 1952）

12. チャールズ・グワスミー自邸 （1965）

（3）ドミノ

　1914 年にコルビュジエが提唱したドミノ・システム（DOM-INO）は、鉄筋コンクリートの柱と床と階段からなるフレーム構造である。構造的制約から解放された自由な内部空間をつくることができるという方法を示した画期的なアイデアであり、コルビュジエの設計手法である近代建築の 5 原則の基礎となった。カルタージュの家9で実現した。

　鉄筋コンクリートの骨組みに、工場でプレファブ化され規格・量産化された住戸ユニット10を現場に運び、組立てるという考え方は、マルセイユの集合住宅ユニテ・ダビタシオン2で具現化され、1960 年代のメタボリズムの建築にもあらわれる。

（4）切取

　サヴォア邸3の 2 階平面に見られるように、平面の外枠を規定しておき、その全てを内部空間とするのではなく、部分的に切り取って外部空間とすることで、必要とされる内部空間とのつながりをつくる平面計画手法である。

　キュビズムの影響を受けたコルビュジエは、純粋な形を求め、外形を壁や梁で明快な形として整えたまま内部を切り取ることで、ひとまとまりの矩形となる立面表現をしている。

　1925 年のパリ万博（アールデコ博）のエスプリ・ヌーヴォー館11、チャールズ・グワスミーの自邸12や多くの住宅に同様の造形手法が見られる。

1. バルセロナパビリオン（ミース・ファン・デル・ローエ／ 1929）

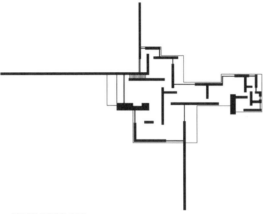

2. 煉瓦造田園住宅案（ミース・ファン・デル・ローエ／ 1923、1924）

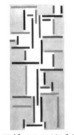

3. ロシアダンスのリズム（テオ・ファン・ドースブルフ／ 1918）

4. Tableau I（ピエット・モンドリアン／ 1921）コンポジションの初期作品

5. ファンズワース邸（ミース・ファン・デル・ローエ／ 1951）

6. ファンズワース邸内部　無柱の均質空間

7. 古河総合公園飲食施設（SANAA ／ 1999）

3　ミース・ファン・デル・ローエ

　コルビュジエが矩形の「箱」型で造形表現しているのに対して、ミースはバルセロナパビリオン1や煉瓦造田園住宅案2で「箱」を解体し、スラブや壁の「面」によるシンプルな造形を構成している。

　ミースは単純化することが、より豊かな空間が生まれると、「Less is more」を提唱した。

1— 流動

　ミースが田園住宅案2で発表した「壁」の構成は、テオ・ファン・ドースブルフ「ロシアダンスのリズム」3や、デ・ステイルのモンドリアンの前衛絵画4、すなわち水平と垂直の要素だけで構成された抽象絵画に触発されたと思われる。空間を区切る壁はすべて独立したシンプルな「壁」だけで構成され、内部空間は閉ざされず、どこまでも空間が流動的に連続してつながっていく。

2— 均質

　バルセロナパビリオンの独立した「壁」で流動的な内部空間を構成したミースは、ファンズワース邸5では水平に伸びる真っ白で薄い2枚のスラブを構成し、水平面を開放している。2枚の水平スラブに挟まれた内部空間は、外部との境界線が全て透明ガラスで囲われた無柱の均質な空間となっている。

　ミースは「空間の使い方は利用者に任されるべきで、建築により規定するべきではない」と言っているように、この内部空間は必要に応じて間仕切りや家具を配

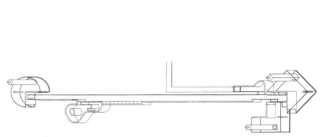

8. ザルツマン邸（リチャード・マイヤー／1969）

11. 京都府立陶板名画の庭（安藤忠雄／1994）

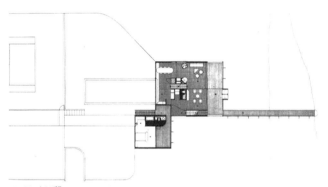

9. 3/4ハウス（ジョン・ヘイダック／1966）

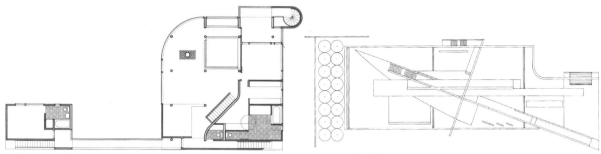

12. 広島平和記念資料館（丹下健三／1955）軸線によるレイアウト

10. ワイツ邸（チャールズ・グワスミー／1976）

13. パリの歴史軸

置することで、いかなる用途にも対応できるように作られており、「ユニバーサル・スペース」と呼ばれた。ファンズワース邸内部[6]や、イリノイ工科大学クラウンホール、シーグラムビルなどで実現された。

　SANNAの古河総合公園飲食施設[7]も、ファンズワース邸のように水平面を解放しているが、より薄い（30mm）スラブで構成される内部空間は無数の細い柱（60mm）がランダムに林立しており、極限までの薄さは骨組みを消失し、内外の境界をなくしている。

3 ── 軸

　軸は、ある方向性と意味を形態に与えることで構造化され空間に骨格と秩序を与える。このため、建築や都市、ランドスケープなど様々なところで用いられた。煉瓦造田園住宅案[2]や、リチャード・マイヤーのザルツマン邸[8]の作品にみられるように、壁や廊下を恣意的に長く構成することによって軸となり、全体の計画に秩序を与えている。

　軸をプランニングに取り入れている建築家は多く、ニューヨーク・ファイブのジョン・ヘイダック（3/4ハウス）[9]やチャールズ・グワスミー（ワイツ邸）[10]などがいる。日本では、京都府立陶板名画の庭[11]に見られるように、安藤忠雄も計画によく軸を用いている。こうした建築の形態上の軸だけでなく、丹下健三の広島平和記念館に用いられた軸線[12]のように、目に見えない概念としての軸の構成もよく使われる。パリの歴史軸[13]もその一つである。

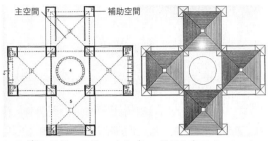

1. ユダヤ・コミュニティ・センター・バスハウス（ルイス・カーン／1954）4つの主空間と補助空間に分離

外観

基準階平面プラン

2. ペンシルベニア大学リチャーズ医学研究棟（ルイス・カーン／1957）

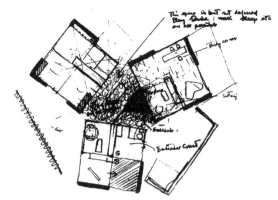

3. フラクター邸（ルイス・カーン／1951-54）

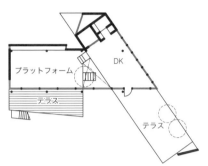

4. PLATFORM I（妹島和世／1988）

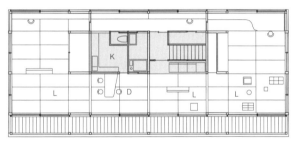

5. 丹下健三自邸（1953）の水回り・階段コア

4　ルイス・カーン

　ルイス・カーンは「形態は機能を喚起する」と言った。最初に形があって、それに機能が呼び覚まされるという意味である。形態表現では、立方体や円、三角、アーチといった幾何学的な形態のシンメトリックな構成によるモニュメント性を追求した。

　また、ユダヤ・コミュニティ・センター・バスハウス[1]の平面では4つの主空間とその補助的な要素から成り立っている。こうした空間単位を分離する手法は、ペンシルベニア大学リチャーズ医学研究棟[2]にみられる「サーブド・スペース（サポートされる機能空間）」「サーバント・スペース（サポートする機能空間）」の考え方へ

と発展していく。

1─分離

　コルビュジェの「連結」の手法と一見よく似ているが、「連結」が必要な空間をつないでいくのに対して、カーンの「分離」の手法は必要な空間単位を分離していくところに特徴がある。分離の方法は前後にずらしたり、ランダムにしたり、斜めにしたりと様々である。フラクター邸[3]では、居間と寝室、水回りの正方形の空間単位は120度ずつ振れて分離している。空間単位の完全な分離は妹島和世のPLATFORM I[4]にも見られる。

2─コア

　住宅の階段・水回り（風呂・洗面・便所）や機械室・エレベーター等をひとまとまりにして1か所に集中して

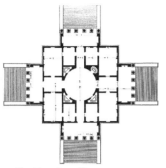

6. ヴィラ・ロトンダ（A. パラディオ／1570）

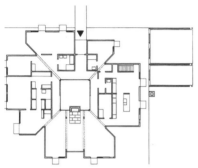

7. ゴールデンバーグ邸（ルイス・カーン／1959）

8. 阿部勤自邸（1974）

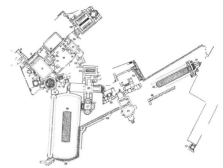

9. ヴィラ・アドリアーナ（133）

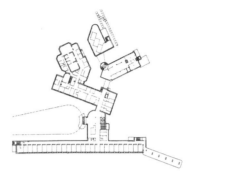

10. パイミオのサナトリウム（アルヴァ・アアルト／1933）

11. ロバーツ邸（フランク・ロイド・ライト／1936）

平面に配置する構成手法である。コアは建築の内部だけでなく、外部に設けられる場合もあり、建築一般によく用いられる。ルイス・カーンのリチャーズ医学研究所では、各棟の外部に「サーバント・スペース」がコアとして設けられ、外観デザインのアクセントとなっている[2]。丹下健三自邸[5]では住宅の中心に水回りと階段がコアとして配置されている。

3―中心

　中心性を持つ平面計画は、ルネッサンスの傑作で中心に円形の広間を持つA. パラディオのヴィラ・ロトンダ[6]が有名である。ルイス・カーンのゴールデンバーグ邸[7]では、住宅のそれぞれの場に対応する行為に合わせて空間を分離し、相互関係は中心を強く意識したレイア

ウトプランを構成している。

　日本では、中心を意識した住宅のプランニングは北側居室の日照の問題があり難しいが、阿部勤自邸[8]では部屋の配置を工夫し、1階では家族の中心となる居間を取り囲むように各室がレイアウトされており、中心を強く意識した構成となっている。

4―ずらし

　軸線をずらした計画は、古くはローマ時代のハドリアヌス帝のヴィラ・アドリアーナ[9]がある。また、アルヴァ・アアルトはパイミオのサナトリウム[10]で軸をずらしたサイトプランを示している。ただ、これらは軸線を意識したものではなく、環境に合わせて巧みに計画したものである。フランク・ロイド・ライトはロバーツ邸[11]

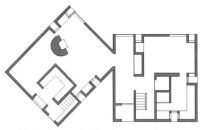

12. フィッシャー邸（ルイス・カーン／1960）

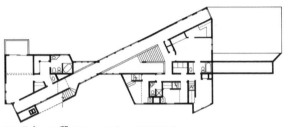

13. スターン邸（チャールズ・ムーア／1970）

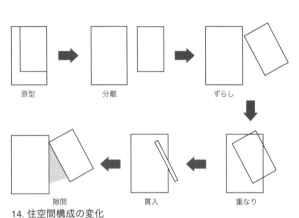

14. 住空間構成の変化
ルイス・カーンの分離・ずらし 〜 安藤忠雄の重なり・貫入・隙間

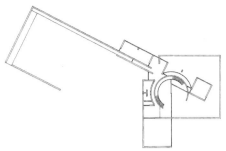

1. ずらし（ヴィトラ・セミナーハウス／安藤忠雄／1993）

2. 重なり（姫路文学館／安藤忠雄／1991）

3. 貫入（光の教会／安藤忠雄／1989）

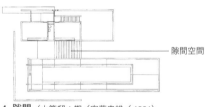

4. 隙間（小篠邸 1 期／安藤忠雄／1981）

などの一連の住宅では直交する格子グリッドと、それに対して 45 度に振れた軸を持つグリッドで意識的にプランニングすることで魅力的な計画を行っている。

　カーンの「ずらし」の手法は、これらとは違い空間分離の手法が変化したものであり、分離した空間それぞれが、ある一定の角度をもって振れた構成は緊張感にみなぎった空間を生み出している。フィッシャー邸[12]では、箱形の住宅の空間を分離したものを 45 度に振っており、このような角度がついた空間の造形は、シンボリックでモニュメンタルな造形美を形成し、カーンの建築の特徴ともなっている。チャールズ・ムーアのスターン邸[13]や安藤忠雄のヴィトラ・セミナーハウスなど、「ずらし」の手法でレイアウトをしている建築は多い[14]。

5　安藤忠雄

1 — 重なり

　「ずらし」の手法[1]が、姫路文学館[2]では矩形と円形が重なり、より複雑な空間となっている。

2 — 貫入

　光の教会[3]では、箱の「重なり」に対して、箱に幾何学形態の壁が「貫入」するような形態操作に変化している。

3 — 隙間

　空間の「分離」「ずらし」「重なり」によってできた隙間の外部空間は図と地の関係が反転し、新たに魅力的な空間に変貌する。小篠邸[4]では平行分離された間に生み出された中庭は、戸外の居間であり生活の舞台となる。

1. 母の家（ロバート・ヴェンチューリ／1962）

3. ギルドハウス（ロバート・ヴェンチューリ／1963）
周辺に多数存在する家並みの文化的コンテクストと、隣地にある古い倉庫のイメージの物理的コンテクストが混在している。

2. AT＆Tビル（フィリップ・ジョンソン／1984）

4. デンマーク国立海洋博物館（BIG ビャルケ・インゲルス・グループ／2013）かつてあった船工場という歴史的文脈から、そのデッキの形を残し、外部の地下に新しい空間を挿入している。

6　ポストモダン以降

1 ― ポストモダン

　ロバート・ヴェンチューリは、ミースが言った「Less is more」を「Less is bore」（少ないほど、退屈である）と皮肉ってモダニズム建築の普遍性を批判し、多様性のあるポストモダンを提唱した。形態の単純性や幾何学的な純粋性の表現であったモダニズム建築に対し、ポストモダンはその反動として装飾性、折衷性などの回復を目指した。そのモチーフはロバート・ヴェンチューリの母の家[1]のようにバナキュラーなものや、フィリップ・ジョンソンのAT＆Tビル[2]のように、頂部にギリシャ神殿のペディメントを引用するなど多種多様である。

2 ― コンテクスト

　建築のコンテクスト（文脈）とは、建築が建てられる周辺の物理的状況や歴史的・文化的文脈をいい、建築が建てられる前と後とで何かしらの連続性を求める概念であり、コンテクスチュアリズムとは、読み取ったコンテクストを設計に反映させる考え方である(建築用語辞典)。ロバート・ヴェンチューリが1950年に現代の建築論にコンテクストの概念を導入した。彼は、環境を単に現在、物理的にあるものとしてだけではなく、以前の時代、時期の文化の層として捉えている。老人用集合住宅のギルドハウス[3]では、文化的コンテクストと物理的コンテクストが混在している。BIGのデンマーク国立海洋博物館[4]では歴史的コンテクストから設計している。

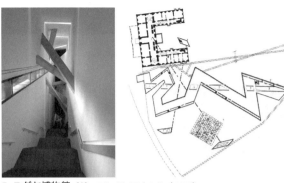

5. ユダヤ博物館（ダニエル・リベスキンド／2001）

6. ワン・ハーフ・ハウス（ジョン・ヘイダック／1966）

7. すみだ北斎美術館（妹島和世建築設計事務所／2016）

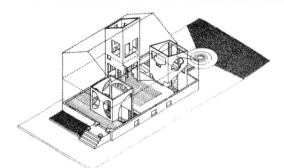

8. チャールズ・ムーア自邸（1966）

9. 原広司自邸（1974）

10. house N（藤本壮介／2009）

3 ― 記号

　秋元馨によるとコンテクストには二つの考え方がある。一つは建築であり、もう一つは記号であるという。それは人々の記憶の中にある建築など「もののかたち」からの連想に基づく意味（文化的コンテクスト）として表現される。ダニエル・リベスキンドはベルリン・ユダヤ博物館において、まるで記号のようなジグザグの幾何学模様を示す平面構成[5]により、ユダヤ人の歴史的記憶のメタファーとして表現している。ジョン・ヘイダックは、空間と形態の点、線、面、ボリュームの関係を純粋に幾何学的な形態の操作に置き、正方形や円形を4分の3や2分の1に分割して組み合わせたハウス10（3/4シリーズ）（P.67 参照）やワン・ハーフ・ハウス（1/2シリーズ）[6]を発表している。これらの作品は、実現を目指したわけでなく、空間と形態の原理を追求した理論的でアンビルトな実験住宅プロジェクトであった。妹島和世が、すみだ北斎美術館[7]で見せたプレーンで抽象的な鏡面のアルミによる、ゆるやかに分割された記号のような外観は、常に最新の画法を追求する北斎を暗示するかのようである。

4 ― 入れ子

　チャールズ・ムーア自邸[8]では自宅の改造にあたって、正方形プランを持った3つの立体が入れ子の構成になって各階をつなげている。

　原広司自邸[9]は、住宅の中に都市が入りこんだように廊下は街路として、町並みは部屋として入れ子になっている。原はこの住居を「反射性住居」と呼んでいるよう

11. フランク・O・ゲーリー自邸（1979）

12. グッゲンハイム美術館・ビルバオ（フランク・O・ゲーリー／ 1997）

13. ルイ・ヴィトン美術館（フランク・O・ゲーリー／ 2015）

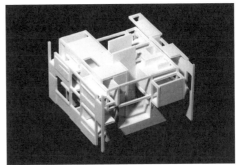

模型

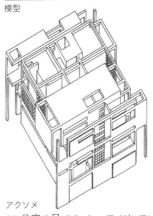

アクソメ

14. 住宅 4 号（ピーター・アイゼンマン／ 1974）

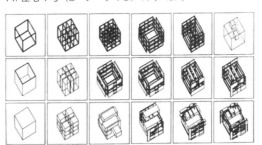

15. 住宅 4 号の変換ダイアグラム

に、内部に外部空間がある住宅である。

　藤本壮介の house N [10] では、逆に、入れ子が外部に出て外皮となったような構成である。

5 ― デコン建築

　脱構築主義（デコンストラクティヴィズム）建築は、ポストモダン建築の一つであり、モダニズム建築にみられる幾何学的で規則的な構成という既成建築概念を否定し（脱構築）、不規則で乱雑な構成により、これまでなかった複雑で刺激的な形態の建築となっている。

　デコン建築家にはフランク・O・ゲーリー、ダニエル・リベスキンド、レム・コールハース、ザハ・ハディド、ピーター・アイゼンマン、ベルナール・チュミなどがいる。

　フランク・O・ゲーリーは、自邸[11] で既存の住宅に新

しいフレームやそれを覆うトタン板が乱雑に組み合わされ、未完成にみえる掴みどころのない複雑なフォルムを構成している。ビルバオのグッゲンハイム美術館[12] や、それ以降の建築では、その複雑な造形表現がさらに顕著になり、2015 年にルイ・ヴィトン美術館[13] のような波打つ形態の建築をつくっている。

6 ― 表層・深層

　ピーター・アイゼンマンは、周りのデコン建築が徐々に奇抜化するにつれて、建築には内在的な理論が必要なのだと主張した。1970 年代の彼の作品は、建築の形態と意味論を表層構造（目で見えるもの）と深層構造（目で見ることができないコンセプチュアルなもの）とに分けて、錯綜する建築を提案している。住宅 4 号[14] では、出

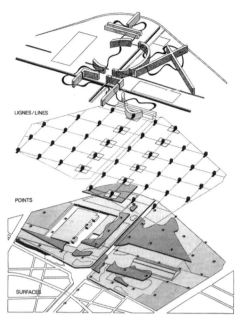

16. ラヴィレット・コンペ案（ベルナール・チュミ／ 1983）
都市で起こる偶然の出来事を、点、線、面の重ね合わせで計画した。

17. アクロポリス美術館（ベルナール・チュミ／ 2009）

1. 直方体の森（中村正義自邸）（篠原一男／ 1988）

エスプリヌーボー館（ル・コルビュジエ）

直方体の森（篠原一男）

O邸（安藤忠雄）

2. 切抜操作の例

3. 上原通りの住宅（篠原一男／ 1976）

来上がった作品の表層のなかに潜む深層構造をダイヤグラム[15]で説明をしているが、抽象的で観念的である。

7 ― プログラム

　ベルナール・チュミは、空間内で時と場合によって生じる予期しない出来事に着目し、近代建築の理念である形態と機能の一致を否定する。建築を規定しているのは、機能ではなく人の行為であると主張し、人間の行動や動きを含んだプログラムの概念を建築の手法に展開した。ラ・ヴィレット公園設計競技では、偶然の出来事を誘発するプログラムの提案により当選した[16]。その後、アクロポリス美術館[17]を設計している。

7　かたちの造形手法

1 ― 切抜

　篠原一男の直方体の森（中村正義自邸）[1]では、単純な幾何学形態の矩形を部分的に「切抜」することでかたちを構成している。ル・コルビュジエの「切取」と違うのは外形を残して切り抜いているかどうかである[2]。篠原の場合は、大きなマスのボリュームを切り抜いてしまうことで、凹立体で変化のある外観を構成している。

2 ― 柱・梁

　本来は構造体として隠れている柱や梁が内部空間に直接姿を現すと、印象が強まる。篠原一男の上原通りの住宅[3]や、ダニエル・リベスキンドのユダヤ博物館（P.72

3 — フレーム

4. O邸（安藤忠雄／1988）

5. かわのえ高原ふるさと館（梓設計・藤本和男／1998）

4 — 光と影

6. 高橋邸 KIH7004（鈴木恂／1970）　7. 小篠邸（安藤忠雄／1981）

5 — ヴォールト

8. モノル住宅（ル・コルビュジェ／1919）

9. キンベル美術館（ルイス・カーン／1972）

10. TIME'S（安藤忠雄／1991）

参照）では柱や梁がシンボリックな空間デザインの要素となっている。

3 — フレーム

　安藤忠雄は幾何学的形態をデザインの基礎に置いており、基本は箱形であるが、O邸[4]では梁を用いて、外形を保ったままで外観の形態操作の「切取」を行っている。かわのえ高原ふるさと館[5]では、この空間を区切る梁が壁のフレームとなって場をつくる仕掛けとして利用されている。

4 — 光と影

　鈴木恂は高橋邸 KIH7004[6]で、これまでは照度確保のためであった光を内部空間のデザイン要素の一つとした。安藤忠雄は逆に、小篠邸[7]で影によるその力強いコント

ラストによって空間の広がりと移り変わる時間を美しく演出している。

5 — ヴォールト

　ヴォールト構法そのものは古代からある組積造の構造様式であるが、近代建築では構造の制約から解放され、陸屋根がデザインの主流となる。コルビュジェのモノル住宅[8]や週末住宅（1935）ではヴォールト屋根をデザインとして用いている。ルイス・カーンのキンベル美術館[9]ではサイクロイド曲線で構成されたヴォールト屋根が平行に並び、美しいスカイラインを構成している。安藤忠雄の初期の建築である TIME'S[9]や oxy 北野、WALL AVENUE、北野 TO（1986）など、現代でも良く使われる建築イディオムとなっている。

ホールから玄関土間を見る

土間上部は吹抜けとなっている

土間から道路側を見る

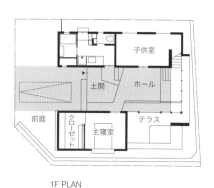

1. 街から連続した場（ホール）と玄関
（Newtown House／湯川晃平＋川口裕人）

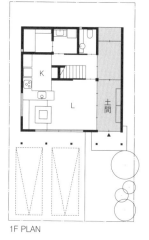

1F PLAN

2. 居間直結型（大分の家／山内靖朗）

1F PLAN

3. 土間型：庭と直結する玄関（Sun／細田みぎわ）

1 パブリックスペース

1─玄関、玄関ポーチ

　玄関は、「家の顔」となる内部空間である。以前は社会的儀礼空間として、また生業の場としての性格を備えており、広い方がよいとされてきたが、90年代頃よりコンパクトになってきた。日本では靴を脱ぐための空間でもあるが、近年、靴を脱がない空間として、自然や周辺環境および社会とつながる中間領域と位置付け、玄関を広くする事例も増えている。このように玄関は、外部と内部、社会と個人、パブリックとプライベートの領域を繋ぐ空間となり得る[1]。花を生けたり絵を飾る場所を設け、照明を工夫し、空間を演出するのは、公共性の高い接客空間という性格からである。種類は、一般型のほか、居間直結型[2]、土間型[3]などが挙げられる。

　玄関ポーチは、道路から玄関へ導く外部空間であり、道路からの距離の取り方などは周辺環境に左右される。

設計の留意点

・玄関の位置は、基本的には道路と建築の関係で決まる。
・玄関回りは一般に段差があるため、必要に応じて高齢者や障がい者に配慮し、手すりやベンチ、スロープの設置や、滑りにくい床素材の使用などを検討する。玄関内部では、バリアフリーにすることも検討する。

■ 玄関

・住宅では、居室を南側に配置することが多く、玄関を北側に配置する方が平面計画はしやすい。

外部の気配を感じる玄関

5. シューズクローゼットのある玄関

4. 吹抜けにより開放感が感じられる玄関（桜台の家／山内靖朗）

6. ドライブスルー式に敷地の通り抜けができる駐車場（善根寺の家／WIZ ARCHITECTS 吉井歳晴）

1F PLAN

・玄関扉付近では、内部から外部の気配を感じる工夫をしたい。逆に、住宅地では外部からの視線は遮りたい。敷地面積に制限がある場合は、次に示すように、圧迫感を感じさせない様々な配慮と工夫が必要である。

①窓を大きくとり、玄関ポーチや庭、街に開き、開放的で明るい空間にする。

②外光をおさえ、照明効果により落ち着いた空間を演出する。

③吹抜けを設けるなどして、天井を高くし、室内で開放感を演出する4。

・収納は、靴以外に様々な種類のものを片づけられるように収納量が求められる。シューズクローゼットを隣接し、靴、コート、ゴルフバッグなど、外部に持ち出すものの収納空間を設ける事例も見られる5。

玄関扉の開き勝手は、玄関土間の手狭さや雨天時の扉に付着する水滴を考慮して、外部に開くことが多いが、玄関ポーチが狭い場合は、内部に開く方がよい。

■玄関ポーチ

雨天時を考慮し奥行きが必要で、傘を差すために必要な寸法（幅：900mm）をとる。そのため、庇を設置したり、外壁をへこませたり、ピロティを作ったりと様々な方法がとられる。

■駐車場6

位置は、基本的に道路と玄関の位置関係で決まるが、2方向道路の場合は、道路幅や交通量を考慮する。複数台駐車する場合は、なるべく縦列駐車は避ける。

収納空間をコアにした回遊動線

2. 採光確保のため光を透過する素材にした廊下
（生桑の家／山内靖朗）

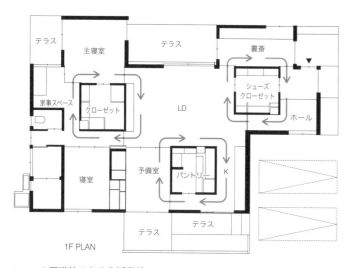

1. 3つの回遊性のある生活動線
（長門の住宅／カキノミファームアーキテクツ 柿澤高子・下門英治）

3. ライブラリーコーナーのある階段
（佐藤邸／細田みぎわ）

2 ― 移動空間

　廊下などの移動空間は、動線計画と密接な関係がある。空間機能の整理（ゾーニング）を行い、同時に生活動線をシンプルに計画する。また、人の動線が交錯しないように考える。例えば、来客と家族の動線を分離したり、また朝の家族の身支度の動線と家事動線を分離するとよい。狭小住宅では、廊下は極力減らす方向で考えるか、廊下幅を広げて家族共有の用途（スタディコーナー、本棚など）を重ねることにより、面積効率の良い計画を考える。

　また、人の移動だけでなく、光や風の通り道にもなるため、開口部の位置を考慮し、配置を十分に検討する。

　「長門の住宅」[1]では、収納空間をコアにして回遊性のある生活動線を可能にしている。各収納に関連する機能

や部屋を周囲に配置すると、活動が円環状につながり、人やものの移動をコンパクトに促す。

　「生桑の家」[2]では、1階ホールの採光確保のため、上部にある2階廊下を透過する床材（ポリカーボネート板半透明）にして、トップライトからの光を取り込んでいる。螺旋階段により上階へと視線が導かれ、明るく伸びやかな空間として感じられる。

　移動空間の活用事例には、以下のものがある。

①収納：廊下を壁面収納にすると、場に応じた収納スペースが確保できる。

②本棚：廊下・階段室にライブラリーコーナーを設けると、家族で本棚を共有することができる。照度を確保すると、階段を読書スペースにすることができる[3]。

4. 直階段（1/3 の家／藤本和男）

5. 折り返し階段（北畠の家／山内靖朗）

6. 曲がり階段（ペントハウス／SUPPOSE DESIGN OFFICE）

7. 螺旋階段（帝塚山の家／山内靖朗）

8. 建築外周にスロープを回した住宅（KUGENUMA-Y／建築設計事務所　可児公一植美雪）

9. ホームエレベーターのある住宅（今市の家Ⅱ／山内靖朗）

設計の留意点

■廊下：平面的な移動

・廊下を設けると、各部屋の音の遮断効果が期待できる。

■階段：立体的な移動

・階段の種類には、直階段[4]、折り返し階段[5]、曲がり階段[6]、螺旋階段[7]があり、空間に合わせて選択する。

・階段室を設けると、壁に囲まれ狭さを感じる場合があるが、昇降時の音が伝わりにくい。

・階段室を設けずに、室内に階段を設けると、階段はゆるやかに室内を仕切る役割をする。

・スキップフロアにすると、段差により部屋を仕切ることとなり、廊下や壁を最小限にでき、開放感が得られる。また空間の多様性を体験できる。

■スロープ：平面的・立体的な移動

・スロープの勾配は、車は 1/6 以上、人は 1/8 以上、車いすは 1/12 ～ 1/15 程度を基準とする。

・階段と比較すると、占める面積が大きいため、建築外周に回して設置する[8]など、工夫が求められる。

■エレベーター：立体的な移動

・高齢化社会になり、都市部では、ホームエレベーターを設置する住宅も見られるようになった[9]。

・ホームエレベーターは高価であり、ビル用エレベーターに比べて速度が遅く、保守点検費用もかかるため、新築時の設置を見送るケースも多い。増築で新たに設置する場合は構造計算が必要となるため、新築時に将来を見通した計画を行うとよい。

家の中心に位置するリビングに自然と家族が集まる

LDKとテラスが一体の空間となっている

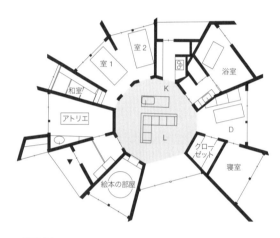

1F PLAN

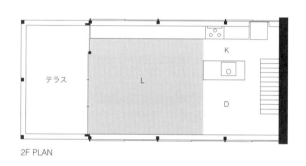

2F PLAN

1. 家の中心に位置するリビング（日時計の家／Life style工房 安齋好太郎）

2. 外部空間と接続するリビング（富士見台の住宅／白須寛規）

3 ─ リビング

　リビングは、家族のコミュニケーションのための共有空間である。テレビを見る、ゲームをする、語らう、勉強をする、ゴルフのパットの練習をする、お茶をする、酒を飲むなど、様々な行為が行われる場所である。最近ではファミリールームとも呼ばれ、接客空間を兼ねることなく、プライベート性の高い家族の空間にすることもある。そして、周辺の空間との接続によりリビングの性質が明確となる。

①家の中心に位置する：様々な空間と接続し、家族が集まりやすいが、家族の出入りが多いため、動線に配慮し、狭いリビングの場合は、リビングの中心を通過する計画は避ける方がよい[1]。

②玄関と接続：リビングは応接間に代わり接客スペースになることが多い。

③外部空間と接続：大開口を設け外部とつなげて、外部の床（テラス・デッキやベランダ）、屋根や庇などを設けると、屋内の延長として楽しむことができる[2]。

④階段と接続：吹抜を伴うことが多く、上階と下階がつながり、家族の気配を感じるリビングとなる。高さ方向に視線の広がりが感じられる。

⑤畳スペースと接続：和室を設ける住宅が減少し、同時にリビングの一角に畳スペースを設ける事例が増えている。建具で仕切らない場合も多く見られ、床の高さは、30〜40cm程度にしてリビングの椅子の高さにそろえると、座る場として活用できる[3]。

畳スペースが外部空間とつながる

上階のリビングから海を眺める

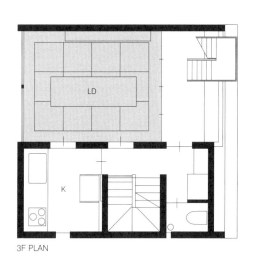

3F PLAN

3. 畳スペースのリビング（土佐堀の家／山内靖朗）

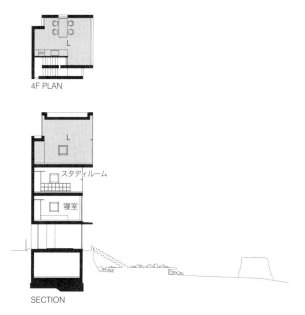

4F PLAN

SECTION

4. 最上階のリビングから海を眺める（4×4の住宅／安藤忠雄）

⑥インナーテラスと接続：内部でありながらテラスのような材料でしつらえ、明るい空間は観葉植物などの場所になり、プライベート性の高い屋外のような空間となる。

設計の留意点

・リビングは、明るく開放感を求める場合が多く、比較的大きな開口を設ける。住宅密集地ではハイサイドライトやトップライトなどにより採光を確保する。

・広い庭を眺めるリビングの場合、北側に庭を配置して、緑を眺める計画も考えられる。

・リビングは、敷地や周辺環境との関係で、1階ではなく上階に配置されることもある。その利点は、日当たりがよく、市街地では大きな開口部を確保しながらもプライバシーを保ちやすいことである。また、風景や緑を借景として取り込みやすくなる[4]。

・子供の幼少期は、子供の遊び場や勉強部屋を兼ねたスペースを併用することがある。子供が成長すると、夫婦の趣味の空間として転用できる。

・テレビの部屋とも呼ばれ、家族共有のものが置かれることが多く雑然となりがちで、テレビ・ソファ・テーブルだけでなく、収納家具の配置や大きさも考慮しなければならない。

・テレビとソファの位置関係は、動線で遮られないようにする。

・照明は家族の様々なシーンを想定し、日中の作業をする際に必要な照度の確保、夜の落ち着いた空間演出のための局所照明など変化を持たせるように計画したい。

(1) オープンタイプ

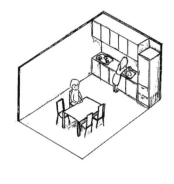
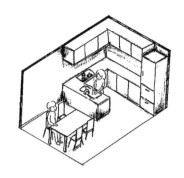
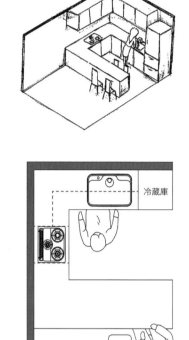
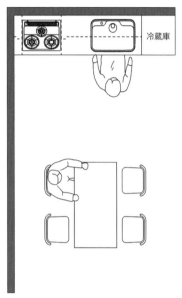
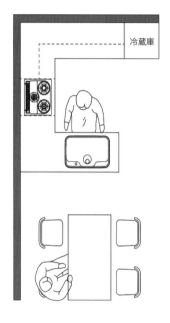

1. I型
開放的で、一人でも複数でも楽しく調理・食事ができるタイプ

2. U型
カウンタータイプでシンクをダイニングに向けて設けるタイプ。ダイニングとの会話に参加しやすい。

3. ペニンシュラ型
空間の広がりは大切にしつつ、キッチンとダイニングをカウンターで仕切るタイプ

4─ダイニング＋キッチン

　ダイニング、キッチンは食事をつくり食べる場所で、大きく分けると3つの行為が行われる。計画にあたっては、調理する、食べる、片付ける、この3つの行為を同時に考える必要がある。

　また、日本人の食文化は、日常的に世界中の料理を作り食べる特殊な生活習慣を持っている。このことは他の国にはあまり例を見ない。そのため食器や調理器具が非常に多く備わっており、それらを収納するスペースも考えないといけない。キッチンに隣接して設けるパントリーやユーティリティスペースも、キッチンと一体で計画することが望ましい。

　キッチンの計画は、大きく3パターンに集約される。

(1)オープンタイプ

■ **I型**[1]：コンロ、シンク、調理台が一列に並んだキッチン型式で、壁付レイアウトで一列配置となるため、動線が長くなりやすいが、設置スペースがコンパクトになるため小さなダイニングキッチンに導入しやすい。

■ **II型**：シンクとコンロのキャビネットが並列しているタイプ。シンク・コンロ間の移動がしやすいので、作業動線が短くなる。

■ **U型**[2]：シンクをダイニングに向けて設けるタイプ。ダイニングにいる家族との会話や家族の行動に配慮しやすい。

■ **ペニンシュラ型**[3]：ダイニングキッチンの空間的な広がりは大切にしつつキッチンとダイニングをカウンターで

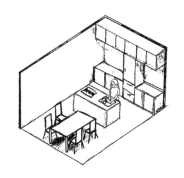

(2) セミオープンタイプ

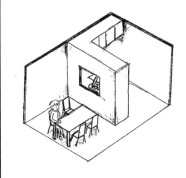

(3) クローズドタイプ

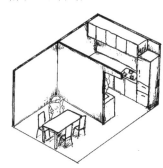

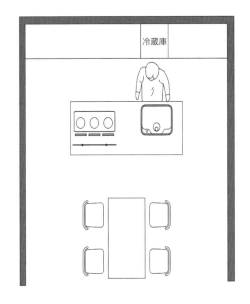

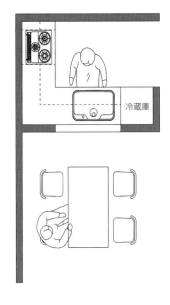

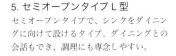

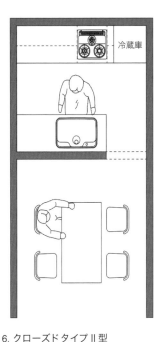

4. アイランド型
DKの中心にキッチンを設置したアイランドタイプ。

5. セミオープンタイプ L 型
セミオープンタイプで、シンクをダイニングに向けて設けるタイプ。ダイニングとの会話もでき、調理にも専念しやすい。

6. クローズドタイプ Ⅱ 型
キッチンとダイニングを完全に分けたタイプ。調理に専念しやすく、ダイニングも落ち着く。

仕切るタイプ。キッチンとダイニングの料理の受け渡し、配膳がしやすい。

■**アイランド型**[4]：キッチンとダイニングに空間的な仕切りがなく開放的で一人でも複数人でも調理・食事が可能なタイプ。比較的小さな空間に対応しやすい。近年、アイランド型キッチンがLDKの中心的位置付けになり、家族で料理作りを楽しむなどコミュニケーション空間に変化する傾向にある。

(2)セミオープンタイプ[5]

　キッチンとダイニングをカウンターと吊り戸棚、腰壁と垂れ壁で仕切るタイプ。ダイニングとキッチンが程よい距離でコミュニケーションをとりながらそれぞれの空間を確保できる。

(3)クローズドタイプ[6]

　キッチンとダイニングを完全分離したタイプ。調理に集中しやすく、ダイニングも落ち着いた空間にすることができ、互いの視線を遮ることができる。

設計の留意点

・つくる、食べる、片付けるなどの一連の動線が混乱しないよう計画する。
・防火上の問題と、食品が直射日光の影響を受けないように、開口部位置に注意する。
・高齢化を考慮したスペースを確保する。
・作業動線を単純化する。
・収納位置、収納量を検討する。

2階

住宅の中心にコアとしてサニタリーを置いたため、浴室、洗面所は採光確保としてトップライトを設けた。明るい空間となり、プライバシーが確保できる。また、家事動線を考慮し、キッチンの横にユーティリティ、近くにサニタリーの出入口を配置。一方、トイレはコア内部に設置しているが、来客も使用するため、玄関横の来客用スペース側に出入口を設置した。

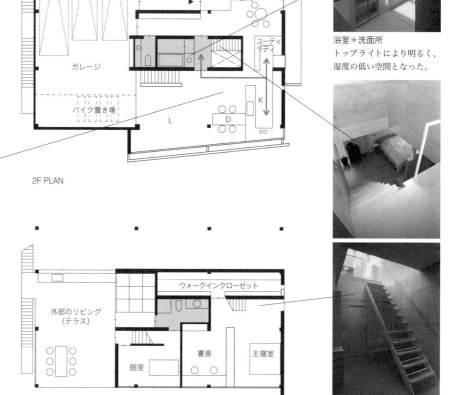

2F PLAN

浴室＋洗面所
トップライトにより明るく、湿度の低い空間となった。

2階　LDK
家事動線を配慮したキッチンとユーティリティ。左の壁（コア）の内部はサニタリー。

1階
1階のコアには、シャワールーム・洗面所・トイレがワンルームで設置されており、他の家族、宿泊客が使用する。主に来客を招いて使用する外部のリビング（＝テラス）からも近い。

1F PLAN

1階主寝室と2階サニタリーはプライベートな直通階段でつながる。

1. サニタリーをプライベートスペースにして家事動線を短縮（pit house ／細田みぎわ）

5―サニタリー

サニタリーとは、浴室、洗面、トイレなど、キッチンを除いた水回り設備の総称である。また給排水の配管が必要となるため、なるべく平面的に集約し、上下階も接続しやすい位置に決めるとよい。以下の空間との接続が考えられる。

①寝室と接続：プライベートスペースとして位置付け、寝室や個室付近に配置する。サニタリーを2階に配置する場合もある[1]。

②キッチンと接続：家族の共有スペースとして位置付け、家事動線や配管を考慮し水回りを集約する。

③外部空間（庭・テラス）と接続：浴室と外部空間を大開口部を設けてつなげると、明るく開放的で露天風呂気分を味わうことができ、十分な換気が確保できる[2]。また、取り囲まれた坪庭に接すると、浴室は静かな明るい空間となり、プライバシーが確保できる。また、洗濯室とテラスをつなげ、サービステラスとすることで、短い動線で物干しの場所として活用できる。庇があれば、突然の雨天にも対応可能である。

設計の留意点

■浴室

・機能性や換気に配慮する。

・浴室は、1日の疲れを癒やす休息の場として、プライバシーを確保し、長時間居心地の良い空間にしたい。そのため、トップライトにより採光を確保することもある[3]。仕上げ材料や、光や照明の使い方、ジェットバ

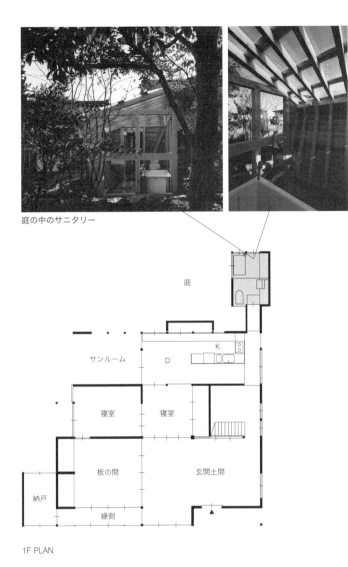

庭の中のサニタリー

3．プライバシーを確保し、トップライトを設けた浴室
（Tゲストハウス／梓設計・藤本和男）

庭

サンルーム

K

D

寝室　　寝室

板の間　　玄関土間

納戸

縁側

1F PLAN

2．築130年の古民家に接続する離れのサニタリーワンルーム
（OMO ／ RH ＋計画研究室 長瀬りか、厚秀朗）

4．浴室在来工法によるサニタリーワンルーム
（山崎町の住居／島田陽）

ス等の浴槽の種類・大きさの検討が必要である。

・ユニットバス設置と在来工法[4]がある。ユニットバス
は防水性能が高く、集合住宅や2階の浴室には有効で
ある。一方、在来工法は設計の自由度が高く、現場施
工で床・内壁をFRP防水の仕上げにして、置き式のバ
スタブを設置することもできる。

■ 洗面所

・浴室の前室であるが、洗面だけでなく、洗濯、脱衣、
化粧など、いくつもの機能が求められる。家族の使用
頻度が高く、雑然となりやすいため、収納を考慮する。

・比較的狭い空間のため、洗面や脱衣の動作空間を確保
する。

・浴室と洗面所の間は、透明ガラスを使用し、2室の床・

壁・天井の仕上げ材を統一すると、狭くなりがちな空
間を広く感じさせることができる。

・下着を洗面脱衣室に集中収納する事例も増えており、
その場合、収納場所を確保する必要がある。

・洗濯機は、家事動線を考慮し、洗面所の一角ではなく、
キッチンの並びや家事室に置かれることもある。

■ トイレ

・住宅内で最も小さく、人の滞在時間は短いが、清潔さ
を保つことが求められる。そのため、仕上げ材料は汚
れが付着しにくく掃除しやすいものを選ぶ。

・音や臭いを外に漏らさないような工夫する。

・接客空間として来客用のトイレを洗面所とともに、別
に設置する場合がある。

和室空間は庭との関係が最も重要

円弧を描いた縁側と軒先

茶室のような玄関

緩やかにカーブする平面の数寄屋

階高を抑え落ち着く空間が生まれる

1F PLAN

1. 緩やかにカーブする数寄屋建築（楊梅荘／木原千利設計工房）

6 ― 和室

　近年、和室だけで構成された住宅は減ってきたが、それでも住宅の中に和室を1室つくるケースはよくみられる。それにはいくつかの理由が考えられる。

　和室は、お正月飾り、節句、結納、法事などの祭事を行う場、それに伴い和装をひろげたり脱ぎ着する場、仏間、来客をもてなす場、すぐ横になれる場など、特定の決まった機能がなく生活空間で最も多様な場所と言える。ハレの場からケの場まで幅広い用途に使われる。

（1）書院造り

　書院造りとは、書院をもつ建築空間で、古代の寝殿造りを原点として鎌倉・室町時代の武家の時代の変遷を経て桃山時代に完成した。柱は角柱、畳は室全体に敷き詰

め、床の間、違い棚、書院を設ける。明かり障子や襖など和風空間の基本となるものである。書院の形式には、付け書院と、部屋からとび出ない平書院がある。

（2）数寄屋造り

　安土桃山時代から江戸初期にかけて茶道の発展、茶室建築の発達に伴い生まれた様式。数寄屋造りは、基本的には白木のままの設えで漆などの塗装は施さない。簡潔さが特徴で、代表的な建築としては桂離宮があげられる。

　和室空間は、洋室に比べ設えが多くなる一方で、空間を構成する素材は限定される。基本的には、草、木、紙、土の4種類の素材で構成される。

　空間の構成要素である設えは、床、仏間、書院、縁側など多岐に渡るが、どの要素もそれぞれの基本的な決ま

擦りガラスから入る光と影。外の風景が和室に更なる魅力を与える

和室を中心にした住宅は新たな可能性を生む

外板戸を閉めると真白い壁に変わる

深く出した軒は、和室に緩やかな光を届ける

外と内がつながり、空間に
広がりが出る

床の間に見立てた開口部（左：開、右：閉）

2. ガラスの白壁（山王町の家／木原千利設計工房）

1F PLAN

3. 4面障子に囲われた和室（東住吉の住宅／魚谷繁礼）

り事はあるものの、現代では必ずしも和室空間の構成条件として要求されるものではない。どんな場所として使われるか十分検討の上、必要な設えを盛り込む。

「楊梅荘」[1] は、家全体が大きな円弧を描いためずらしい数寄屋建築である。数寄屋造りには厳格なスタイルはなく、作者や主人の好みが表される自由なスタイルともいえる。

「山王町の家」[2] の和室は、外壁を擦りガラスとし、外の風景が室内で陰影となって光と影を落とす。そのさまは時とともに変化し、一瞬として同じ空気を味わえない魅力的な和室空間である。

「東住吉の家」[3] は、家の中心に和室を設け和室の周りを回遊できるようになっているため、4面障子の開放的

な和室が実現している。障子の内法高さも1730mmに抑え、視線を下げることで外の庭との一体感を表現している。

設計上の留意点

・畳の敷き方向に配慮する。
・出入口の位置、着座位置の検討。
・床、仏間位置の検討。
・天井板の方向、竿縁の方向の検討
・光の採り入れ方に配慮する。
・床座が基本。目線は床から800～900mm程度で考える。

1F 外部屋

1F ワークショップ　右のカーブした壁面収納の奥がプライベートスペース

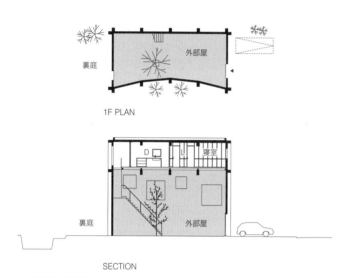

1F PLAN

SECTION

1. 未完成の空間（八木の家／SUPPOSE DESIGN OFFICE）

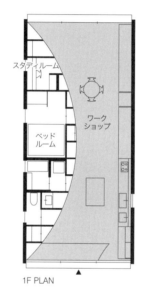

1F PLAN

2. ワークショップをするための空間
（work shop ／ mA-style architects 川本敦史＋川本まゆみ）

7 ─ フリースペース

　フリースペースとは、家族のためのコミュニケーションスペース（リビング）とは異なり、機能を固定しないフレキシブルな空間のことである。同時にいくつもの機能が重なる場合もある。家族が直接外部の人とコミュニケーションをする場にもなり得る。外部環境への広がりや外部の人とのつながりを感じることができる、のびのびとした大きな空間が多く見られる。室の呼び方にもそれぞれの特徴があり、将来の増築予定であったり、趣味の部屋であったり、住人のライフスタイルが端的にあらわれる場である。

　「八木の家」[1]は、1階床が敷地を保存するかのように土のままで、窓には建具が入っていない。中央に樹木（シ

マトネリコ）を設置しており、横にはベッド、ソファ、バイク、自転車、物置が置かれている。渾然一体とした部屋のようであるが、現段階では建具等で仕切られていない土間空間であり、2階の生活空間とは異なる空間となっている。1階の階高が高いのは、眺望の良い2階の生活空間を確保するためである。「外部屋」と名づけられているこの未完成の空間は、ライフサイクルを考慮し、将来子供室などに利用するため住人が少しずつ手を加える余地を残し、愛着のわく家を獲得するためにある。

　「work shop」[2]では、家族のLDKは、「ワークショップ」と名付けられた。外部の人とワークショップを楽しむクリエイティブな空間でもある。料理教室をはじめ、様々な活動や発信の場としての機能と住まいを重ねている。

玄関より主室・土間を見る　　主室からDKを見る　　　　　吹抜け上部のトップライトによる　　2Fより玄関ホールを見下ろす
　　　　　　　　　　　　　　　　　　　　　　　　　　　明るい空間

1F PLAN

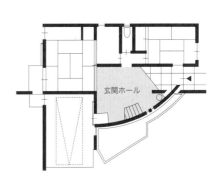

1F PLAN

3. 広い土間空間（笹倉の家／山田哲也）　　　　　　　4. 多様性のある玄関ホール（地蔵の家／山内靖朗）

生活や身体感覚を拡張させるように外部のデザインを行い、また海に面しているという環境の良さを取り込むことで、外から入りやすいコミュニケーションの場として成立させている。平面的には、大きな楕円弧により、プライベートスペースとはっきり分離している。

　「笹倉の家」[3]は、内部空間に街と住まいをつなぐみち（＝土間）を取り込んだ住宅である。玄関から続く土間空間を拡げ、本棚やソファを積極的に置き、「主室」と名づけ、街の一部とする。近隣の人を招き入れる図書館のようなイメージである。この土間は、奥の食堂前の空間に続き、通り抜けて街とつながる。土間から直接2階へあがる階段は、みちの一部として、プライベートスペース（住まい）へ直接導く。

　「地蔵の家」[4]は、住宅では占める面積が比較的小さい一般的な玄関ホールとは異なり、吹抜・階段を設け、さらに気積の大きい空間にしている。この空間は単なる玄関・移動空間ではなく、一室としての機能を持つ。外部に大きく開いていないため、外部から切り離され壁で守られたこの空間は、子供の遊び場にもなる。

設計の留意点

・周辺環境の条件を整理し、既存の空間の質や大きさに捕らわれることない素直な空間として設計するとよい。
・家族以外の人が入り込むパブリックスペースか、あるいは、家族のためのプライベート性の高いスペースかを判断して、ゾーニングや動線計画を行う。

寝室と接続する空間　夫の書斎コーナー

寝室内にある空間　妻の書斎コーナー

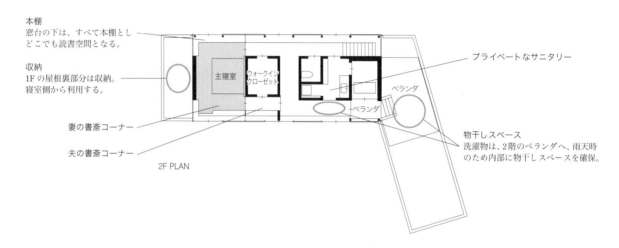

本棚
窓台の下は、すべて本棚としどこでも読書空間となる。

収納
1Fの屋根裏部分は収納。寝室側から利用する。

主寝室

ウォークインクローゼット

ベランダ

妻の書斎コーナー

夫の書斎コーナー

2F PLAN

プライベートなサニタリー

ベランダ

物干しスペース
洗濯物は、2階のベランダへ、雨天時のため内部に物干しスペースを確保。

1. 寝室と接続する空間（Sun／細田みぎわ）

2　プライベートスペース

1―寝室

　寝室は、ベッドスペースの確保だけでなく、質の良い睡眠を得るための準備をする場であり、癒やしの空間である。従って、眠る前の行為（着替える、テレビを見る、ストレッチをする、化粧をする、携帯メールのチェック、インターネット、読書、会話をする、酒を飲む）を考慮する。静かで安らぎを感じる最もプライベート性の高い空間である。色彩計画、照明計画を考慮する一方、朝の光の採り込み方と、外部からの視線のコントロールにより開口部の位置と大きさを検討する。

　寝室の計画では、以下の空間との接続を検討する。

①サニタリーとの接続：プライベート性の高いサニタリーとなる。欧米では一般的である。

②書斎との接続：PCを使用したり、趣味のスペースとなる。

③ウォークインクローゼットとの接続：着替えのために必要なスペースを確保し、鏡の位置も検討する。

　「SUN」[1]では、2階部分にプライベートスペースを集約している。壁面の上部半分を開口部、下部半分を本棚とした。敷地周辺の山並みを見渡すことができ、ベッドに横になると周辺からは一切見えない。窓には縦型ブラインドを設置することで、採光や通風をコントロールできる。寝室は、WIC、書斎、屋根裏を利用した収納空間と隣接しており、サニタリー、物干しスペースも近い位置

低い目線を想定した落ち着いた寝室

カーテンで仕切られた寝室

2F PLAN

個室	個室
個室	ウォークイン クローゼット

1F PLAN

カーテン　ピアノホール

寝室

カーテン

庭　書斎

2. 落ち着いた空間の寝室（大分の家／山内靖朗）

3. 赤いカーテンが仕切る居心地の良い寝室（法然院の家／森田一弥）

にある。書斎は、夫と妻のスペースを分けて設置している。

「大分の家」[2] は、開口部に障子をはめ、照明器具も同様に和紙のものとし、柔らかい光を演出した寝室である。ベッド、家具、照明器具、開口部など全体的に高さを低めに設定し、落ち着いた空間としている。

「法然院の家」[3] は、古民家のリノベーションで、寝室に壁を設けずカーテンにより仕切られている。直接外部と接していないため冬暖かい。夏はカーテンを開けて通風を確保することで、気持ちの良い寝室となっている。

設計の留意点

・ベッドの大きさを考慮し、ベッドメイキングのためにサイドスペースを確保する。部屋の角にベッドを置くとベッドメイキングがしにくいので、注意する。

・地震時の災害に備えて、枕元に大きな本棚を置くことは避ける。

・東向きに開口部を設け、朝の太陽を採り込むと目覚めがよい。

・読みかけの本、目覚まし時計などを置くためにベッドの高さと同じくらいのサイドテーブルが欲しい。

・ベッドに入り座る場合に備えて、木製などのヘッドパネルを付けておくと壁が汚れにくい。

・カーテンは、遮光タイプにすることもある。カーテンボックスは、ベッドに横たわった姿勢で見上げるため、高さを深くしたい。

・ドレッサーを置く場合もあるが、照明が反射して寝ている人の目に入らないように配慮が必要である。

玄関横の踊り場から子供室を見る。上部ロフトへはタラップを使用

マド5の中にはさらに小さな窓が開いている

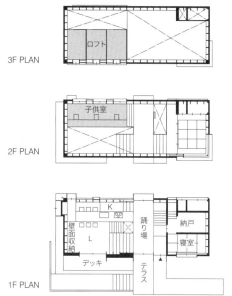

3F PLAN

2F PLAN

1F PLAN

1. 住空間の中央に位置する子供室（S博士の家／SOYsource建築設計事務所）

3F PLAN

2F PLAN

2. 出窓が子供の空間（マドノスミカ／御手洗龍）

2—子供のための空間

子供室は、子供の成長に伴い可変性を持たせる工夫が必要である。可動家具や可動間仕切り壁を設け、使い分けられるようにしたり、いずれ家を出て行くことも想定して、その転用方法も考慮する。

また、子供の年齢・性別・人数・性格などによって個室の取り方は異なり、兄弟姉妹間のコミュニケーションにも配慮したい。幼児期は、全ての機能を子供部屋に置くのではなく、勉強机、寝室、遊び場などを点在させ、家族との共有スペースを活用し、部屋に引きこもることなく親とのコミュニケーションがとれる空間設定がよい。成長に伴い個室が必要となる。音が遮断でき、小さくても一人になれる空間を設けるとよい。

「S博士の家」[1]は、一つの空間に住まいの機能を立体的に配置し、緩く分節しながらつながっている。子供室は、壁から突き出たようにつくられ、その上部に天井からぶら下がったロフト（ベッドスペース）があり、子供室の机よりタラップで上がる。このように住まいの機能をつなぐ階段や段差は、住宅の内外共全体にあらわれ、そこは移動空間と同時に子供の遊び場となっている。

「マドノスミカ」[2]では、角地敷地の特性を活かした7つの出窓を室内として計画することで空間を広く利用している。畳を敷いた子供の遊び場（マド1）、2層分吹抜けのハイカウンター（マド3）、子供用の寝室（マド5）、ベンチ（マド6）など、出窓の大きさや役割は空間の機能に応じて異なる。出窓は、周囲の街並みや屋根を取り

2F キッズスペース

左が子供のための箱、右が寝室の箱

3F PLAN

1F PLAN

2F PLAN

2F PLAN

子供のための箱

SECTION

1F PLAN

3. 仕事をしながら子供を見守ることができる空間構成
（いえとそとのいえ／萩野智香）

4. 子供のための箱（国分寺の家／SUPPOSE DESIGN OFFICE）

込み、子供のための小さい空間をつくり出す。

　「いえとそとのいえ」[3] は、職住一体住宅であり、3階建の2階南側にキッズスペースを設けることで、仕事をしながら子供を見守る空間構成とした。階段を狭んだ両側のレベルを少しずらすことにより1階の仕事場から見上げ、常に子供の姿が確認できる。住空間の道路側半分を「そと」の領域、奥半分を「いえ」の領域と位置付け、1階駐車場・事務所、2階キッズスペース、3階ファミリースペースを、パブリックな性格の空間として道路側に置いている。

　「国分寺の家」[4] は、住まいの機能を木箱に納め、積み上げて、そのズレが余白を生み出す。その余白の空間のみに外部からの光を採り込み、明るい場をつくる。2階

には個室（子供室と寝室）と水回りの木箱を配置し、互いが見え隠れするように開口を設け、空間をつないでいる。

設計の留意点

・幼児期、子供室にはベッド・収納・本棚・おもちゃ箱程度の置き場があればよい。親の目の届く範囲でリビングなどが遊び場となり、その収納を設置する。また、親と共に寝ることが多く、寝室の大きさを確保する。

・小学生は、書斎と合わせてスタディルームを設けたり、リビングの一角に設けて親が家事の合間に勉強を見るなど、住まい方を考慮して配置する。

・寝室と比べると、昼間に使用する頻度が高いため、日当たりの良い南側などに配置する。

外の景色が見える老人室

車椅子でも使いやすい高さのキッチン

浴室シャワーリフトで入浴　　車イスで利用できる洗面

1. 回遊型動線（共に暮らす家／木村真理子）

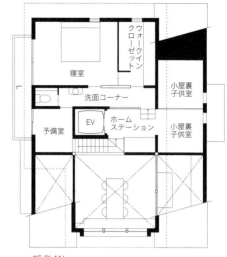

2F PLAN

1.5F PLAN

3―高齢者のための空間

　近年、高齢者による事故の77%が住宅内で起きている[1]。住宅内で事故の多い場所は、居間45%、階段18.7%、台所・食堂17%と続く[2]。原因は、転落・転倒が半分以上。高齢者にとっては多くのバリアが住宅内にあり、単なる移動ですら事故に結びつきやすい。運動能力の低下した高齢者には一度の事故が大惨事となる可能性も高い。

　高齢者の生活空間においては日常動作にまで十分気を配る必要がある。移動空間には手すりなどを設け、動作補助できる装置やスイッチ・コンセントの位置にも十分配慮する。キッチンなどの作業空間は、動作だけにとどまらず火気を使用するコンロや給湯など設備機器の取り

扱いにも配慮する必要がある。

　家全体の計画においては、室内温度の急変で体がダメージを受けるヒートショック現象を考慮し、個室とトイレ、洗面、浴室の配置計画や家全体の温・湿度計画にも気を配る必要がある。高齢者になると自室で過ごす時間が増える。高齢者の自室は、ベッド、脇机を置いても車椅子が回転するためには最低6畳程度のスペースが必要である。開口部は、ドアではなく引き戸にするとスペースの有効活用とともに動作の負担も少なくなる。

　都市型住居で2階以上の場合は、ホームエレベーターなどを設け、日常生活で孤立しない環境づくりが必要。高齢者とその家族の日常の生活習慣の違いにも十分配慮して家族の気配や家全体の様子が感じられるような配置

寝室とクローゼット・トイレ・浴室までつながった動線

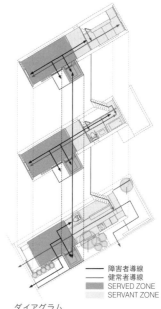

障害者導線
健常者導線
■ SERVED ZONE
□ SERVANT ZONE

ダイアグラム

ひとつながりの動線は、住人の負担を軽減できる

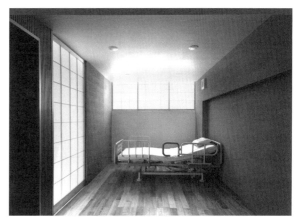
日光が直接目に入らないよう配慮して優しい空間を演出する

2. 狭小高齢者住宅（今市の家／山内靖朗）

計画をする必要がある。

　廊下など水平移動する場所には手すりを設けておくと、高齢者が自力で歩く助けにもなる。また、玄関や階段、その他床に段差がある部分には、縦手すりがあると転倒・転落事故の防止にもなる。車椅子が走行するための廊下有効幅は、一般的な木造住宅の廊下有効幅（80cm 程度）より広くとり、85cm 以上が望ましい。

　「共に暮らす家」[1] は、高齢者が動きやすいようにエレベーターの縦動線を中心に LDK、ユーティリティー、洗面・浴室、寝室とワンフロアで日常生活が完結できるよう、回遊型動線で構成されている。

　「今市の家」[2] は、間口・奥行とも限られた都市型住宅で縦・横の移動動線が少ないのが特徴的である。移動動線を少なくすることは、介護する側も介護される側も運動負担が減る。高齢者住宅の場合、介護される側からだけ考えるのではなく、介護する側の動線計画も重要である。

設計の留意点

・コンセント高さは床面より 450mm 程度とする。
・介護に支障がないように動作空間を確保する。
・視力低下にそなえ、通常の 1.5 倍、作業空間は 2 〜 3 倍の照度が必要。
・非介護者が孤独と感じないような計画に配慮する。

1) 独立行政法人国民生活センター「医療機関ネットワーク事業からみた家庭内事故－高齢者編」2013
2) 内閣府「平成 29 年版高齢社会白書」

2F PLAN

1階ピロティー上部が、洗面・浴室とグルーミングルーム。駐車場はドライブスルーできる

グルーミングルームと洗面・浴室との関係

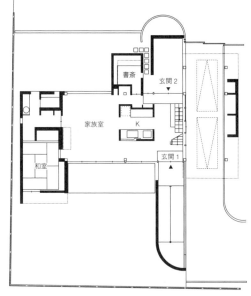

1F PLAN

1. グルーミングルームが中心の家（善根寺の家／WIZ ARCHITECTS 吉井歳晴）

4 ― 収納空間

　日常生活での持ち物は大きく5つに分けられられる。それらを家のどこにどのように収納するか考えることは、住宅計画において重要な課題である。

①身につけるもの…衣類、ネクタイ、靴、帽子、腕時計、
　　携帯　etc.

②手周りのもの…バッグ、傘、本、スポーツ用品、財布、
　　携帯電話、寝具、化粧品　etc.

③仕事にそなえるもの…パソコン、事務用品

④家族で共有、分有するもの…食器、家電製品、工具、
　　印鑑、什器、自転車、自動車、etc.

⑤家に必要なもの…家宝、登記書類、銀行通帳、etc.

　一般的に、収納面積は住宅の延べ床面積の10〜15%くらい必要といわれている。実際には、それでも収納が少ないという話はよく聞く。しかし、収納スペースを増やすだけではどんどん居住スペースが小さくなってしまう。限られたスペースをいかに効率よく収納するかが計画のポイントとなる。収納スペースは、間口と奥行で決まる。間口ばかり広くても使いにくいし、奥行きが深すぎても出し入れができなくなる。

　収納空間の計画ポイントは、収納する場所と用途、収納する高さには配慮する必要がある。用途に応じて平面を決定するように用途に応じて収納空間の大きさが決定される。また、日常的に使う物とそうでない物の頻度に分けて計画する必要がある。

　「善根寺の家」[1]は、2階にグルーミングルームという身

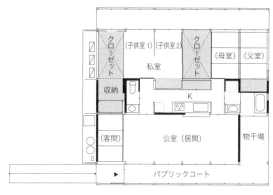

1F PLAN

外部設備機器の設置空間にも配慮されている

台所上にロフト空間を設け、収納と設備配管スペースとしている

2. 設備収納空間中心の家（岸和田の住宅／阿久津友嗣）

水回り・収納空間が家の中心となっている

支度を整える場を中心に展開した住宅である。20m²以上あるグルーミングルームは、クローゼットとしての役割のほか、洗面や化粧、着替え、朝食といった身支度がスムースにできるよう設けられた空間である。さらにグルーミングルームの周りには、洗濯、手洗い、物干しといった水回り空間が上手く関係づけて配置され、身支度の時間をいかに快適にすごせるかがよく考えられた住宅である。

「岸和田の住宅」2は、居室以外の生活に必要な収納空間について深く考えられた住宅である。室と室の間やロフト空間に収納空間を設け、延べ床面積の20％以上が収納空間となっている。室内の生活収納空間以外にも屋内・屋外の設備設置空間など生活にまつわる様々な収納

が適所に配置されている。

設計上の留意点

・そこにしか置けない物とそうでない物を明解にする。
・隙間空間を上手く使う。
・奥行を必要以上に深くしない。
・収納は片付ける場ではなく、使うための置き場として考える。
・収納場所の高さに留意する。
・収納するモノと場所を具体的に設定して設ける。
・収納率は、床から天井まで収納できるスペースで算定するもので、戸建てで12〜14％、マンションで8％以上確保することが理想である。吊戸棚や床下収納など、高さの限られたスペースは除く。

リビング・ダイニング。床はモルタル仕上

書庫

LDK 中庭 個室
個室

1F PLAN

リビング・ダイニングから中庭を挟んで寝室を見る

中庭を望む

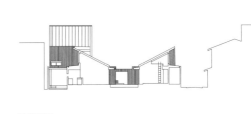

SECTION

1. コートを挟んだプライベートとパブリック（Hu-tong House ／岸和郎）

1 環境

1−内にひらく

　コートハウスとは、敷地全体を建物で囲んだコの字型もしくはロの字型・L字型のプランで、家の中心に中庭、坪庭、テラス、パティオなどと呼ばれる中庭空間を設けた住宅形式である。家の中に中庭を取り込むとともに、外の空間からは遮蔽されているため防犯性が高い。

　住戸内は、各部屋からコート（中庭）に向けて大きな開口部を設け、部屋と部屋の関係性、家族間の関係性を重視したプラン形式である。外に閉じて内側で開くため密集市街地の住空間に用いられることが多い。

　都市型住宅で隣地との間隔がなく外に向かって開口部が取りにくい場合、コートハウス形式にすることでプライバシーを保ちながら外部の自然環境と接する場をつくることができる。

　ヨーロッパの都市型住宅では昔から多く使われて来た形態である。

　「Hu-tong House」[1] は、LDK スペースとプライベートスペースを中庭で挟んだ例である。中庭を設けることで外部空間を介在して、LDK と寝室を分けることでプライベート性を保ちながらお互いの空間に開放性と独立性を獲得している。中央の中庭に対して片流れ屋根とすることで屋根の高さを抑え、中庭に十分な光と風を届けることができ、LDK スペースは、中庭と連続した開放的な空間となっている。

ダイニング＋中庭＋リビングの連続空間

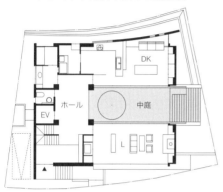

1F PLAN

SECTION

2. アウトドアリビングを囲んだ LDK （桜台の家／山内靖朗）

床の高さを揃えることで連続感が生まれる

ダイニング＋中庭＋リビングの連続空間

オープンエアーになったダイニングキッチン

「桜台の家」[2] は、ダイニングキッチンとリビングルームを中庭で挟んだ例で、開口部を開け放つと LDK スペースは一気に広がりをもち、室内空間だけにとどまらずアウトドア空間も取り込んだ新たな LDK が生まれる。

一般的なコートハウスは、中庭に向かった空間構成の住宅が多いが、桜台の家は、コの字型で敷地の外の空間まで取り込んだ開放型コートハウスである。中庭を挟むことで、ダイニングとリビングに独立性と距離感をもたせながら、開放することで新たな空間（アウトドアリビング）が生まれる住宅である。

ここで紹介するもの以外にも、住吉の長屋（設計：安藤忠雄）、京都の町家などもコートハウスといえる。

設計の留意点

・コの字、ロの字、L 字プランなので、屋根の排水計画に注意が必要。
・外部とのプライバシーは保てるが家族間のプライバシーを工夫すること。
・コート部分が狭いとあまり効果的ではなくなるので、ある程度のスペースを確保すること。
・コートには様々なアクティビティをもたせること。
・コートと室の床の高さを揃えることで、連続感が生まれる。

1F アトリエ、2F 生活空間

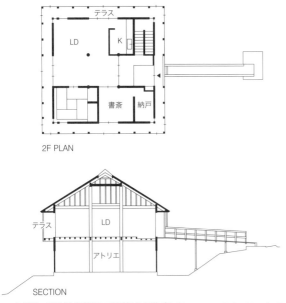

2F PLAN

SECTION

1. 自然との関係を建具で調節する住宅（住居 No.14 筑波・黒の家／内藤廣）

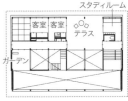

ガラス屋根と積み上げた河石

ガラス屋根の下に空気層、木を設置して断熱効果を高めている

2F PLAN（ゲストハウス）

1F PLAN（母屋）

SECTION

2. 自然とともに建つ住宅（ストーンハウス／三分一博志）

2―外にひらく

　敷地およびその周辺の自然のたたずまいをそのまま取り込んで外にひらく住宅は、その特殊な条件を分析することにより、個性的であるが、必然性のあるデザインが生まれることになる。自然景観（山・森・海・川・緑など）を活かすにあたり、風環境・熱環境を考慮したパッシブエネルギーの取り込みなど、目に見えない自然も含めて環境と呼応した住まいを積極的につくっていくことが、居心地のいい家をつくることになる。

　「住居 No.14 筑波・黒の家」[1]は、森の中にたたずむローコスト住宅である。森の中のブリッジを抜け、2 階の生活空間へ直接入る。1 階は住人である陶芸家の夫婦のアトリエである。正方形の平面であり、2 階では四辺の軒

下にテラスを張り出し、その外側にスリット入りの建具がはめ込まれた。それにより四周に生える木々の中で自然との距離を自由に調整できる。建具を全て閉じると、スリットから太陽光が漏れ入る。

　「ストーンハウス」[2]は、多雪地域で、周辺は水田、3 本の川が流れ込むエリアに建つ。住宅の四周に河石を積み上げ傾斜をつけ、夏は地熱による涼しい通気、冬は積雪後、かまくらのような空気層を形成する。母屋、ゲストハウス、テラスが 1 枚の屋根に覆われ、断熱材を兼ねた木と空気の層からなるガラス屋根は、勾配に沿った空気の対流、熱や光を調整している。

　「スローハウス」[3]は、内部の通り抜けの土間空間が外部とつながり、その大開口部から山と湖の温度差により

土間空間により視線や風が抜ける

低い擁壁を設置し、街とつながる

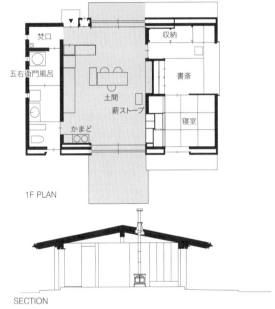

1F PLAN

SECTION

3. パッシブな住宅（スローハウス／江角アトリエ 江角俊則）

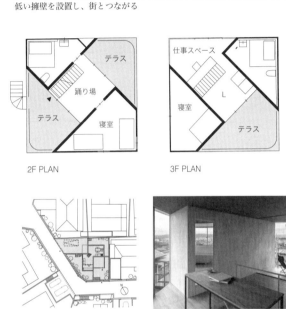

2F PLAN

3F PLAN

SITE

4. 擁壁をつくり直し、街とつながる住宅（あやめ池の家／小松一平）

発生する谷風を取り込むパッシブ住宅である。夏の日射の遮断のため軒の深い草屋根を設置し、風通しをよくするワンルームプランとし、エアコンに頼らない暮らしを実現した。冬は、土間リビングが日射を蓄熱し、パッシブソーラーとなる。土間は、畑仕事など外部とのつながりを考慮して設置されている。

「あやめ池の家」[4] は、擁壁をつくり直し、住宅団地の敷地が道路および周辺環境とつながることを実現した。道路とのレベル差が3mにも達する既存擁壁を撤去して、新設の低いL型擁壁で敷地を3つのレベルに造成し直し、そのL型を45°回転させ、住まいの機能を積み上げて住宅を作っている。最上階からは奈良の東大寺や若草山を見渡すことができる。地上レベルでは段差のある庭を、

2階レベルではテラスを設け、自然環境の抜けや移ろいを感じることができる。それは平面計画に加え、壁面素材の選択により可能となっている。

設計の留意点

・自然に開くと、良い点だけでなく、同時に厳しい自然環境も入り込んでくる。それを住宅全体で調節することを考慮する。

・一室ごとにエアコンを設置し、各々温度管理を行うという現代住宅に見られる考え方とは異なり、パッシブデザインにより家全体の熱環境を整えることを基本的な捉え方とする。

玄関を開放することでDKが街とつながる

格子越しに街の様子がうかがえる

3F PLAN

2・3F PLAN

2F PLAN

1F PLAN

最上階に設けられた茶室

1. 空間を取り込み広がりをつくる（タワーまちや／アトリエ・ワン）

階段・吹抜け回りは書庫

小さくても街に表情をもたせたファサード

ダイニングから書斎を見る

RF PLAN

2+2.5F PLAN

1+1.5F PLAN

2. 吹抜け螺旋階段で連続空間を展開（ボクテイ／アトリエ・ワン）

3─狭小敷地（狭小住宅）

　狭小敷地は大都市で多くみられる。狭小な土地に建てられた住宅のことを一般的に狭小住宅とよぶ。狭小敷地の住宅は、狭い敷地の中にできるだけ多くの床面積を確保したいという要望が多く、3階建てにしたり地下室を設けるなど容積率を最大限使うことが求められる。

　また、思い通りの面積を確保することが難しいため、各室の機能を兼ねたり外部の借景を利用して空間の広がりを確保したり様々な工夫が必要である。

　狭小住宅の住まい手は、場所性や周辺環境、利便性に強い意志をもって建てることが多く、コストは一般的な住宅より割高になる傾向がある。

　物理的なスペースが限られるため、狭小住宅の計画は、寸法や位置を十分検討した上で各部のディティールを整理する必要がある。デザインのキーワードとしては、透ける、兼ねる、抜ける、取り込む、整えるを意識して進めるとよい。

　「タワーまちや」[1]は、上下の移動空間である階段の位置に特徴がある。狭小住宅で最も検討する必要があるのが縦動線である。どんなに小さな住宅でも多層階であれば必ず階段が必要となる。狭小住宅において階段が占める割合は相当大きなものとなるため、縦移動の装置としてだけではなく、様々な機能をもたせることが求められる。また階段は、外の環境を取り込んだり、室と室をゆるやかにつなぐなど、横の関係をつくる装置でもある。

　「ボクテイ」[2]の特徴は、家の中心に設けた吹抜けと螺

道路斜線を配慮したファサード

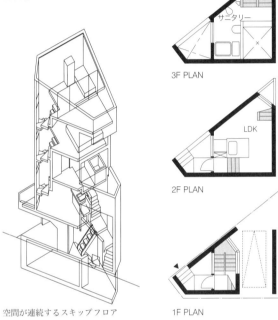

空間が連続するスキップフロア

3. 吹抜けと階段により空間が立体的につながる（塔の家／東孝光）

5F PLAN
子供室
テラス

4F PLAN
寝室

3F PLAN
サニタリー

2F PLAN
LDK

1F PLAN

大開口をもつファサード

屋上庭園とつながるリビング

川を借景にしたリビング

大開口で広がりが生まれるリビング

2方向に広がりをもたせたリビング

空間に強弱をつけた和室

1F PLAN

2F PLAN
室
室
収納

3F PLAN
LD
K

4F PLAN
テラス

4. 借景を室内に取り込み広がりをつくる（土佐堀の家／山内靖朗）

旋階段である。狭小住宅で吹抜けを設けることは、要求される面積条件、機能性の観点からなかなか難しい。しかし、狭小であるからこそ、吹抜けを設けることで、小さな空間に広がりがうまれ、豊かな暮らしが実現できる。また螺旋階段は、フロアの位置と高さを自由に設定できるので、限られた空間には有効である。

「塔の家」[3] は、敷地面積 20.5m²（6.2 坪）、ワンフロアが 3.57 坪しかない。この住宅は、1 階の玄関扉と外部に面する窓以外の開口部は一切なく、フロアごとの生活空間が階段や吹抜けを介して立体的につながっている。

「土佐堀の家」[4] は、各階のプランを居住スペースとそれ以外の空間に分けて計画した住宅である。この住宅の特徴は、南北方向に開けられた大きな開口部にある。敷地が河川に隣接しているので、借景を上手く使い、狭さを感じさせない工夫をしている。

ここで紹介するもの以外にも、住吉の長屋（設計：安藤忠雄）、最小限住居（設計：増沢洵）などがある。

設計の留意点

・隣地との関係に配慮する。

・機能を重ね合わせた空間を計画する。

・構造、工法の検討。

・重機の搬出入、資材の搬出入経路の確認。

・基礎形状、根切り深さの検討。

・設備、配管・配線経路の確保。

玄関ホールと一体化した寝室

リビングから中庭を見る

前面道路から敷地の向こう
側の風景まで見通せる

1F ギャラリー

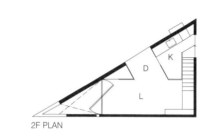

2F PLAN

1F PLAN

1. 鋭角部分を中庭緩衝空間にして抜けをつくる（Kh／長田直之／ICU）

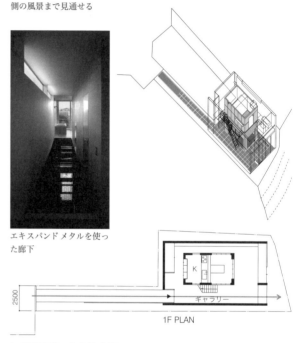

エキスパンドメタルを使っ
た廊下

1F PLAN

2. 旗竿を使った抜け空間（Double Square／今井公太郎）

4 ─ 変形敷地（旗竿敷地を含む）

　建築される土地には様々な形状のものがある。道路に面する間口が極端に狭い土地、極端に奥行のない土地、凹型の土地、凸の土地、三角の土地、旗竿状の土地、斜面地など。建築は、その様々な土地の良さを100%引き出してつくることが望ましい。むやみに土地を変形させたり、周りの環境を無視すると、災害をもたらすなどの問題がおきる。土地とどう向き合うか、周りの環境とどう向き合うかが重要である。どんな土地でもその土地の良さを見つけ出すことが最も正しい計画であるといえる。

　「Kh」[1] は、狭小敷地で2方を道路に挟まれた角度が30°、その他の角度が90°、60° の直角三角形である。敷地いっぱいに壁を設けて閉じながらも、三角形の先端部分に中庭を設け、視覚、採光、通風を確保している。中庭という緩衝空間を設けることで、相当厳しい条件であるにも関わらず豊かな建築を実現している。2階はプランをY字型にしており、1階の敷地に合わせたプランと違う展開をしている。

　「Double Square」[2] の敷地は、道路に2.5mしか接していない旗竿状の敷地である。敷地の南側には畑がある。設計者は、この開けた風景を道路から塞いでしまわないように配慮している。建物の機能を損ねることなく、旗竿のアプローチの奥には、視線が抜ける部分をギャラリーとして使って開放し、住人やまちの人たちにも豊かな環境をつくることに成功している。

　「和歌浦の家」[3] の敷地は、T型で奥行きの深い変形敷

中庭を見下ろす

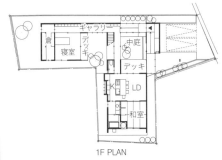

1F PLAN

玄関

リビング・ダイニングからデッキ越しに中庭を見る

3. T型の交り合う空間が豊かさをつくる（和歌浦の家／久保清一＋鍵山昌信＋村辻水音）

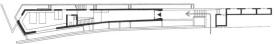

道路境界線に沿って設けられた花壇と外壁

1F PLAN

4. 線状敷地は奥行き空間を豊かにする（目神山の家8／石井修）

出入り可能な幅で設けたバルコニー

1F PLAN

5. 三角形の敷地から生まれる建築（本庄の家／山内靖朗）

地である。建物はT型の交わるところに中庭を設け、家全体を緩やかに連結している。また、この中庭にデッキを張りまわすことで内部空間に広がりができ、中庭が新たなアクティビティを生む場所となっている。

　「目神山の家8」[4]は、間口70m、奥行き平均4mの線状・段違いの自然地形から生まれた建築である。高低差を吸収するため、高さ3mの擁壁を兼ねたコンクリート造でつくられ、道路面より一層下がったところに庭と一体化できるLDKを設けている。道路との高低差をうまく利用し、地形に寄りそった住宅である。

　「本庄の家」[5]は、道路に面する間口5.6m、奥行き24mの鋭角三角形の敷地に建つ建築である。道路面以外の2辺は敷地境界線いっぱいに外壁を設け、その2枚の壁の

間に内部空間がある。内部は、家の中央部に各階を貫いた階段を設け、その周りをスキップフロアにすることで空間につながりをもたせている。

設計の留意点

・都市型の変形敷地は、周りを家で囲まれることが多いので、周辺環境とうまく交わるようなデザインが重要になる。

・建物が変形することが多いため、構造の検討を必ず行う。

・変形敷地は狭小敷地であることが多い。狭小敷地の場合は、採光の検討が必要になる。

・建設機械、材料の搬入が難しいため、計画段階から入念に工法、材料を検討する必要がある。

斜面に軽やかに建てられている

硬い岩盤質の敷地に建つ　　　　三角形のライブラリー

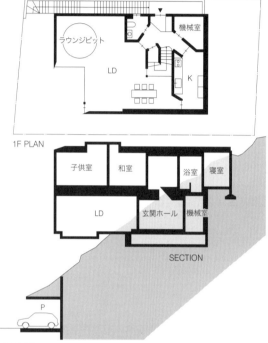

1F PLAN

SECTION

1. 埋込型（ぶるーぼっくす／宮脇檀）

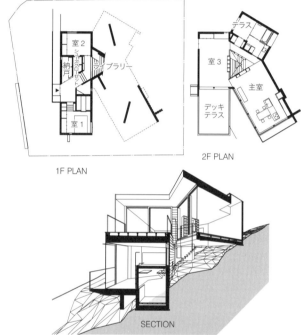

1F PLAN

2F PLAN

SECTION

2. 段差型（KRAMPON／荒谷省午）

5 ― 斜面地

斜面地は、不動産としては価値が低いとされており、土地代は比較的安価だが、建築工事費は高くなりがちで、建築と土地のコストバランスが平坦な敷地とは異なる。眺望がよい空間を確保でき、個性豊かな住宅が多い。

建築と斜面地の関係で分類すると、斜面に建物を埋め込む「埋込型」、斜面に沿って建つ「段差型」、「埋込型」と「段差型」を融合した「埋込段差型」、斜面の上に建つ「浮遊型」がある。

(1) 埋込型

建築は敷地に半分埋め込まれており、内部空間からは、眺望のよさの他には敷地の傾斜を感じる要素はあまりない。玄関アプローチや庭などの外部空間において敷地の高低差を体感しながら多様な自然を感じることができる。

「ぶるーぼっくす」[1] は、幾何学形態のボリュームが崖に突き刺さり、斜面の下からはえた竹が住宅を貫通する。5m 以上のキャンティレバーとするために、屋根や上階の構造をほとんど木造として荷重を軽量化している。また、ヴォリュームを欠き取ってできた大きな開口部と床下の円形の突起が印象的である。これは、リビングダイニングの開口部とラウンジピット（床の段差）である。

(2) 段差型

強固な地盤の場合、斜面に沿って建築を置くことで基礎の工事費が比較的抑えられる。

「KRAMPON」[2] は、硬い岩盤質の敷地に３つの空間を置き、斜面に沿ってそれらをつないでいる。傾斜がもた

斜面地を復元する

子供室から下階を見下ろす

3F PLAN

2F PLAN

1F PLAN

SECTION

3. 埋込段差型（元斜面の家／畑友洋）

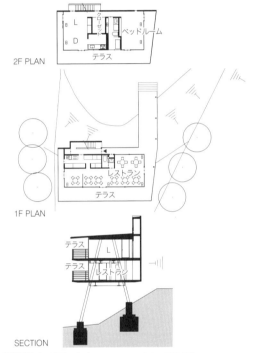
眺望が開ける浮遊型

2F PLAN

1F PLAN

SECTION

4. 浮遊型（毘沙門の家／SUPPOSE DESIGN OFFICE）

らすアクティビティがそのまま空間体験となり、多様な
シークエンスを見せる。中央に位置する三角形の階段室
はライブラリーで、求心性の高い空間となった。

(3) 埋込段差型

　高低差を体感でき、各フロアより異なる視線で風景を
望むことができる。内部の段差で、敷地のレベル差を吸
収し、垂直的なつながりにより流動的な空間構成が可能
となる。最も自然の地形に寄り添い建つ建築である。

　「元斜面の家」3 は、造成以前の斜面地を復元するよう
に建ち、自然環境を取り込んだ住宅である。造成後の段
に建つ既存建築の基礎をそのまま活かして庭とし、内部
においては階段空間とした。一方、敷地の斜面と屋根の
勾配を合わせて、強い山風を流し、一部は室内に取り込

んだ。このように斜面に沿って視線・風が流れる立体的
な内部空間がつくられた。

(4) 浮遊型

　傾斜地に浮かすように構造体で支える。内部からは眺
望がよく、周辺環境をとらえる。またピロティ部分は、
年月を経て自然に覆われ、敷地内緑化率が高くなる。

　「毘沙門の家」4 は、高台に位置する店舗併用住宅で、
2段の敷地の中間傾斜部分に建つ。斜めの6本の柱に2
枚のスラブと軽い屋根を乗せ、構造の合理性を追求し、
浮遊した住まいが実現している。

設計の留意点

・地盤調査に基づいた設計を行い、建築の配置と構造の
　計画を慎重に行う。

エレベータ、階段を共有したことで生まれる屋上空間

スキップした玄関アプローチ　　　　中庭のコミュニケーションスペース

BF PLAN　　　　　　　　　　　1F PLAN（親世帯）　　　　　2F PLAN（親＋子世帯）　　　　3F PLAN（子世帯）

1. 縦動線を二世帯の共用空間に（万代の家／山内靖朗）

2　ライフスタイル

1—多世帯の家

　一つの建物に親世帯と子世帯、親戚世帯などの複数の世帯の家族が何らかの空間を共有して住む住宅形式をいう。玄関や浴室、キッチンなどを共有する場合もあるが、お互いのプライバシーを守るため、玄関を別々に設けたり、各世帯が独立したキッチンや浴室をもつこともある。地価高騰により単独では住宅を取得しにくくなったこと、共働き夫婦の増加、高齢者の独り暮らしの問題などから、近年増加している。戸建て住宅だけにとどまらず分譲マンションや、公団・公営住宅でも見られる。

（1）世帯共用型

　個室以外のパブリックスペース（玄関、キッチン、浴室、トイレなど）を共用するタイプ。水回り等の設備が最小限ですむため、コストが抑えられる。世帯ごとの独立性は低いが世帯間のコミュニケーションは取りやすい。親世帯と子世帯の配置・フロア計画である程度の個別性が確保できるように配慮する必要がある。

（2）世帯分離型

　プライベートスペースだけではなく玄関や水回りも世帯ごとに分離したタイプ。独立性は高くなるが、家族間のコミュニケーションの在り方に考慮して計画しないと二世帯住宅の意味がなくなる。全てが分離しているので設備コストがかかる。

それぞれの玄関が並び、車椅子でもアプローチ可能なように斜路が設けられている

子世帯の LDK の一角に設けられた畳スペース

床座の暮らしに合わせて掘りごたつが設けられた親世帯の和室

1F PLAN（親世帯）

2F PLAN（子世帯）

2. 上下階で独立した二世帯住宅（前田の家2／今井正樹）

（3）独立型

お互いの生活空間が上下階に分かれる、もしくは界壁を設けて左右に分かれる形式。完全に両世帯が分離していると二世帯住宅とは見なされず共同住宅と捉えられるため、玄関もしくは内部パブリックスペースのどこかで両世帯がつながっている必要がある。独立型はお互いの世帯のプライバシーを一番獲得できるが、2軒分に近いコストがかかる。

「万代の家」[1]は、親世帯3人家族＋子世帯3人家族の二世帯住宅である。入口は、道路より半階ずつ分かれて2つの玄関をもつ。内部は、階段とEVが共用部でその他はそれぞれ独立した空間をもつ都市型二世帯住宅である。

「前田の家2」[2]は、1階が親世帯、2階が子世帯の完全独立型の二世帯住宅である。玄関は親世帯と子世帯にそれぞれ設けられているが、扉の内側で行き来できるようになっている。

設計上の留意点

・お互いのプライバシー、コミュニケーションについては細心の注意を払いストレスが生じないよう配慮する。
・お互いの共有空間から計画を進めて行く。
・世代の差が大きい場合、高齢世代の動作を中心に計画を進めていく。
・それぞれの独立性が高くなるため、十分な収納スペースを確保する。

大きな作品も制作できるアトリエ

キッチン・ダイニングからアトリエをみる

茶室として使われる円形和室

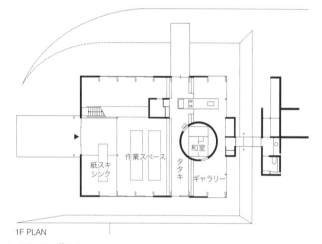

1F PLAN

2F PLAN

1. アトリエ暮らし（MAYUMIYA の工房／久保清一＋森田真由美＋香川真二）

2―趣味の家

　住宅には、休む場、食事をする場、排泄をする場、身を清める場、物を収納する場など様々な機能を満たす場が必要となる。しかし、そういった機能的な空間だけで豊かな日常生活を営むことはできない。

　絵を描いたり、音楽を聴いたり、何かをつくったり、何かを育てたりと、住宅には自分と向き合える時間も場所も重要である。従来それらを満たす場所は、リビングや個室が多かった。しかし近年は、家族の少人数化や個人の生活スタイルの多様化とともに、家族の中の個人それぞれの趣味やライフスタイルにあった専用の空間を設けるケースが増えてきている。

　趣味のあった友達を呼んでパーティーをしたり、発表

会や展覧会を開いたり、図書館にしたり、温室をつくったりと、住宅は本来の個人的なものに留まらない広がりが見られる。

　「MAYUMIYA の工房」[1]の住人は、竹や古木、手漉き和紙など自然素材を使った作品をつくる造形作家である。1日ほとんどの時間をアトリエで過ごし、朝、目覚めるのも、夜寝るのもアトリエ、まさしくアトリエ＝住宅といえる。いたる所に創った作品を展示できる空間を設け、制作から発表まで住人の全てを詰め込んだ住宅ある。

　「とら・トラ・うさぎ達の家」[2]は、音楽室とアトリエを住宅部分の離れに配置している。住人は、日常生活のほとんどの時間をこの場所で過ごす。練習したり、レッスンを受けたり、演奏会を開催したり、音楽を鑑賞をし

2. 生活の中心が音楽室（とら・トラ・うさぎ達の家／青砥聖逸）
吹抜けの音楽室は、生活の中心の場所

4. 隙間空間の有効利用（中条町の家／山内靖朗）
3層吹抜けの階段室は、図書室として使われる

3. 趣味がリビングに侵入（pit house／細田みぎわ）
リビングからは大好きなバイクを眺めながら過ごせる

5. 大空間から生まれる多様性（洛風庵／山内靖朗）
畳空間の和室の床を檜縁甲板に変えるだけで稽古場に

たり、創作したり、来客を招いたりと、家族の日常生活で最も重要な場所である。

「pit house」[3]は、バイクとともに暮らすための住宅である。ソファーに座りくつろぐ時間はずっとバイクを眺められる特別な場所。自身の一番大好きなものを身近な場所に置くことで、くつろぎの場をさらに豊かなものにする。また PIT とリビングを連続させることで PIT で過ごす時間も家族の気配を感じることができる。

「中条町の家」[4]は、木造3階建の建物で、階段室が家族の図書館としてつくられた住宅である。従来書架は、個人スペースに納まる場合が多いが、中条町の家では、階段室に個々の書籍を持ち寄り、それぞれ個人が家族の歴史をつくる場所となることを目指している。

「洛風庵」[5]は、従来座敷として使う場を置き畳にして、その下を板張りにすることで稽古事の練習の場としての機能を兼ね備えた趣味空間となる。床を畳から板の間にするだけで空間の多様性は一気に広がる。

設計上の留意点

・床耐荷重のチェックや防音性能のチェックが必要。
・それぞれの趣味によって収納方法が異なる場合が多いので、使用者の意見を十分聞く必要がある。
・生活スペースと趣味スペースの関係を検討する。
・家族以外の人も使う場合があるので、動線計画に留意すること。

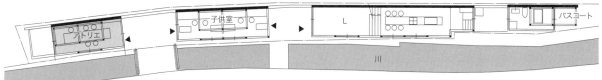

1F PLAN

1. 分離型：設計事務所＋住宅（松ヶ崎のギャラリー／駒井貞治）

上階からアウターギャラリーを見下ろす

2. 分離型：ギャラリー＋オフィス＋料理教室＋住宅（Casa さかのうえ／acaa 建築研究所 岸本和彦）

1F PLAN　　　　1.5F PLAN

3 ― 仕事の家

近代以前は、農家や商家にみられるように仕事場の中で暮らし、様々な人が出入りしていた。1960 年代以降、会社勤めの人口が増え、昼間の住宅は主婦と子供のための空間となった。しかし近年のインターネット社会では、家で仕事を行うライフスタイルが増えつつある。昼間、夫が妻と家で仕事をすることは子供にも大きく影響し、住宅プランにも変化が表れる。仕事空間を設ける場合、仕事空間と居住空間を分ける分離型と、特に分けないで渾然一体としている融合型がある。

（1）分離型

来訪者が多い場合や特別な設備や機材が必要な場合は、居住部分を分離する。分離の仕方として、分棟にする、

階を分ける、一室設ける、職場の入口と玄関を分ける、などの方法がある。

「松ヶ崎のギャラリー」[1] は、細長い敷地形状に合わせて、設計事務所、住宅、ゲストハウスを分棟にしている。その間は壁で閉じることなくガラス張りにし、駐車場、植栽、デッキ（洗濯場）、菜園などの外部空間でほどよく距離を置く。自然環境と家族の関係がよりよい関係を保ちながら変化する住宅である。

「Casa さかのうえ」[2] では、1F ギャラリー、1.5F オフィスと料理教室、2F 住宅の各層が中央の中庭・吹抜を介してつながる。傾斜地において建物を浮かし、ピロティ（階段状のデッキ空間）よりアプローチする。

1Fアトリエ・サロンと生活空間が渾然一体としている

壁面のギャラリー

抜ける空間

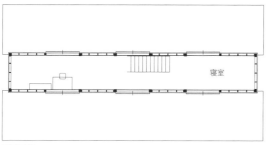
2F PLAN

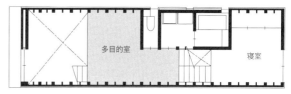
2F PLAN

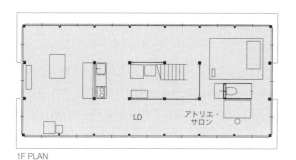
1F PLAN

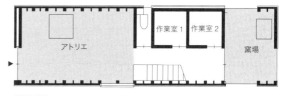
1F PLAN

3. 融合型：ファッションデザイナーの住宅（houseT/salonT ／木村松本建築設計事務所）

4. 融合型：陶芸家の住宅（陶器まつりのある家／ Office for Environment Architecture 吉永規夫）

（2）融合型

　来訪者が少ない場合や、大きな空間を必要としない場合は、居住空間の一部分を仕事空間とする。家族のスペースとの距離を考慮して配置を決めるとよい。家具、段差、ガラス、壁などで居住空間と分離する。

　「houseT/salonT」[3] は、ファッションデザイナーの家である。職・住に境目がなくリビング・ダイニングとアトリエ・サロンは重なっており、類似したふるまいを機能として重ね合わせる。1階のガラス張りの空間は、服をつくったり、完成した服を来訪者に手渡したりする場で、生活がショーケースの中に展示しているかのようであるが、カーテンの開閉で、外部からの視線を調整することができる。一方、2階寝室はプライベートな場である。

　「陶器まつりのある家」[4] は、陶芸家の家である。アトリエの吹抜けの壁全面に作品が展示でき、ギャラリーの機能を兼ね備えている。スキップフロアで、上階の居住部分とアトリエは壁で仕切ることなく、吹抜けを通して空間がつながる。駅前から見ると、山の風景を遮る位置に建つため、街とつながるような空間を求めた。「陶器まつりで地域に開かれた参道のような賑わい（ハレ）」と「風、光、視線が抜ける日常の陶作と家族の生活（ケ）」の風景の共存を目指している。

設計の留意点

・仕事と生活の距離感を適切に判断する。狭小住宅で分離型が求められる場合、玄関において来訪者と家族の動線を分けるなどの工夫をするとよい。

1F 作業場

2F　吹抜けによりL1とL2が緩やかにつながる

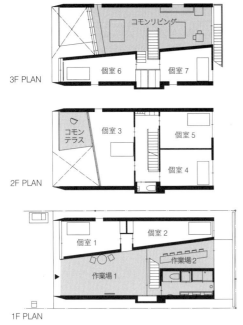

3F PLAN

コモンリビング

個室6　個室7

2F PLAN

コモンテラス　個室3　個室5　個室4

1F PLAN

個室1　個室2　作業場2　作業場1

3F PLAN

屋上1　13号室　7号室　屋上2　8号室　9号室　10号室

2F PLAN

6号室　12号室　光とりスペース　L2　11号室

1F PLAN

1号室　2号室　D　3号室　4号室　5号室

1. 作業場をシェアする（SHAREyaraicho ／篠原聡子＋内村綾乃／空間研究所 A studio）

2. LDKをシェアする （LT城西／成瀬・猪熊建築設計事務所）

4—シェアする家

　シェアする家とは、家族でない他人がそれぞれプライバシーのある個室を持ち、トイレ、浴室、キッチンなどを共有し、一緒に住む大きな家のことである。シェアハウスやグループホームは多世帯住宅ともいわれ、寄宿舎や比較的大きな規模の戸建住宅をリノベーションし、運営される事例が多く見られるが、建築基準法上は特殊建築物であり、「寄宿舎」の扱いとなる。これが、階段・廊下・ホール・EVなどの移動空間を共有すると「共同住宅」となるが、隣家と界壁のみ共有し、道路から直接、あるいは道路を確保して玄関に誘導される場合は「長屋」となり、法的規制は共同住宅に比べて緩くなる。

　現在、空き家対策などを社会的背景として増加してい

るため、リノベーションが主流で新築の事例が少なく、賃貸住宅が主である。

　若年層を中心としているため、広めの一戸建住宅をDIYでリノベーションするタイプ、学生寮をリノベーションしてシェアハウス化するタイプなどが見られる。その他に賃貸集合住宅で畑をシェアする、SOHOとしてオフィスをシェアするなど空間の共有によりコミュニケーションが生まれ、生活を楽しむライフスタイルの事例も見られる。

　「SHAREyaraicho」[1]では、使用する家具などを1階の作業場で製作する。そこは宴会場のほか外部に開かれた空間にもなるコミュニケーションの場である。吹抜で3階のコモンリビングとつながり、この隙間に居住スペー

地域に開かれるアネックス

1F 広場と各部屋に通じる階段

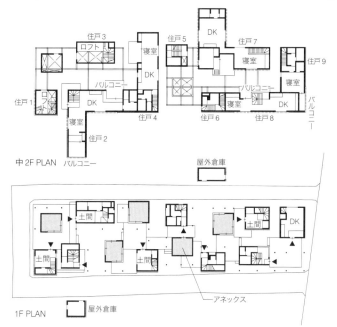

3. 地域とつながる（Dragon Court Village ／ Eureka）

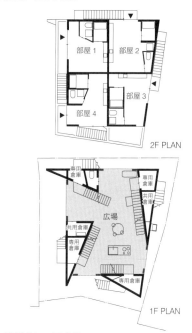

4. 住人と広場をシェアする（ヨコハマアパートメント／西田司＋中川エリカ／オンデザイン）

スを確保した。

「LT 城西」[2] は、共有部分において、個室の延長として1人で過ごすことが可能なシェアハウスである。多人数で集まりやすい吹抜空間、ひとりで過ごす共有部の隅や窓際の空間、天井高の違う空間など様々な居場所をつくり、居心地の良い共有空間を生み出した。

「Dragon Court Village」[3] は、郊外の低密度な住宅地に建つ。風環境のシミュレーションにより、配置やヴォリュームが調整され、外部と内部が入り交じった空間構成となった。仕事場として利用でき、来客を招き入れる「アネックス」を介して、生活が地域に開かれ、各戸の領域を曖昧にしている。現在、駐車場や道路となっている敷地内の際の空間は、菜園やドッグランなどへの将来的な転用も考慮し、地域に開かれることを想定している。

「ヨコハマアパートメント」[4] は、集合住宅ではあるが、天井高 5m の 1 階広場（地域にも開かれた半外部ラウンジ）を共有する。上階の各住戸と倉庫につながる階段は、広場を見下ろすように設置され、イベント時に客席としても使用される。

設計の留意点

・集まって住む＝合理的に共有することが求められているため、プライベートスペースをコンパクトにしてパブリックスペースを広くするとよい。

・入居者の選定や共有使用の居住ルールなどソフト面で課題が多い。

公園に面して開かれたファサード

ピロティは地形に合わせて勾配になっている

階段の踊り場に設けられた玄関

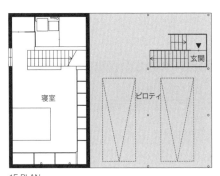

1F PLAN

2F PLAN

1. 公園と一体化したピロティ（上志津の家／三弊順一 / A.L.X.）

3　プラン

1—ピロティ

　柱もしくは壁柱で建物本体を持ち上げて地盤面を開放した外部空間を一般的にピロティという。ピロティは、フランスの建築家ル・コルビュジエが提唱した近代建築の5原則「ピロティ、屋上庭園、自由な平面、自由な立面、水平連続窓」のひとつ。

　ピロティを取り入れることにより、地盤面を開放し、駐車場や、広場、アウトドアリビング、アウトドアダイニング、工房など暮らしに様々な可能性を生むことができる。遊戯スペースとして子供がのびのびと遊ぶことができるので、子供の発育を手助けしてくれる教育的活用

もある。集合住宅で1階を柱だけの空間にして駐車場や通路に利用するケースもピロティ形式である。

　ピロティは、通路などの用途に使う場合、床面積に算入する必要はないが、駐車場や駐輪場などの用途が発生した場合には、床面積に入れる必要がある。

　阪神淡路大震災（1995年）で、ピロティ形式の建物に被害が出たことから地震に弱いとして認識されたが、東日本大震災（2011年）においては4m以下の津波の地域では、ピロティ形式の建築物は軽微な被害で済んだことが報告されている。ピロティ形式の建物は構造設計において十分検討すれば問題はない。

　「上志津の家」[1]は、北側の公園に面した開放的な環境で、1階をピロティで開放することで公園と一体化した

空中に浮いた住居は町並みまで潮風を運び込む

道路から海側を見る

ピロティは高潮対策にも役立つ

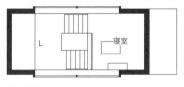
3F PLAN

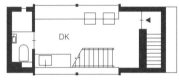
2F PLAN

1F PLAN

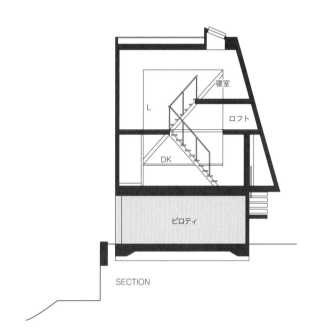
SECTION

2. 自然と向き合う（窓の家／吉村靖孝）

広々とした空間が生まれた。駐車スペースとして用いられるだけでなく、様々なアクティビティの可能性をもった空間となっている。

「窓の家」[2] は、海に面した厳しい環境に建ち、常に干満や津波、海からの強風を受ける。それを避けてピロティ部分はコンクリート造としている。ここでは自然環境と向き合うためにピロティ形式が採用されたが、その結果、住居部分を空中に配置したためプライバシーを確保でき、また、道路からの風景も海に向けて開放できるなど街並みにも十分配慮できた一石三鳥の建築である。

今回紹介したもの以外にも、ピロティ形式を用いた例に、サヴォア邸（1931 年 / ル・コルビュジエ）、スカイハウス（1958 年 / 菊竹清訓）、浦邸（1956 年 / 吉阪隆正）、広島平和記念資料館（1955 年 / 丹下健三）などがある。

設計上の留意点

・1 階が柱空間なので地震時の水平剛性の検討が必要。

・セキュリティー対策の検討が必要性となる。

・建物の周りに広がりのある空間がないと、あまり効果的ではない。

・ピロティは家族と社会のつながりをつくる接点の場となる。お互いの関係を十分に検討する。

リビングからテラスを見る

屋上から2階テラスを見下ろす

屋上のスポーツ施設・レクリエーション空間

ドーム形のスポーツジム

外周にめぐらされた300mトラック

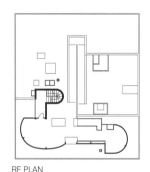

2F PLAN　　RF PLAN

1. 屋上庭園のはじまり（サヴォア邸／ル・コルビュジエ）

2RF PLAN

1RF PLAN

2. 多様な用途に使われる屋上（ユニテ・ダビタシオン／ル・コルビュジエ）

2―屋上利用

　コルビュジエが提唱した近代建築の5原則により、建築は大地から切り離され空中へと向かっていった。その一つに屋上庭園がある。

　以降、屋根は風雨から守るだけの部位ではなく、屋上として様々な機能を持たせた空間へと発展してきた。さらに近年は、防水技術の発展に伴い、全面を緑化することができるなど、さらなる可能性を持った新しい提案が生まれてきた。

　1931年に竣工した「サヴォア邸」[1]は、コルビュジエの近代建築の5原則をもっともよく表わした建築である。サヴォア邸の屋上に設けられた屋外空間は、リビングから連続した開口部をもち、リビングルームの延長として

の活用が強く表現されている。それは、ダイニングテーブルや、プランターなどのインテリアアイテムを屋外空間にもちだしていることからも明解である。

　「ユニテ・ダビタシオン（マルセイユ）」[2]の最も特徴的な場所である屋上は、アスレチックジム、幼児用プール、幼稚園・保育園、屋上で走りまわれるトラック、野外で演劇や集会をするための小さなステージ、屋上庭園など様々な機能をもたせた空間を設けている。

　「土佐堀の家」[3]は、都市の中に建つ小さな庭付き戸建住宅である。建築面積と同じ大きさを持つ立体屋上庭園。土佐堀川に面する立地で、自然とともに暮らすことをコンセプトに計画された住宅である。屋上の庭に植えられた樹種は、20種類以上あり、都市の中の小さな林のよう

川も堤防も一体となった屋上庭園

都市の中に浮かぶ屋上庭園

屋根の上のもうひとつの家

リビングからつながる屋上庭園

夕景。天窓に灯る明かり

屋根への出入口

ELEVATION　　　　SECTION

3. 立体屋上庭園（土佐堀の家／山内靖朗）

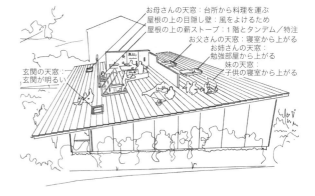

お母さんの天窓：台所から料理を運ぶ
屋根の上の目隠し壁：風をよけるため
屋根の上の薪ストーブ：1階とタンデム／特注
お父さんの天窓：寝室から上がる
お姉さんの天窓：勉強部屋から上がる
妹の天窓：子供の寝室から上がる
玄関の天窓：玄関が明るい

4. そとのおうち（屋根の家／手塚貴晴＋手塚由比）

な空間である。土佐堀川を借景として、立体的に屋上を有効利用することで生活を豊かにし、都市の中の小さなランドマークとなっている。

「屋根の家」4は、屋根の上がワンルームのような空間となっている。室内の暮らし方と屋根の上の暮らし方、それぞれの暮らしが楽しめる豊かな住宅である。屋根の上では、風除けの塀や流しなどの設備が整っており、春の日光浴、夏の水浴び、秋のお月見、冬のストーブパーティーなど内部空間ではなしえないアクティビティが生まれる。与えられた場所を隅から隅までアクティビティで埋めた贅沢な建築である。屋根の厚さは、150mmで、内部と外部が限りなく密接につながっている。

設計の留意点

・防水性能が向上したとはいえ、屋上は一番過酷な環境の場所なので、施工には細心の注意が必要。
・土を載せる場合、屋根荷重を十分検討すること。
・給水設備や電気設備を設ける場合、立ち上がり配管などの納まりを十分検討すること。
・家全体とのかかわり方を考えて、下階とのつながり、動線計画に配慮する。
・様々なアクティビティが生まれると同時に危険も多くなるので、落下防止策などに配慮する。
・屋上に植える植栽は、根腐れも起こりやすく、日焼けの影響も受けやすいので、排水計画や、樹種の選定に十分配慮する。

南側より見た夜景

廊下より家族室を見通す

回廊が家族室を包み込む

家族室の吹抜けを見上げる

3F PLAN

2F PLAN

1. 家族室を囲む住居（城崎の家／竹原義二）

3 ─ 回遊

回遊式の住居は、建物の中央を中庭にしたり（コートハウス）、家族が集まるリビングにするほか、縦空間（吹抜け、階段室、エレベーター）や設備系空間（キッチン、浴室、洗面、トイレ）などを家の中心に設け、その周りに居室を設ける場合もある。

建物の外周に様々な居室を設けると、それぞれの居室に直接外部環境を取り込むことができ、部屋ごとに違った空間が展開する。また、中心になる空間を介在して家族の気配も身近に感じられる住居形式である。

回遊させることで動線をショートカットでき、家事動線の流れがスムーズになるとともに、自然と家族のコミュニケーションが取れる。

近年は、共同住宅のプランに使われることもある。

「城崎の家」[1]は、1階が鉄骨造、2・3階が木造の混構造の住宅で、1階は、家の中心に家族室を設け、その周りに廊下を設けた回遊式住居である。中心に設けられた家族室は2層吹抜けとなり、上部方向に開放感をもたせている。それを囲む回廊は、内部・外部の境界を曖昧にすることで、空間に最大限の広がりとゆとりをつくっている。家族室回りの開放的な廊下スペースは外とも内ともいえない路地的な場所で、家族間のコミュニケーションと距離をバランスよくとる装置として効果的なものとなっている。

「今市の家Ⅱ」[2]は、エレベーターをコアにした回遊式動線の住宅で、エレベーターの周りに廊下、パブリック

テラスまで取り込んだ回遊動線

玄関・和室・ダイニングもエレベーターを囲んだ回遊動線

1F PLAN

2F PLAN

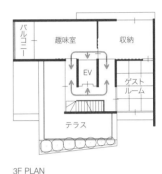

3F PLAN

洗面・トイレも回遊動線の一部

光の筒を囲む回遊動線

2. 移動空間をコアにした住居（今市の家Ⅱ／山内靖朗）

スペースを配置し、その外側にプライベートスペースを設けている。

　家の真ん中に廊下を設けることで動線は短くなる一方、廊下が暗くなる。それを避けるため家の中心にあるエレベーターシャフトの屋根にトップライトを設け、各階の壁はガラス張りとし、エレベーターシャフト全体に光の筒としての機能をもたせ、各階の廊下に光を届けている。

　回遊式住居は、家の中心まで明るくできることが大きなメリットである。

　また、回遊式動線は移動距離の短縮、家事軽減、家族との関係づくりの観点から高齢者対応住宅にも有効な住居形式と言える。

設計上の留意点

・プランニング時には屋根の納まりも同時に検討すること。

・中心にパブリックスペースなどの室を設ける場合、採光や換気などの室内環境に留意すること。

・動線が重なり合う箇所は衝突事故が起きないよう配慮すること。

・回遊できる間取りをつくるために開口部が多くなり、家具レイアウトに制限を受けやすい。

・回遊できることで、どの空間にもアクセスしやすくなるので、プライバシーの確保を検討する必要がある。

ポーチより内部空間を見る

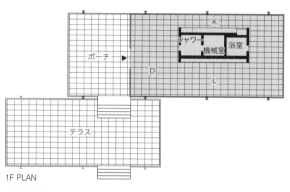

1F PLAN

1. コア型（ファンズワース邸／ミース・ファン・デル・ローエ）

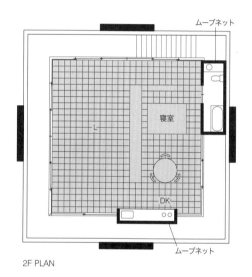

2F PLAN

2. はみ出し型（スカイハウス／菊竹清訓）

4 ― ワンルーム

ワンルームの居室は、広がりを感じさせる。狭小敷地や、床面積に制限がある場合、家族が少人数で個室を設ける必要がない場合、眺望のよさを共有したい場合などに用いられる。壁ではなく、建具や家具、レベル差などでフレキシブルに空間を分節する。水回りや収納など、オープンにしたくない空間の配置により、以下の通り分類できる。

(1)コア型

水回りや設備空間をコアとして中心に配置することで周辺の空間の用途を緩やかに分節する。外部空間に広がりが期待できる場合に多く見られる。

「ファンズワース邸」[1]は、木々で覆われた広大な敷地に建ち、壁を透明のはめ殺しガラス窓にして、緑の景色を積極的に取り込む。度々起こる付近の川の氾濫のため、高床としており、それが水平線を強調し、透明感のある空間をさらに軽やかなデザインにしている。

(2)はみ出し型

居室を中央に大きく確保し、周辺に水回りと収納空間を置き、建具で仕切る。

「スカイハウス」[2]は、居室を中央においたワンルームとし、四周に外部空間の回廊がめぐっている。その正方形の平面を4本の壁柱が支え、傾斜地に建てられることで眺望とプライバシーを確保している。「ムーブネット」という取り替え可能な装置として水回りを捉え、それらは回廊にはみ出して設置している。

全開口の建具を開け放つと山側の外部空間とつながる

個室が段差により仕切られる

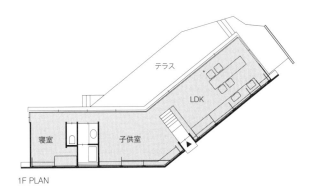

3. 一列型（矢口が丘の家／大野慶雄）

4. スキップフロア型（HIYOSHI-K ／建築設計事務所 可児公一植美雪）

（3）一列型

　水回りと収納空間を片方に寄せて、反対側に外部空間と融合するように居室を配置する。片方に眺望が開ける場合に見られる。

　「矢口が丘の家」[3] は、道路と小高い山に挟まれた細長い形状の敷地である。地盤は道路から 1m 上がり、建物をくぐるように入ると緑が開ける。山側には開口部を設け、道路側は壁で遮断している。構造体は鉄骨造のキャンティレバーで、山側の柱や方立をなくすことを実現した。各部屋の山側には全開口の建具を設け、どこからでもデッキに出ることができ、自然との一体感をつくり出す。

（4）スキップフロア型

　各空間を壁ではなく、レベル差で分節する。個室を必要としない場合に用いられ、直接見えない空間もできるが、ひとつながりの空間となっている。

　「HIYOSHI-K」[4] では、周囲を住宅に囲まれた敷地だが、明るい風通しの良い家になるよう、ワンルームとした。居室、緩やかな階段、カーテンで仕切られた収納が縦長に並行して並ぶ。段差 690mm の階段状に床が設置され、その隙間からは床下の水回り・土間が垣間見え、子どもの遊んでいる姿を見ることができる。

設計の留意点

・プライバシーが保ちにくいため、住人のライフスタイルを調査した上で決定する。空間のつながりは、空気の流れを隔てるものがないため、騒音や臭いも広がる。

外観（南面）12尺×12尺の大開口部

1F PLAN

2F PLAN

1. 合理的でコンパクトな木造住宅（最小限住居／増沢洵）

大屋根を支えるトラス

軒下空間

模型写真

1F PLAN

2. 3つのトラスで実現した大屋根軒下空間
（南山城村の家／北澤弘＋黒田志寿子）

4　構造

1 ― 在来軸組構法

　木造在来軸組構法は、柱・梁を基本とした造り方である。柱などの鉛直材と土台・梁・桁などの水平材（横架材）の接合は構造的にはピン接合のため、地震などの水平力を受けると変形し、斜材（筋交・火打）や面材（構造用合板など）を入れて剛性を高める。それはバランスのよい配置により効果的となる。壁の納め方には、柱を覆ってしまう大壁と柱を見せる真壁がある。

　「最小限住居」[1] は、建築面積9坪の狭小木造住宅である。3間×3間の正方形プラン、3坪の吹抜け、丸太の柱、南面の12尺×13尺の大開口部、勾配の緩い切妻屋根が特徴である。

　「南山城村の家」[2] は、大屋根がかかる平屋の住宅である。間口10m、軒の出3mの軒下空間を無柱で実現した。3つのトラス（棟木と両端を支持する方杖のトラス、軒先を支持する登り梁と軒梁のトラス、屋根を固めるトラス）を立体的、平面的に組み合わせた在来軸組工法である。

設計の留意点

・柱間2間（＝3640mm）、柱の断面寸法は、平屋105mm角、2階建120mm角、3階建135mm角を基本とする。
・梁は、105mm × 150 ～ 270mm で使い分ける。
・鉄筋コンクリート造に比べて耐火性に劣り、不燃材の使用、耐火被覆、燃えしろ設計など防火対策が必要。

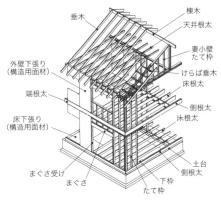

1. 2×4工法の構成部材

垂木 / 棟木 / 天井根太 / 妻小壁 / たて枠 / けらば垂木 / 床根太 / 側根太 / 床根太 / 土台 / 側根太 / まぐさ / 下枠 / たて枠 / まぐさ受け / 外壁下張り（構造用面材） / 端根太 / 床下張り（構造用面材）

2. 最初期の2×4（札幌時計台／安達喜幸）

3. 意匠性を凝らした2×4（芦屋レジデンス／三井ホーム）

4. キューブ状にすることで構造をシンプルにしている
（ZERO CUBE／ベツダイ）

L：耐力壁線相互の距離（12m以下）
■：耐力壁線に囲まれた部分
（40m²以下）

5. 耐力壁線の区画

耐力壁 90cm以上
耐力壁 90cm以上
耐力壁 90cm以上
交差部に耐力壁を設けられない場合
L1＋L2≦4.0mとする

6. 外周耐力壁線の交差部

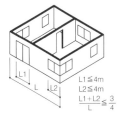

L1≦4m
L2≦4m
$\frac{L1+L2}{L} \leqq \frac{3}{4}$

7. 耐力壁線の開口制限

2 ― ツーバイフォー工法

　19世紀末以降に北米で発達した工法で、1974年に三井ホームが「ツーバイフォー工法」を採用したことがきっかけでその後多く建築され一般的な工法となった[1,2]。ツーバイフォーの名は、かつて断面が2インチ×4インチの角材を主に使用したことからつけられた。

　メリットは、工期が短い、コストが安い、部材の種類が少ない、施工技量に左右されにくいなどの理由から、近年は木構造住宅の中でシェアを伸ばしてきている[3,4]。

　特徴は、耐力壁と剛床を強固に一体化した箱型工法である。高い耐震性、耐火性、断熱性、気密性、防音性を持っているが、国土交通省告示第1540号により様々な制限があるので計画段階からチェックが必要である。

壁位置を変更するのが難しいので、間取りを変更する増改築やリフォームに不向き、開口部が制限されるなどのデメリットがある。

設計の留意点

・耐力壁線で囲われる床面積を40m²以下、耐力壁線の距離は最大12m以下とする[5]。
・耐力壁は原則、四隅に入れ、幅は90cm以上とする[6]。
・耐力壁線に設ける開口部幅は耐力壁線の3/4以下かつ4m以下[7]。
・階高の1/3以上の幅の耐力壁が必要。

木斜格子の内部空間

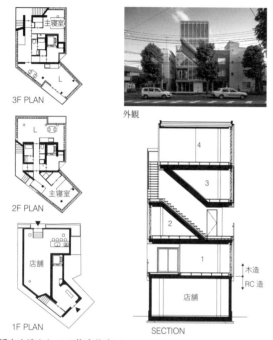

3F PLAN

2F PLAN

1F PLAN

外観

SECTION

1. 都市木造としての集合住宅（下馬の集合住宅／小杉栄次郎＋内海彩／KUS＋team Timberize、構造設計：桜設計集団、腰原幹雄）

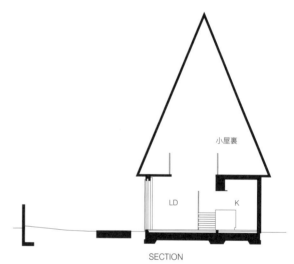

CLTパネルによる小屋裏。1Fとは異空間となっている

SECTION

2. CLTパネルを用いた住宅（入間の家／アオヤギデザイン 青柳創＋青柳綾夏、構造設計：福山弘構造デザイン）

3 ― 木質系構造

　2000年建築基準法の改正、性能規定化により木造建築の防火基準が緩和され、構造用集成材を用いた集合住宅が実現可能となった。

　「下馬の集合住宅」[1]は、都市に建つ店舗併用集合住宅（5階建）であり、木造耐火建築である。準防火地域のため1階（RC造・貸店舗）2時間、2〜5階（木造）1時間の耐火性能が要求される。木造部分は、各階のフラットスラブを柱が支え、外周を覆う「木斜格子」が水平力を負担する。柱、床（屋根）を石膏ボードによる一般被覆型耐火部材としたため木部は表にあらわれないが、網目状の筋交「木斜格子」が可視化され、集合住宅の一室で木質系の空間を存分に味わうことができる。

　2016年4月にはCLT（＝Cross Laminated Timber）関連の建築基準法告示が施行され、一般利用が始まった。ひき板（ラミナ）を並べた後、繊維方向が直交するように積層接着した木質系材料で、厚みのある大きな板である。集成材に比べ、ねじれに伴う割れに対するリスクが低い。

　「入間の家」[2]では、1階の構造体にCLTパネルでできた小屋裏が載る。断熱材・構造材・内装材を兼ね、約7mの高い天井で素材の特性を味わえる。

設計の留意点

・木質系素材の技術革新により、空間の造り方が変わりつつある。今後もその進化に注目していきたい。

跳ね出したバルコニーのある南西側立面

1階の面積を抑え2階で張り出した断面

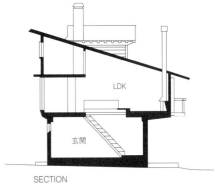
SECTION

SECTION

1. 耐久性を上げるための混構造（軽井沢・森の家／吉村順三）

庭の2階テラスをつなぐ階段

子供室から階段室を見下ろす

構造の違いをあいまいにしたファサード

2. 機能から生まれる構造（山桃の家／山内靖朗）

4 ― 混構造

混構造とは、鉄筋コンクリート造＋木造、鉄筋コンクリート造＋鉄骨造、鉄骨鉄筋コンクリート造＋鉄骨造、鉄骨造＋木造など、2以上構造体を使いそれぞれの構造の特色を活かし構成された建物。

住宅では、主に鉄筋コンクリート造＋木造、鉄骨造＋木造が多く使われる。異種構造の接合部、変形には設計段階から十分留意する必要がある。

「軽井沢・森の家」[1]は、1階が鉄筋コンクリート造、2階が木造の混構造住宅である。軽井沢という環境から、雪に埋もれる土に近い部分が傷みやすく、家に虫がつきやすい。しかし、できるだけ自然を残したいという想いから、1階部分を最小限の鉄筋コンクリート造とし、2階

の床を大きく跳ねだし、その上に軽量の木造を載せることで、環境になじむ構造とした。

「山桃の家」[2]は、1階はRC造で玄関、ガレージとプライベートルームを設け、2階は木造で、パブリックな空間を設けた住宅である。それぞれの室内環境条件からコンクリートが得意とする気密性や断熱性、木造が得意とする開放性を活かした混構造住宅である。

設計の留意点

- それぞれの構造の特性に配慮した接合を検討すること。
- 構造計画、施工者の現場経験に十分配慮する。
- 剛性率を0.6以上、層間変形角1/200以下に抑える。
- 各階の偏心率を0.15以下にすること。

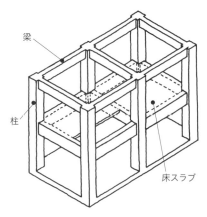

1. ラーメン構造アイソメ図

3. 斜面に沿って積み上げられたラーメン構造
（六甲の集合住宅／安藤忠雄）

2. 4つの躯体をスラブでつないで一体化している
（パークサイドヴィラ芦屋／㈱ヤン）

4. 木造フレームのように組まれたラーメン構造
（ヘルメスの家／貴志雅樹）

5 ― 鉄筋コンクリート造

　鉄筋コンクリート造（Reinforced Concrete）は、RC造、RC構造ともいわれる。鉄筋コンクリート造は、その名の通り鉄筋（引っ張り材）とコンクリート（圧縮材）という2つ素材の特徴を上手く引き合わせた工法で、耐火性能、耐震性能が最も高い工法である。鉄筋コンクリート造には大きく分けて、ラーメン構造と壁式構造がある。近年は高強度コンクリート、超高強度コンクリートが開発され超高層建築物にもコンクリート造が多く見られるようになってきた。1990年代以降の超高層マンションの発展に大きな役割を果たしている。

（1）ラーメン構造

　ラーメンとは、ドイツ語でフレーム（枠組み）という意味で、柱に梁を掛け剛接合した構造である[1]。使う材料が最小限ですむほか、空間を広く利用できるというメリットがある。

　鉄筋コンクリート構造の建物としては、最も一般的なものである。

　「パークサイドヴィラ芦屋」[2]は、4つのラーメンフレームをつないで構成された建築である。フレームごとの住戸とし、各戸間に独立性をもたせた集合住宅である。

　「六甲の集合住宅」[3]は、斜面に建つ集合住宅でジャングルジムのようなラーメン構造で構成されている。

　「ヘルメスの家」[4]は、スパンを小さくすることで柱梁のサイズを最小にした住宅で、リズム感のあるデザインが特徴である。

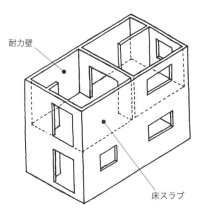

耐力壁

床スラブ

5. 壁式構造アイソメ図

6. 四面の壁で構成された住居 （住吉の長屋／安藤忠雄）

7. 曲面壁を用いた壁式構造（地蔵の家／山内靖朗）

8. ミニマムな壁と開口部をもつ住居 （白翳の家／坂本昭）

設計の留意点

・スパン（柱・梁間）を十分に検討し、各階を通して柱・梁を規則正しく配置する。

・最上階の柱幅＝スパン L ×（1/10 ～ 1/12）
　1 階下がることに 5cm を加えた大きさを目安にする。

・最上階の梁せい＝スパン L ×（1/10 ～ 1/12）

・梁幅＝梁せい ×（1/2 ～ 2/3）
　梁せいは、2 ～ 3 階下がるごとに 5cm 加える。

・スラブ厚さ ≧ 8cm かつ短辺方向の 1/40

(2)壁式構造

　壁によって構成された構造5 で、壁全体で建物の重さを負担するため、大きな開口部を設けることが難しいが、柱、梁が表面に出てこないため、室内がすっきりする。

専用住宅や中低層の建築物でよく使われる工法である。

「住吉の長屋」6 は、長屋の一部を切り取って境界いっぱいに外壁をめぐらせ、その内側にどれだけ豊かな暮らしが展開できるかに挑戦した住宅である。

「地蔵の家」7 は、敷地いっぱいに囲い込む曲面壁が、空間を最大限獲得し、家の中心的な場所となっている。

「白翳の家」8 は、床、壁、天井の面だけで構成された住宅である。天井から壁を伝って降り注ぐ光、床だけを照らし部屋中に拡散する柔な光、四方閉じられた影の空間など、ミニマルな箱で光と影を演出している。

設計の留意点

・地上 5 階以下、軒高 20m 以下、階高 3.5m 以下とする。

・壁量、壁の厚さ、配筋量など構造基準に考慮する。

細い柱、薄い屋根により軽やかに建つ

正面外観

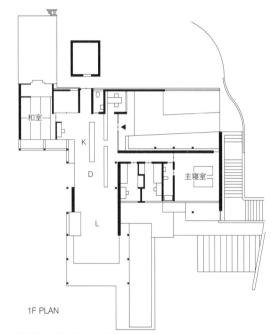

1F PLAN

1. 鉄骨造を部品化する試み（SH-30／広瀬鎌二）

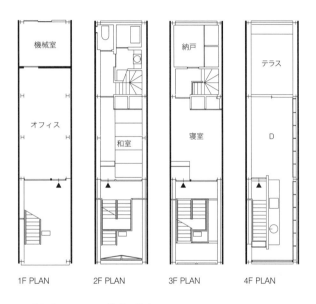

1F PLAN　　　2F PLAN　　　3F PLAN　　　4F PLAN

2. 重量鉄骨ラーメン構造の住宅（日本橋の家／岸和郎）

6―鉄骨造

　鋼材（鋼管またはH型鋼）の柱・梁を組み合わせでできた軸組構造の住宅である。柱・梁の接合方法により、ブレース構造（ピン接合）とラーメン構造（剛接合）がある。ブレース構造は、バランスのとれた剛性と強度の確保が必要で、ブレースの接合の確実性が求められる。ラーメン構造は、柱・梁の接合部の強度が求められるため、重量鉄骨を使用し、工場で加工、溶接接合された部材を現場でボルト接合して構築する。比較的大きな空間を自由に間仕切る平面計画が可能である。住宅規模では、鋼材の種類により、重量鉄骨造と軽量鉄骨造がある。プレファブ住宅は、軽量鉄骨造が多く、軽量形鋼（厚さ6mm以下の鋼材を曲げ加工）が使用される。

　近年、構造体に鉄板を用いた住宅が見られる。壁の厚みを薄くでき、構造材と仕上げ材を兼ねることができるという利点があるが、断熱性・遮音性の考慮が必要となる。

　「SH-30」[1]では、鉄骨住宅の部品化を意図した技術的な解決方法の実践が行われた。細い柱・薄い屋根・床による空間の領域設定をずらすことで、外部と内部の中間領域に曖昧な空間を生み出している。広瀬謙二は、SHシリーズにおいて鉄骨造住宅の技術・生産の観点による実験的な試みを行った。

　「日本橋の家」[2]は、重量鉄骨ラーメン構造の住宅である。密集した都市において間口の狭い奥行きのある敷地で、鉄骨造＋中空成形セメント版（外壁）を用いた。最上階は、約6mの天井高の空間を実現し、都市の上空に

眺望のよい敷地で、1階はガラス張りのセミパブリック空間

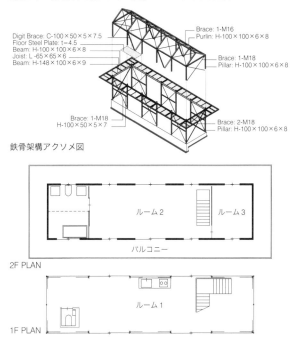

鉄骨架構アクソメ図

2F PLAN

1F PLAN

3. ブレース構造の住宅（六甲の住居／島田陽）

梅の木を移植するため敷地境界線より後退して建つ

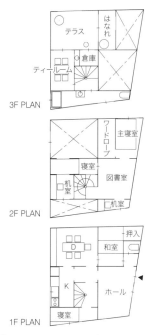

3F PLAN

2F PLAN

1F PLAN

4. 鉄板の住宅1（梅林の家／妹島和世）

浮かぶ「特権的」な屋上庭園がある。

　「六甲の住居」[3] は、ブレース構造の住宅である。直接車両が入れない敷地で建て方を人力で行うために、鉄の部材は極力小さくて軽いものを用い、接合部は単純な方法で実現した。屋根面と外壁面にブレースを入れて構造的な安定を図る。1階はガラス張りで多様な使い方を想定したセミパブリック空間、2階は閉じたプライベート空間である。外周のバルコニーは、1階の日射を調整し、同時に水平構面を構成している。

　「梅林の家」[4] は、鉄板を用いた住宅である。外壁、間仕切り壁とも厚み16mmの鋼板でできており、直交する壁の十字、T字、L字を柱に見立て、構造体となっている。外壁は断熱材を含めても厚み50mmの極薄である。

狭小敷地において、梅の木をなるべく残したいという施主の意向をうけて敷地境界線より後退し、狭小住宅となったため、薄い壁が可能な鋼板が用いられた。5人家族の所有物をうまく振り分けるために、個室は設けず、行為別に18部屋をつくり、室内にある多くの開口部には建具を設けないことで家族のつながりをもたせている。

設計の留意点

・木造に比べ強度が高く、RC造に比べ軽量のため、柱のスパンを広くできる。

・構造体（柱・梁）：鉄骨の強度が高いため、柱・梁などを断面積の小さな部材で構成できる。

・防火性能：鋼材は不燃材であるが、500℃以上になると強度が半減するため、耐火被覆が求められる。

コルゲートパイプの断面方向はハニカム構造で構成

補強コンクリートブロック造の外観

コルゲートパイプの接地部分

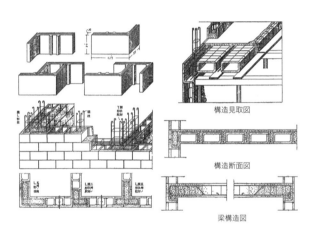

構造見取図

構造断面図

梁構造図

1. コルゲート鋼板構造（川合健二邸／川合健二）　　2. 補強コンクリートブロック造（本野精吾邸／本野精吾）

7 — 各種構造

(1)コルゲート鋼板構造

「川合健二邸」[1] は、設備設計者であった川合氏が地元で自給自足の生活をするために建てた自邸である。土木用建材であるコルゲートパイプを最初に住宅に転用した建築である。楕円のパイプとハニカムによる独特の構造は、完成から50年以上が経過した現在でも新鮮である。また基礎がないことから、竣工当時は建築基準法の適用外にあった。

他に「幻庵」（石山修武）、「Rooftecture M's」（遠藤秀平）、「阿倍野の家」（菅正太郎）などに見られる。

(2)補強コンクリートブロック造

型枠としてコンクリートブロックを使用し、内部に鉄筋を組み、コンクリートを流し込む構造である。鉄筋コンクリート造と比較すると、型枠の取り外しの手間が省け、表面の品質が安定する。

「本野精吾邸」[2] では、L型ブロック（鎮ブロック）が使用されている。中村鎮が大正時代に耐久性・耐火性に優れた鉄筋コンクリート構造を木造と同等の価格にすることを目指して開発した構造であり、今日の補強コンクリートブロック造の原型である。建物全体に対するコンクリートの使用量も減り、建物自体の荷重が減る分、使用する鉄筋量も少なくなる。

他に「碧影」（近藤春司）、「山下邸」（首藤廣剛）などに見られる。

ハイサイドライトによる採光

ジャングルの中に建つ

WC 内部

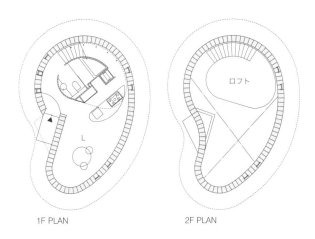

1F PLAN　　　　2F PLAN

コミュニケーション空間

3. 土ブロックー組積造
（アース・ブリックス／アトリエ・天工人、構造設計：佐藤淳構造設計事務所）

4. 竹構造（green village ／エローラ・ハーディ）

（3）土ブロックー組積造

　「アース・ブリックス」[3] は、日本で初めて土を構造体とした住宅である。大学・企業とプロジェクトチームを組み、土、砂、砕石、水、酸化マグネシウムを混ぜ合わせ、乾燥させ、構造強度を満たした土ブロックの組積壁を開発した。400 × 250 × 100mm の土ブロック約 2500 個を手作業で作成し、勾玉状のプランに沿って積上げて外壁を施工した。組積造のため大開口を開けることが難しいため、壁の上部にガラスブロックを積んでハイサイドライトを設置している。また、トップライトから自然換気を促し、柔らかい光を採り入れ、空間に深みを与えている。

（4）竹構造

　「green village」[4] は、インドネシアのバリ島に建つ。ここでは竹で家具や建築、橋、6 階建のバンブーハウスもつくられている。直線でない材料を建築資材として使用するために、模型を基本に採寸し施工したり、皮の使用や割竹にして編んで面の材料を作るなど、技術と工夫で成立させている。

　深い峡谷や山腹など耕作に向かない土地でも育つ竹は、成長するのが早い。中が空洞で軽いにも関わらず、竹 1 本で 4 トンの重さに耐える強さを持ち、熱帯の地域では古くから建築材料として使われてきた。一方、竹は虫害により朽ちるため、扱いにくい材料ともされてきた。安全な防虫方法を施すことで、建築に用いることができる。

1. ロココ様式（ベルサイユ宮殿小トリアノン）
ゴージャスな貴族の空間。

3. シック・アーバンスタイル
白と濃茶のコントラストが大人の落ち着きを演出。

2　北欧モダンスタイル（アルヴァ・アアルト自邸）
シンプルな木製家具、間接光のペンダント照明、簡素な中に洗練されたデザインが光る。

4. フランク・ロイド・ライトのデザイン技法の展開（帝国ホテル大阪）
日本の伝統的モチーフと西洋の空間性の融合を現代へ展開。

1　インテリアデザイン

1―インテリアデザインの発想

　インテリアデザインは、あるテーマに沿った発想によりデザインが展開できる。そこには発想の手掛かりになるキーワードがいくつかある。

（1）スタイル

①様式：ある特定の時代における形式化された室内構成や装飾のクラシックな様式からの発想。ゴシック様式、バロック様式、ロココ様式など[1]。

②地域：世界のそれぞれの地域の文化性、民族性に由来して生み出された独自のスタイルからの発想。北欧モダン、南仏プロバンス、和風、アジアンエスニック、アメリカンカントリーなど実に多様なスタイルがある[2]。

③イメージ：現代の個人の生き方や表現の仕方は多様である。その価値観や生活スタイルによる感性的言語イメージからの発想。シック・アーバン、クール・カジュアル、ナチュラル・エレガントなど[3]。

④モチーフ：著名な建築家やインテリアデザイナーのデザイン技法をモチーフとして新しいインテリア空間をデザインする発想。例えばフランク・ロイド・ライトのスタイルをもとに、自らの感性で読み解き、単なる模倣ではない新しい独自性を持つ空間を創造する[4]。

　すなわち、時代背景、風土・気候、風俗・習慣、個人のライフスタイル、著名なデザイナーなどからキーワードを見つけデザインを展開できる。

ガラス（グラスハウス／藤本和男）

天然石

7.「コラージュ」の活用
畳座と椅子座の混在。

天然木（OZ-HOUSE／向山徹）

土・和紙（如庵／織田有楽斎）

5.「素材」の持つ力の活用

8.「コンテキスト」の活用（横山大観別荘／嶽心荘）
日々の生活を見守ってくれる落ち着きのある玄関。

6.「アート」の活用
アートのためのインテリア。

9.「カラー」のイメージと心理効果の活用（ヒラルディ邸／ルイス・バラガン）水盤の中で赤の壁と青の壁の強烈なコントラストが深遠な空間を生む。

(2)素材

　独特な風合い、表情、質感が固有のイメージを与えてくれることからの発想。その力を引き出して空間を構成する。天然石の重厚さ、天然木の温もり、金属のクールさ・シャープさ、ガラスの透明感、左官材や和紙の手仕事の風合い・質感など[5]。

(3)アート

　配置される芸術作品が最も活き活きし、その空間になくてはならない存在感を持たせる空間構成をする発想。有名絵画であれば、そのイメージを崩さないような、あるいは、引き立てるようなデザインを展開する[6]。

(4)コラージュ

　全くつながりがない要素同士が同一の空間に存在する

ことで、思いがけない調和や対立が生じ、新しい価値が生まれることからの発想[7]。

(5)コンテキスト

　家族の過去の記憶にある、喜び・悲しみ・苦しみ・楽しみの出来事のコンテキストを新しいインテリアに創出する発想。居間、床の間、縁側、玄関など[8]。

(6)カラー

　色彩によってインテリア空間をまとめる発想。色には、色から受けるイメージがある。例えば、青は安息、白は清潔、オレンジは活気など。また、色が与える心理効果がある。例えば、青は気持ちを鎮める、白は広さを感じさせる、オレンジは元気な気分になるなど[9]。

10. 対称軸
インテリアの空間要素を対称軸により相互に関係させて空間に秩序をもたせる。

対称：暖炉を中央に配し、家具、照明、アートなどを左右対称に整える。
11. 正面性の対称・非対称

非対称（観音院）：日本の和室の床の間は、片側に寄せて設けられることが多い。

神聖な祈りの空間

固定的な要素の空間

曲線と曲面で構成された空間

象徴的な階段の空間
12. 見せ場

可変的な要素の空間（旧岡田家住宅）
13. 分節と連続

調和のとれた縦格子の空間（ふくみつ華山温泉／谷重義行）
14. 統一・非統一

2 ― インテリアデザインの手法

（1）対称軸

　空間に関係性を感じさせるデザインを用いることで、整然とした秩序と安定性、引き締まった統一感のある空間が生まれる。照明計画では、ダウンライトを直列に配置したり、ライン照明やリング状の間接照明を用いたりすることで対称性が強調される。また、建具やテレビ、絵画、暖炉などを室内の想定した対称軸に関係させて配置し、さらにその他のインテリアエレメントを呼応させることによって空間に秩序を持たせることができる[10]。

（2）正面性の対称・非対称

　空間に正面をつくり対称に構成することで、趣と落ち着きのある空間が生まれる。一方、非対称のなかにバラ

ンスをもたせることもある。床の間の設え、華道、作庭など、日本の伝統的作法には独自のバランス意識がある[11]。

（3）見せ場

　生活の特定の場面を強調することで、象徴的で高揚感を演出する空間が生まれる。例えば差し込む光、ステンドグラスによって上層へと視線を誘導する吹抜け、飾り棚などによって誘目性をもたせた玄関は、空間の格を高める演出になる[12]。

（4）分節と連続

　個々の空間を、壁面や建具によって分節しながら開口部により連続することで、奥行感のある空間が生まれる[13]。

（5）統一・非統一

　素材、形態、色彩などを統一することで、わかりやす

床レベルを掘り下げることでくつろぎ空間としてのまとまりをつくる（パルマー邸／フランク・ロイド・ライト）

15. 空間のまとまり

折り上げ天井が就寝空間としてのまとまりをつくる

独立柱が空間を分節しながら家の中心としてのまとまりをつくる（目神山の家／建築工房なかしま一級建築士事務所）

16. 第3の形態（東証 Arrows ／近藤康夫）
元の証券取引所の空間性を残しながら、装飾や家具でもなく、建屋でもない、入れ子の空間として持ち込み、新しい公共空間として再生させている。

垂直強調：空間が高く感じられる。

水平強調（落水荘／フランク・ロイド・ライト）：空間が広く感じられる。

17. 知覚特性

18. 居場所
造り付けのデスクに濃い床壁、最小限の窓が隠れ家的な居場所を演出する。

い空間、調和のとれた空間が生まれる[14]。

　また、統一性をあえて崩すことで、ダイナミックな高揚感のある空間や、生活感のある空間にもできる。

(6)空間のまとまり

　レベル差のある床や折り上げた天井、独立した柱によってゆるやかなまとまりをつくることで、曖昧に分節された空間が生まれる。間仕切り壁の物理的な強い隔てではなく、ボリュームのあるシャンデリア、無垢材の大テーブル、囲炉裏など、特徴的なものが空間のまとまりをつくることもある[15]。

(7)第3の形態

　インテリア空間には次の3つの捉え方がある。第1は器としての床・壁・天井による空間、第2は家具・装飾。第3はそのどちらでもない入れ子の空間である。そこでは空間が複層化することで、曖昧でダイナミックな空間が生まれる[16]。

(8)知覚特性

　人間の視覚には、物理的な形態とは異なって知覚する錯視がある。例えば、水平線や垂直線を強調することで、実際よりも広く、高く感じさせられる[17]。

(9)居場所

　特定の行為を行うための空間を好みに合わせて設えることで、居心地のいい空間が生まれる。書斎、家事室、趣味室などに活かすことができる[18]。

	自然光	インテリアデザインへの変容
変化	朝焼けの天空 19. 刻々と変化する自然光の変容	内部空間全体を照らす光天井の変化する光 （豊前の家／SUPPOSE DESIGN OFFICE）
サイン性	園路の陽だまりの光（有楽苑） 20. 凝縮した力強い自然光の変容	スリット状のサイン性を持った天井の強い光 （徳島の家 01 ／ SUPPOSE DESIGN OFFICE）
深み	海面に広がる光（金門橋） 21. 拡散して輝く自然光の変容	大広間の漆塗りの床の深みのある光（偕楽園好文亭）

3 ─ 光の様相

　光は、インテリアを構成する空間的要素として大変重要であり、自然光と人工光に大別できる。光は、水や空気と同様に人間の生活に欠くことのできないものであるが、それ自体が固有の形をもたない。その存在は、物体に照射されてはじめて可視化される。また、ものの輪郭を明確にし、その質感を浮き立たせ、色彩を知覚させてくれる。私たちは、光によって、明るいだけではなく暖かい、うれしい、悲しいといった様々な感情を抱く。

　自然光は、実に多彩な現象を生み出す。時刻を追ってその高度と方位角を変えながら表情を変化させ、一度しかない光を知覚させることで豊かな情景を作り出し、私達に感動を与えてくれる。

　インテリア空間の中で太陽のもつ力強さをそのまま照射すると、空間を活性化させ、インテリアエレメントを介してその様相を変化させることができる。ここでは、自然光（太陽光）がインテリア空間の中で変容する様相について解説する。

■**変化**：朝焼けには、雲が重要な役割を果たす。自然光を雲が受けることで茜色に染まった複雑に変化する空が現れる。時間、天候、季節と共に変化する自然光は、トップライトなどにより住宅の内部空間をわくわくさせてくれる。屋内に居て屋外にいるかのような変化に富んだ体験がある[19]。

■**サイン性**：庭園の陽だまりは、強い日差しと濃い緑のコントラストが眩しい。自然光によって現れる床のライ

	自然光	インテリアデザインへの変容
幻想性	 満月の光 22. おぼろげな自然光の変容	 和室の障子越しの光 （せとうち湊のやど 出雲屋敷）	谷崎潤一郎は、障子越しの柔らかな光を見事に描写している。 「庭からの反射が障子を透してほの明るく忍び込むようにする。われわれの座敷の美の要素は、この間接の鈍い光線に外ならない。」
力強さ	 洞窟の穴から射し込む光 23. まばゆい自然光の変容	 神殿の天蓋の開口部から差し込む光（パンテオン）	
柔らかさ	 木立の間から地面に落ちる光 24. 柔らかな自然光の変容	 縦格子を通して床に差し込む光	

ンと天井のラインは、現れては消えるサイン性を持った光となる。人に移動空間であることを伝え導き、人は光の帯に惹きつけられる[20]。

■深み：海面に到達した光は、波の動きに呼応して煌めく。変化する自然光は、海の深さと同様に、深みのある漆によって、床面をまばゆく輝かせる[21]。

■幻想性：太陽の反射光である月光は、闇の中に幻想的で神秘的な空間をもたらす。力強い自然光は、障子を透過して柔らかな光に変わり、畳の部屋を優しく満たしてくれる。十分な明るさではなく、人を包み込んでくれる柔らかな光がある[22]。

■力強さ：太陽の輝きは、薄暗い洞窟の中へ力強く一直線に差し込む。天蓋頂部から差し込む自然光は時々刻々と移り変わり、神々しくまたは畏敬の光として薄暗い内部空間へ差し込む。そして、直接光と床壁の反射光によって生じた陰影が、天蓋のダイナミックな構造体をより立体的に際立たせてくれる[23]。

■柔らかさ：木立の間から差し込む光は、柔らかく地面を照らす。力強い自然光は、縦格子に漉しとられながら柔らかく室内にもたらされる[24]。

このようにインテリア空間で用いられる光は、豊かな感情を私たちに抱かせてくれる。インテリア空間と光の関係を考える時、自然光から学ぶことはたくさんある。

誘導灯（誘導）

赤提灯（誘目）
フラッシュライト（注意
喚起）

25. あかりの「サイン性」

27. リズム
ペンダントライトの均等配置でリズムをつくる。

間接照明（Ma邸／松尾兆郎）

直接照明
26. 建築化照明

28. 連続
廊下の壁面にブラケットを連続させる。

4－あかりのデザイン

　人工光には、ロウソクや暖炉の灯火もあるが、ここでは電気のあかりについて解説する。

(1)あかりの役割

■**サイン性**：表示板(物)と一体的に用いることでサインの役割をもつ。例えば、避難誘導灯などの誘導機能、居酒屋の店先に吊り下げられた赤ちょうちんなどの誘目機能、聴覚障がい者のためのフラッシュライトなどの注意喚起機能などである[25]。

■**機能性**：行動や作業のために明るさを確保する等、よりよく見える役割をもつ。

　一つの基準として照度がある。例えば、子供室の勉強・読書の照度は500lx〜1000lx程度であり、リビング

ルームの団らんは150lx〜300lxである。必要な照度には個人差、年齢差などが影響することも知っておきたい。

■**演出性**：よく見せるための空間演出の役割をもつ。

　次にいくつかの発想を紹介する。

(2)あかりのデザイン

　あかりの存在は、空間を計画した後の単なる明るさ確保だけではない。空間要素の一つとして積極的に捉えるべきである。

■**建築化照明**：照明が建築と一体化し、装飾としてではなく、インテリアの中で一つの光る材料として、空間の重要な要素をなす照明のことである。光源を直接見せない間接照明と、光天井など全般照明としての直接照明に分けられる[26]。

29. 深み
照明スタンドの唯一のあかりが空間に深みを生む。

31. 予感
廊下の突き当りやL型廊下の先から差し込む光が、その先を予感させる。

30. 誘目
スポットライトの輝度差が、アートへの誘目性を高める。

32. 非日常
壁面へのアッパーライティングが光を顕在化することで、非日常的空間になる。

■**リズム**：複数灯を規則的に配置したり、同じ意匠の器具でまとめることによって空間にリズムをつくることができる。配光を美しく見せるためには壁との距離が重要である[27]。

■**連続**：ダウンライトを直列に配置したり、ライン照明や水平なスリットの間接照明を用いたりすることで空間が連続し、つながる効果がある[28]。

■**深み**：日本的な陰影を生み出す行燈のあかりや色温度の低い間接照明やダウンライトなどは、深遠な魅力を演出できる[29]。

■**誘目**：周囲の暗さに対して十分な明るさを確保すること（ライトキャッチ効果）やベース照明に対して2～3倍の照度をスポット的に照射すること（スポット効果）で注目させることができる[30]。

■**予感**：見えない向こう側から漏れ出る光は、視線が通らない廊下など、先の空間の存在を推察させる効果を演出できる[31]。

■**非日常**：自然界に存在しない床面からのアッパーライティングや、眩しく点滅するフラッシュライティングを用いることで、普段の生活にない特別な空間を演出できる[32]。

　形のない光をデザインし意図通りの効果を得るためには、模型などを活用して実際の光で十分検討することが大切である。

33.「孔」の開口部

34.「間戸」の開口部（栗林公園掬月亭）

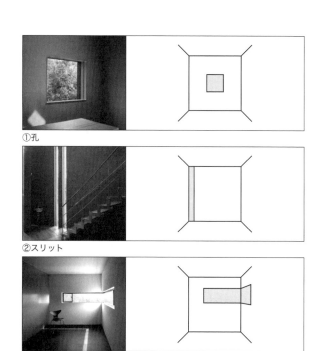

①孔

②スリット

③コーナー

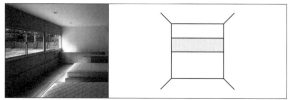

④水平連続

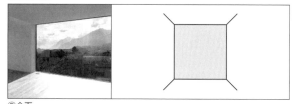

⑤全面

35. 窓の形態

5 — 開口部の役割

開口部とは、壁や屋根にあけられた「窓」や「扉」の総称である。西洋では、組積造の構造的制約から外部と内部を隔てる厚い壁にあけた「孔」としての開口部の形式が一般的である。一方日本では、蔵などに見られる換気通風のための西洋的な「孔」もみられるが、基本的に木造軸組工法による柱と柱の間を開口部とする形式となる。蔀や障子・襖などの「間戸」と呼ばれてきた建具は、採光・遮光、自由な出入りといった、窓と扉の両方の役割をもっている 33、34。

窓とは、出入りを主とする用途ではない開口部をいう。窓は、内外を分断する壁や屋根に対し、空間をつなぐ、視線を通す、風景を眺める、風を通す、光を採り入れる、音を聞く、季節や時間の流れを感じる、火災時の排煙口とする、といった様々な役割を持っている。しかしそれだけではない。窓そのものが、インテリアデザインを左右する重要な要素でもある。形状・大きさ、位置、その分割のされ方によってインテリアは表情豊かな空間となる。

6 — 窓の類型

(1)窓の形態 35

①孔：壁の中央部に穿たれた孔のように設けられる。内部空間の安心感、落ち着きを高められる。

②スリット：壁の隅部に隙間状に設けられる。視線の止めをつくりながら、空間の抜けをつくる。

③コーナー：部屋の入隅部で2面にまたがって設けられ

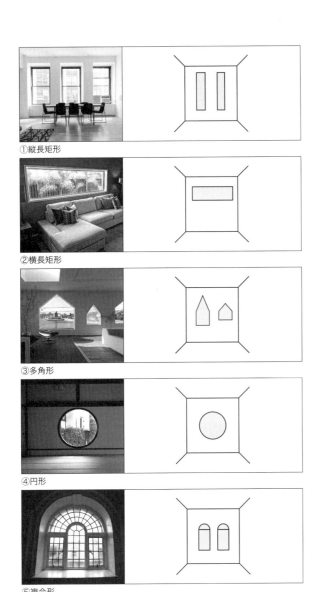

①縦長矩形

②横長矩形

③多角形

④円形

⑤複合形

36. 孔タイプの発展的形態

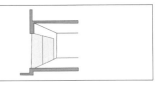

①掃き出し窓

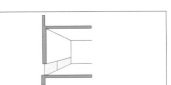

②地窓

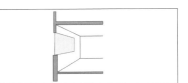

③腰窓

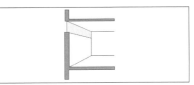

④高窓

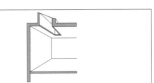

⑤天窓

⑥頂側窓

37. 断面形態

る。空間の抜けと広がりが生まれる。

④水平連続：壁面の両側いっぱいに帯状に設けられる。パノラマ状の視界が得られ、開放感を作り出せる。

⑤全面：床から天井まで全面に設けられる。最も外部空間との一体感をつくることができる。

　孔タイプは形状的にさらに次のように類型化できる[36]。

①縦長矩形：垂直的な広がりを強調する。

②横長矩形：水平方向の広がりを強調する。

③多角形：空間の変化を生み、個性を強調できる。

④円形：空間に求心性を生み、象徴的な空間になる。

⑤複合形：西洋の窓に多くみられる。様式的になる。

　このうち、縦長・横長矩形は、スリットタイプにも適用できる。

(2) 断面形態[37]

①掃き出し窓：バルコニーなどの屋外へ連続する場所に設けられ、出入りの機能を持たせた窓。

②地窓：床面近くの掃除の掃き出し口であり、床の連続感を持たせた窓。

③腰窓：腰の高さ程度に設ける窓。

④高窓：上部に設けられる採光・通風のための窓。

⑤天窓（トップライト）：屋根面に設ける窓。十分な採光を確保でき、晴れやかな空間になる。

⑥頂側窓：屋根から壁にかけて設ける窓。上部に空間的抜けをつくり、空間演出として有効である。

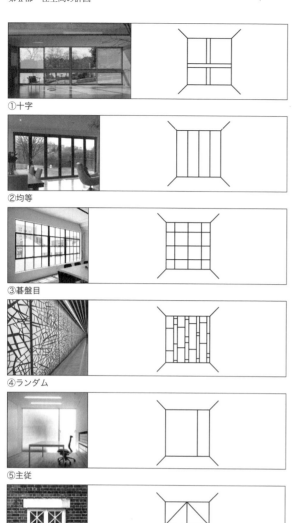

①十字

②均等

③碁盤目

④ランダム

⑤主従

⑥その他

38. 窓の分割

①額縁窓（源光庵）

②ハイサイドライト（サンピエトロ大聖堂）

③ステンドグラス（ノートルダム大聖堂）
虹を模したものともいわれている。

39. 窓とインテリア空間

（3）窓の分割 38

①十字：視線の先に焦点を結びやすく、空間を引き締める効果が期待できる。

②均等：規則的で整然とした印象で、出入りの機能をもたせられる。

③碁盤目：規則的で整然とした印象を生む。

④ランダム：非対称な分割が独特の動きのある印象を生む。

⑤主従：内部と外部の一体感があり、出入りの機能をもたせられる。

⑥その他：幾何学模様など、その場所に固有な空間を生み出す。

7 ― 窓とインテリア空間 39

　様々な窓の形態は、インテリアの空間性を大きく左右する大切な要素である。光を取り込み、風景を取り込み、内部と外部の多様な関係をつくり、多彩なインテリア空間を生む。

①額縁窓：風景を借景として切り取り、自然の壁面（壁絵）としてインテリアを構成する。

②ハイサイドライト、③ステンドグラス：荘厳な空気感と希望・祝福を授けてくれる空間を演出する。外界から隔絶された宗教空間の窓意匠に多くみられる。

④雪見障子：外部の不要な情報を排除しながら、足元の庭先だけを見せることで空間に広がりや趣を生む。

⑤スリット窓：内部と外部を隔てながらも抜けていく曖

④雪見障子

⑤象徴的なスリット窓
（ユダヤ博物館／ダニエル・リベスキンド）

⑥出窓（ロビー邸／フランク・ロイド・ライト）

①開き戸

②引き戸

③折れ戸

④障子

⑤襖

①ガラス扉

②框扉

③フラッシュ扉

④躙り口（池のおく園「露庵」）

⑤可動間仕切り

40. 扉、間戸の類型　　　　　41. 隔ての強弱

味な境界を生むスリット窓は、ユダヤ博物館において
は、ランダムな配置により民族迫害の苦しみをも表す。
⑥出窓：インテリアエレメントと組み合わせることで、
　空間に存在感のある広がりとアクセントをつくる。

8 ― 扉、間戸の類型
(1)扉、間戸の形態40
　出入口である扉、窓と扉の両方の機能を持つ間戸は、
2つの空間を隔て、そしてつなぐ役割がある。
　扉の主なものを示す。
①開き戸：丁番などの金物で支持したもの。
②引き戸：敷居を滑るもの、吊るものなど。
③折れ戸：2枚の扉材を連結し、開閉時に折り畳むもの。
　間戸の主なものを示す。

④障子：光を通す和紙などを貼ったもの。
⑤襖：骨組みの両面に襖紙を貼ったもの。
(2)隔ての様相41
　扉、間戸の隔ての様相には、強弱がある。
①ガラス扉：便宜的に隔てられ、視覚的につながりが意
　図される。
②框扉：ガラス、ガラリなどが嵌め込まれ、空間に応じ
　て隔ての様相が使い分けられる。
③フラッシュ扉：強い隔てが意図される。
④躙り口：頭を下げてくぐることで、日常空間と茶室空
　間を隔てる結界を形成する。
⑤可動間仕切り：空間に可変性を持たせ、隔ての様相を
　使い分ける。

自然	エクステリアデザインへの変容

自然の景色

竹林のざわめき

1. 自然の景色の変容

日本庭園

イングリッシュガーデン

ビオトープ
（なぎさ公園小学校）

枯山水
（雪舟の郷記念館八景園）

2　エクステリアデザイン

1 ― 水と緑の様相

　住空間を取り巻く環境として切り離すことのできないものが自然であり、人工的に設けられた自然も併せてデザイン上の大切な要素である。とりわけ水と緑は、住空間にとって大切にされてきた。それは、日本の風土や気候、生活習慣とも大きく関わっている。

　水と緑の景色、竹林が風にざわめく音、水が流れる音、一本桜の象徴性などは、豊かな自然の魅力である。

(1)自然の景色

　「日本庭園」は、池を中心に四季の移ろいを鑑賞する日本の伝統的な庭園である。吹き抜ける風は、草木を揺らし、水面にさざ波を起こし、日常を離れ独立した時間を感じさせてくれる。

　「イングリッシュガーデン」は、自然な姿をそのまま生かして楽しむ庭園である。自然と共生するデザインは、住空間を豊かな体験へと変えてくれる。

　「ビオトープ」は、生物の生息空間であり、失った自然を回復し、これまでなかった自然の生態系をその場所につくるものである。

　「枯山水」は、水を砂や石でイメージした日本庭園である。自然のイメージを身近に体験できる[1]。

(2)山水のせせらぎ

　「蹲踞（つくばい）」は、茶事に際し心身を浄めるためのもので、人の振る舞いからデザインされ空間を演出する。静寂の中

自然	エクステリアデザインへの変容

山水のせせらぎ

2. 山水のせせらぎの変容

蹲踞（東京国立博物館穴窓庵）　水琴窟（京都府立植物園）

一本桜

3. 緑の象徴性の変容

シンボルツリー（東山会館／増田友也）

（Garden & House ／西沢立衛）
床スラブと３本の柱が外壁を不要にしている。そこには、
透明なガラスとカーテンと鉢植えの植物があるのみ。

4. 内外の一体化

（栗林公園掬月亭）
建物にとって眼前に広がる池は海であり、建物は舟の舳先である。
庭園がなくても建築がなくても成り立たない空間。

に落ちる水音は、心を静めてくれる。

「水琴窟」は、土中に埋められた瓶の中で反響する水滴の、金属的な澄んだ音で雅さを演出する。静かに耳を傾けると、深遠な世界へと誘ってくれる。茶室前の蹲踞の排水を処理するために設ける。本体が土中に埋まっているので一見してその存在が分からないことが多い[2]。

(3) 緑の象徴性

「シンボルツリー」は、空間的な求心性を持ち、樹種、樹形、広葉・針葉、常緑・落葉など、建物イメージとの相乗効果を持たせながら建物の個性を引き立てられる。また自然環境に乏しい都市型住宅においては、中庭に設けることで一日の変化や四季の移ろいを感じさせる[3]。

2 ― エクステリアとインテリア

エクステリアデザインとインテリアデザインは、従来からそれぞれに専門家がおり、区別して扱われている。これは、外部と内部を区別する視点があるからだと考えられる。すなわち内部は、屋根・壁・床で閉じられた空間として、外部は、太陽・雨・風の自然に晒される空間として認識される視点である。

一方で人間の「行動」を中心に考えてみると、外部環境と内部環境という境界は存在しないと言えないだろうか。つまり、人間は内部と外部を行き来し、ひとまとまりの連続した行動環境として振る舞っている。例えば、椅子に座りくつろいだり、話をしたり、遊んだり、「人間の行動」を中心に捉えれば、特別に境界は存在しないこ

5. 内外の中間領域 (安城の家／ SUPPOSE DESIGN OFFICE)
庭であり居室である曖昧な空間。

中庭に建具が介在して外部を取り込む
(T4-HOUSE ／長澤誠一郎)

建具が介在せずに水路を引き込む
(後楽園流店)

6. 内包する

7. 呼び込む (神勝寺)
座敷に座ると、内部の延長として庭園が存在し、内部が外部を呼び込んだ、ひとまとまりの内部空間となる。

8. 誘い込む (野仏庵)
アプローチに沿って敷かれた石畳、連続する竹垣や手すりが、誘引効果を高める。

とになる。このエクステリアとインテリアを区別しない「人間の行動に注目した環境」からの視点もある。

　住空間の計画においては、外部空間に積極的な役割をもたせ、その魅力を引き出し、内部と外部の関係性を検討することが大切である。

(1)内外の一体化

　内部と外部がそれぞれに存在するというよりも、はじめから一体的に計画される空間。内部であり外部である空間として、食事、読書、パーティ、団らんなどの生活が行われる。また、内部だけでも外部だけでも成り立たない、双方が相互依存的である空間の一体化もある[4]。

(2)内外の中間領域

　可変的に、状況によって内部として、また外部として活用するフレキシブルで曖昧な空間の在り方。庭〜縁側(土間)〜居室の連続など。例えば、客間での法事などで内部の拡張として庭に椅子を並べ大空間を確保する内部化や、庭でバーベキューをする際に、土間や縁側が配膳スペース、出入り口になる外部化がある[5]。

(3)内包する

　外部空間を取り込み内部化する「内包」には、建具に隔てられた坪庭・光庭や、建具が介在せずに内部に引き込まれた水路などがある[6]。

(4)呼び込む

　書院造の内部空間では、外部の前庭がその空間の一部を構成する。建具を納めて開け放ち畳に座って庭を眺めると、一体感をもって連続する庭がインテリア空間へ呼

9. 街の風景をつくる（甲陽園目神山地区）
緑化や色彩に配慮することで、六甲山の自然に溶け込む良好な風景を形成している。

11. 自然の力を活かす（落水荘／フランク・ロイド・ライト）
森を流れる滝の上に建ち、悠然とした自然をそのまま外部空間とする。

10. 街と住宅をつなぐ（House N ／藤本壮介）
開口を設けた壁面で構成する中間的領域を複層化する。

12. 土地の特徴を活かす（北鎌倉の家／ SUPPOSE DESIGN OFFICE）
段差と擁壁を受け入れ、豊かな外部環境を獲得している。

び込まれる[7]。

(5)誘い込む

　玄関へ誘い込むアプローチの演出。連続する要素により外部から内部へと誘引する効果が高まる[8]。

3 ― エクステリアデザインの発想

　住宅の外部空間は、決して敷地の残余ではない。①住宅と街や自然をつなぐバッファとして、②外部空間の既成概念に捉われない生活の豊かさや機能性を獲得する拡張された住空間として、③住む人の心に寄り添い家族の記憶を継承する場所として、捉えることが大切になる。

(1)都市環境・自然環境のバッファとなる視点

■**街の風景をつくる**：街並みや風景を美しい、懐かしい、心地良いと感じる時がある。住宅が計画される土地の地域性、即ち、その街はどのような人々が住み、生活が営まれているのか、その空気感を知るのである。建物に注目するだけではなく、建物とその外部環境が近隣や街に及ぼす影響を考慮して計画することが大切である。それはその街らしさを育てることでもある[9]。

■**街と住宅をつなぐ**：公共的空間と私的空間の境界に塀をめぐらし縁を切ることが盛んに行われた結果、街の魅力はなくなった。公共的空間と私的空間の重なり合う中間的領域としての住宅の外部空間によって、街も住宅も活気づき魅力的になっていく[10]。

■**自然の力を活かす**：地域の植生、自然の生態系を住空間と一体化させ、本来の自然の力強さを直接感じ、人工と自然の緊張感の中に安らぎを創り出す[11]。

13. 海のエクステリアデザイン（伊根の舟屋）
海が境界のない庭になる。

14. 屋根のエクステリアデザイン（屋根の家／手塚貴晴＋手塚由比）
屋根の上で生活する楽しさを体現している。

15. 壁のエクステリアデザイン（シゲミ／玉置順）
ファサードが厚みをもった外皮空間になる。これにより
室内の温熱環境を安定させる効果もある。

16. 階段のエクステリア
階段通路が第2のダイニングになる。

17. 家族の記憶を継承する
庭の古木の足元にベンチを設える。
家族との新たな関係が生まれ、「場」
が受け継がれていく。

■土地の特徴を活かす：一般的には負の条件となる、崖・段差・竹林などの地形・植生的特徴を活かす。つまり、土地の改変（造成）を極力行わず、潜在的な魅力を引き出す[12]。

(2)住空間を拡張する視点

■海のエクステリアデザイン：海に面した漁師住宅には、自家用車のカーポートではなく、漁に出る船の係留場がある。ここが第2の玄関としての海へのアプローチであり、外海へつながる庭でもある[13]。

■屋根のエクステリアデザイン：思わぬ場所に生活を拡張し、豊かにしてくれる生活空間として屋根の上がある。地上にはない開放感と眺望を獲得できる[14]。

■壁のエクステリアデザイン：都市部では狭小敷地が多くなる。したがって住宅の外部空間の確保が難しい。エコロジーの観点から壁面緑化が推奨されているが、単に鉢植えを並べるだけに止まらず、一歩踏み込んだ厚みのある外皮空間に仕立て、街に優しい環境を形成する[15]。

■階段のエクステリアデザイン：地形を活かした街には階段が生まれる。その階段さえも住居の軒先あるいは前庭として一体的に活用できる[16]。

(3)時間軸の中で捉える視点

■家族の記憶を継承する：老木・石垣・塀・地面の起伏・庭池・井戸などと家族の間で起きる出来事は、世代を越えてつながる。次代へと受け継ぐべき記憶をつないでいく「場」をデザインする[17]。

第III部

住空間の集合

住居形式		ダイアグラム（概念図）	層構成（階数）	接地性	共用空間	共有部分	特徴
独立住宅・戸建住宅	戸建住宅		低層（1～3階）	接地（型）			庭付一戸建住宅、狭小宅地戸建住宅、店舗付き住宅、農家住宅、漁家住宅など単独の敷地に建物単体でつくられる
	戸建集合		低層（1～2階）	接地（型）			「戸建集合」は住戸配置や各戸の境界に工夫を凝らし、複数戸で「共用空間（コモンスペース）」をもつなどして、戸建のメリットを保ちながら、コミュニティの醸成を促したり、豊かな景観を形成するなど、より良い住環境をつくり出そうとする住居形式である
	町家		低層（1～2階）	接地（型）			・伝統的な都市住宅の一つで、一般に通りに面し、隣家と接して立ち並ぶ（界壁は共有しない。共有する場合は長屋となる） ・「平入り」形式で、間口が狭く奥行きが長いのが特徴、内部には台所などを設ける「通り庭」と呼ぶ土間が通りから裏庭まで続く
集合住宅（長屋・共同住宅）	長屋（連続住宅）		低層（1～3階）	接地（型）	テラスハウス	戸境壁	・住戸が水平方向に接する ・各住戸が庭に接するものをいう ・主に1～3階建の連続住宅 ・テラスハウス：「専用庭」をもつもの ・タウンハウス：住棟間の空地を「共用庭」とするもの
					タウンハウス（通路等）	戸境壁専有部分以外の土地	
	共同住宅		低層（1～3階）	準接地（型）	通路等	戸境壁床	・主に2～4階建の積層住宅（水平・垂直） ・接地性が感じられる ・3階建が低層になるか中層になるかは接地性の程度による ・各住戸が屋上テラスや庭に接するものをいう ・直接地上から容易にアクセスできる
			中層（3～5階）	非接地（型）・人工地盤	廊下階段EVその他共用施設	専有部分以外すべて	・接地性は、ほとんど感じられない。以前は、5階まではエレベーターなしが一般的であったが、現在ではエレベーターを設置 ・共同住宅の場合ほとんど共用庭として利用されるが、専用庭として扱われることもある
			高層（6～19階）				
			超高層（20階以上）				15建以上の建築物は特別避難階段の設置をはじめ、様々な避難・防災設備が新たに必要になる

1. 住戸形式の分類と特徴

1　集合住宅の分類と計画要件

1―集合住宅の特徴

　歴史上、集合住宅は都市の主要な住形式だといえる。日本の代表的な集合住宅であるマンションの住戸数は約657.7万戸で、日本人口の1割以上の約1525万人が暮らすと推計されている（2018年末現在、「分譲マンションストック戸数」国土交通省）。

　集合住宅は、一つの建物の中に複数の家族が住むことに最大の特徴があるため、集まって住むための魅力を高めていくことが重要で、居住者同士のつながりやパブリックスペースの充実など「集まって住むメリット」を最大限に活かす工夫・計画が求められる。また、集合住宅は都市の経営効率の点でも優れており、同時に「郊外から都市への居住誘導」の役割も果たしている。

2―集合住宅の種類と特性

　集合住宅は、複数の住戸を1棟の建物にまとめたもので、それぞれの住戸から直接に外部道路などに出入りできる「長屋（テラスハウス）」と、廊下・階段を共有する「共同住宅」に大きく分類される。また、「共同住宅」の形式には、区分所有住宅（日本ではマンションと呼ばれる）や賃貸住宅がある[1]。

　一方、海外では日本のマンションのようなタイプは、コンドミニアムやフラット、アパートメントなどと呼ばれる。また、コーポラティブ住宅（居住者は利用権を所有）や社会住宅（住民組合などが所有）などもある。

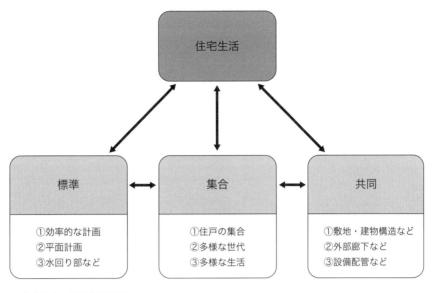

```
                    住宅生活

      標準           集合           共同
   ①効率的な計画    ①住戸の集合    ①敷地・建物構造など
   ②平面計画       ②多様な世代    ②外部廊下など
   ③水回り部など    ③多様な生活    ③設備配管など
```

2. 集合住宅の特徴と概念図

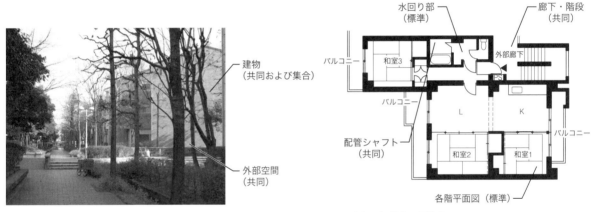

3. 住戸の集合と外部空間などの共同利用

4. 平面や水回り部分の標準化

3 ― 計画上の要素と計画要件

集合住宅の計画では、多様な家族による「集まって住む」ための快適な環境をつくるため、「集合」「標準」「共同」を検討して行うことが重要となる[2]。

集合住宅は様々な家族構成を持つ人々が集まって住み、生活する居住形式であるため、戸建住宅とは異なり共通の規則や利用の方法といった一定程度の共同生活が求められる。また、住戸の集合化により、個人のプライバシーが失われやすくなる可能性も高いため、計画にあたっては住戸の独立性を十分に検討し、配慮することが大切となる。

戸建住宅とは異なり、複数の住戸を連続・重ねる形式となるため、建設工事費や施工の効率性を勘案すると住戸などに一定の標準化が必要となる。通常、分譲マンションにおいては入居対象層を想定して、そのライフスタイル、ライフステージの標準となるものを抽出し、標準住戸プランを設定する。結果的に規格化された住宅となることが多く、標準化することで効率的で経済的な計画になるものの、画一的で均一的になるおそれがある。標準化を図りながらも、多様性にも十分に配慮することが重要である。

集合化することで建物敷地、共用廊下、共用階段など共同で利用するものが生じる[3,4]。また、設備配管用スペースを計画する場合、水回り部分の位置の検討も重要で、効率的な共同化を図ることが計画上求められている。

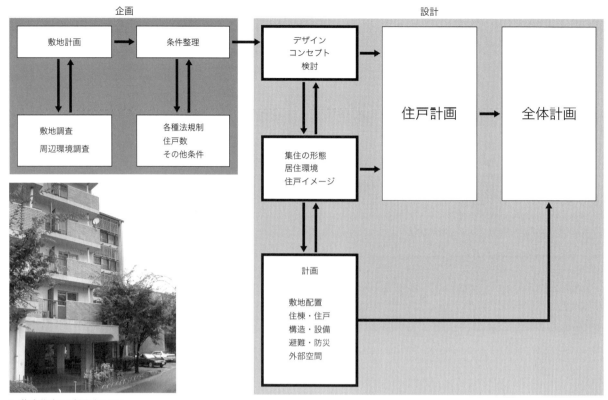

1. 集合住宅の計画プロセス

検討項目	主な検討・計画内容
敷地配置	全体配置、周辺道路からのアプローチ、敷地内歩道と車道、駐車場、駐輪場、ごみ置き場、周辺環境の検討(道路交通量他)、敷地周辺への影響など
住棟	建物形態、建物高さ、隣棟間隔、建物階数、エレベーター設置、階段、住棟および住戸へのアプローチ、隣棟間とのプライバシー配慮など
住戸	住戸規模・形式・床面積、天井高、開口部、バルコニー、専用庭、必要所室、眺望など
構造	鉄筋コンクリート構造、鉄骨構造等の構造種別
設備	給排水衛生設備、電気設備、空調設備、通信設備、地域冷暖房など
避難・防災	避難経路、避難階段、特別避難階段（15 階以上）、非常用エレベーター（高さ 31m を超える建築物）など
外部空間	植栽、歩道と車道の分離、敷地外部からのプライバシー配慮、子供の遊び場、コミュニティ醸成への配慮など

2. 集合住宅の検討・計画の内容

2　集合住宅の計画プロセス

　集合住宅の企画から設計に至るプロセスを示す1。

1 ― 企画（調査・分析）―設計条件の設定

　①敷地、街並み、周辺環境を調査・分析する

　②敷地条件を把握する（法規など）

　③事例を調査・分析

2 ― 計画・設計のプロセス

　集合住宅計画では「集まって住む」というコンセプトの設定が重要で、集合の形態や住環境、住戸のイメージも合わせて検討する。また、コンセプトやデザインのイメージと、具体的な敷地計画や住戸計画などをそれぞれ相互に調整し進めることが大切である2。

(1)敷地利用・配置計画

　敷地内通路、住棟、共用施設などを、人や車のアクセス、採光、通風、視線などを考慮して適切に配置する。

(2)住棟計画

　住棟の形態・階数、方位・採光・日影・住棟間隔など、各住戸への動線・共用廊下・共用階段・エレベーター設備など共有の施設配置を決める。

(3)住戸計画

　住戸面積、住戸数、住戸の屋外空間も合わせて検討する。共用設備配管スペースの位置も重要となる。

(4)その他

　外部空間、構造、設備、避難・防災計画などがある。

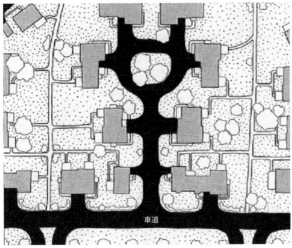

歩行者専用通路

車道

3. ラドバーン方式

1928年にアメリカのニュージャージー州、ラドバーンで近隣住区理論に基づいて建設された方式である。スーパーブロック（一般的な街区よりも大きい街区）、クルドサック方式（袋小路）で一般車の交通を排除し、宅地の表と裏に車道と歩道を交互に設けることで歩車分離を確保している。

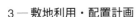

車道

4. カール・レギン集合住宅（ブルーノ・タウト）

住棟の間はリスなども棲む豊かな緑地で、お互いの視線を防いでいる。

5. ファルケンベルグ庭園住宅（ブルーノ・タウト）

建物形態と外壁の塗り分けで、外観に変化をつけている。

3 ─ 敷地利用・配置計画

　敷地の形状や大きさなどの条件を考慮しながら、次の項目を検討する。

①比較的交通量の多い幹線道などに隣接する場合は、車の騒音や振動の低減を勘案し、樹木の選定や緑地帯などの設置を計画する必要がある。同時に、敷地周辺の街並みや地域の住環境にも配慮しなければならない。

②住棟配置、共用スペース、車道と歩行者用通路を検討し、緑地・公園などの外部空間を適切に計画する。

③敷地の形状や高低差を活かす工夫も大切である。住棟形式や配置、植栽などで変化を与えるとともに敷地内での景観や住戸から見える外部空間も検討する必要がある。

④歩車分離手法として、歩行者と自動車の通行を完全に分離するラドバーン方式も有効である[3]。

⑤住棟配置では、住戸の採光や通風、隣棟間隔（住棟の間の間隔）・隣棟への日影、プライバシーの確保などの居住環境に配慮する必要がある[4]。また建築デザインの観点からは、過去の集合住宅団地では同じような形態の住棟が平行配置されているものが多く、外部空間が単調となっている。集合住宅の同一性を確保しながらデザインの個性が求められる。ドイツにあるファルケンベルグ庭園住宅は、外壁の色を変えるなど同一性に個性を加えている[5]。

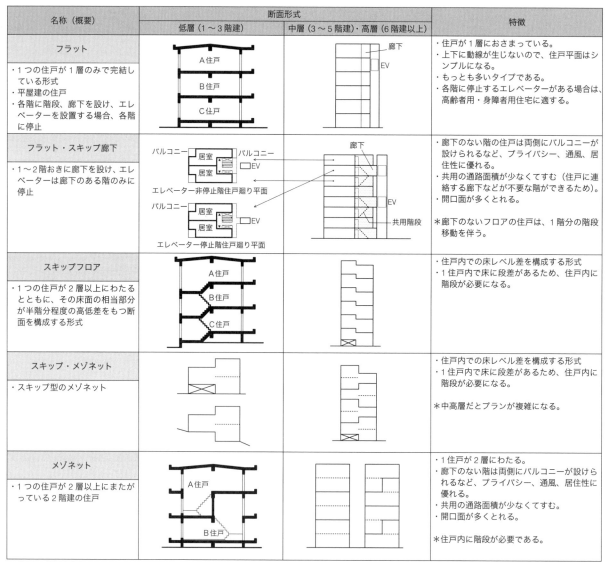

名称（概要）	断面形式		特徴
	低層（1〜3階建）	中層（3〜5階建）・高層（6階建以上）	
フラット ・1つの住戸が1層のみで完結している形式 ・平屋建の住戸 ・各階に階段、廊下を設け、エレベーターを設置する場合、各階に停止	A住戸 B住戸 C住戸	廊下 EV	・住戸が1層におさまっている。 ・上下に動線が生じないので、住戸平面はシンプルになる。 ・もっとも多いタイプである。 ・各階に停止するエレベーターがある場合は、高齢者用・身障者用住宅に適する。
フラット・スキップ廊下 ・1〜2階おきに廊下を設け、エレベーターは廊下のある階のみに停止	バルコニー　居室　バルコニー 　　　居室　　EV エレベーター非停止階住戸廻り平面 バルコニー　居室 　　　居室　　EV エレベーター停止階住戸廻り平面	廊下 EV 共用階段	・廊下のない階の住戸は両側にバルコニーが設けられるなど、プライバシー、通風、居住性に優れる。 ・共用の通路面積が少なくてすむ（住戸に連絡する廊下などが不要な階ができるため）。 ・開口面が多くとれる。 ＊廊下のないフロアの住戸は、1階分の階段移動を伴う。
スキップフロア ・1つの住戸が2層以上にわたるとともに、その床面の相当部分が半階分程度の高低差をもつ断面を構成する形式	A住戸 B住戸 C住戸		・住戸内での床レベル差を構成する形式 ・1住戸内で床に段差があるため、住戸内に階段が必要になる。
スキップ・メゾネット ・スキップ型のメゾネット			・住戸内での床レベル差を構成する形式 ・1住戸内で床に段差があるため、住戸内に階段が必要になる。 ＊中高層だとプランが複雑になる。
メゾネット ・1つの住戸が2層以上にまたがっている2階建の住戸	A住戸 B住戸		・1住戸が2層にわたる。 ・廊下のない階は両側にバルコニーが設けられるなど、プライバシー、通風、居住性に優れる。 ・共用の通路面積が少なくてすむ。 ・開口面が多くとれる。 ＊住戸内に階段が必要である。

6. 住戸の断面形式

4 — 住棟計画

（1）住棟の形式

　集合住宅の計画では、まず住棟形式の検討が重要である。検討にあたって考えるべき項目や条件としては、次のようなものがある。

■ 階数や住戸へのアクセス

　何階建にするか、どのようなアクセス形式にするか。

■ 住棟の配置

　住棟を平行に配置するのか、囲み形式などにするか。日照や建物軸の方位設定。

■ 構造の検討

　階数、住戸間取りを勘案した構造形式の選択。

■ 効率性の検討

　共用部分と総住戸の面積比率の検討や適正なエレベーター、階段の配置など。

（2）断面形式による住戸分類と空間特性

　住戸タイプには、「フラット」「スキップ」「メゾネットタイプ」などがある6。スキップやメゾネットでは変化に富んだ空間デザインが可能だが、階段が必要となるため、バリアフリー対応などの課題が残る。

（3）アクセス形式による分類

　住戸へのアクセス形式によって、「階段室型」「片廊下型」「中廊下型」住棟などに分類できる7。アクセス形式の選択は、それぞれの長所と短所と考えるとともに、住戸の採光や通風、隣住戸のプライバシー、騒音、2方向避

| | 階段室型 | 廊下型 | | | | スキップフロア型 |
		コア型 ホール型 ボイド型	片廊下型	中廊下型	ツインコリドール型	
			東西軸に配置する	南北軸に配置する		フラット住戸 / メゾネット住戸
階段エレベーター	○	○	○	○	○	○
廊下	×	○	○	○	○	○
特徴	2戸／各階 階段室	3戸以上／各階 集中ホール	片側廊下側の環境：難	専用比率：高 配置：易 片廊下の短所：大	中廊下型：吹抜け	階段室型＋片廊下型 廊下：2〜3階ごと 階段：中間階へ
密度	○	◎	○	◎	◎	○
専有比率	○	○	○	◎	○	◎
外接面	◎	◎	○○	○	○	○
南面採光	○	△	○	△	△	○
通風	○	△	△	×	△	○△
プライバシー	◎	○	○	○	○	○
エレベーター利用効率	×	○	○	○	○	◎
2方向避難	×	×	○	○	○	△距離長い

7. アクセス形式の種類と特性

難の確保などから、十分な検討が求められる。

■階段室型

中層集合住宅で多く見られるタイプ。特徴として、

①住戸の両方向で外部開口部を設置できる。

②共用廊下がなく、住戸プライバシーを確保しやすい。

③エレベーターが設置しにくく、階段で上下移動。

■廊下型（片廊下型）

低層から高層住宅まで多く見られるタイプ。

①採光や通風など、各住戸の条件を均質にできる。

②エレベーターや共用廊下・階段の設置が容易で、経済的な計画となる。

③共用廊下に住戸玄関が面するため、外部歩行者の歩く音や話し声も聞こえやすい。

■廊下型（中廊下型）

①採光や通風など、各住戸の条件を均質にできる。

②住戸数を多く確保することが可能で経済的。

③共用廊下に住戸玄関が面するため、外部歩行者の歩く音や話し声も聞こえやすい。

④廊下の換気や採光に配慮が必要。

■廊下型（ツインコリドール型）

中廊下の欠点を補うため、中央に吹抜けを設け、廊下の採光・通風を図る。

■スキップフロア型

①2〜3階おきにエレベーター停止階を設け廊下を設置。

②エレベーター停止階以外の住戸へアプローチするには、上層階もしくは下層階への階段歩行が必要となる。

団地の中心的な棟（通称ブリッツ）と周辺建物配置図

航空写真

中心部にある馬蹄形をした集合住宅（ブリッツ）の中庭

低層部道路側（住棟ごとに妻側外壁の色が異なる）

低層部道路側

低層部庭側

8. フェイゼンジードルング住宅団地（ブルーノ・タウト）

ベルリンにある第一次世界大戦後の住宅不足解消のために建設された大規模な住宅団地で、豊かな緑地が計画されている。中心部に馬蹄形の住棟（ブリッツと呼ばれる）があることで知られており、広い中庭は住民らの憩いとコミュニケーションの場となっている。駐車場は設置されていないが、一般車が入らない道路構造であるため、道路が駐車場として有効利用されている。

開かれたアプローチ空間

緑豊かなコモンスペース

9. エルマルケン社会住宅団地（デンマーク、キューゲ）キューゲ社会住宅協会が所有・経営する賃貸住宅

5 — 外部空間の計画

敷地の大きさや設定できる隣棟間隔によって外部空間計画は大きく変わる。外部空間は、敷地内通路や駐車場、コモンスペース、植栽などが計画の対象となる。

（1）全体利用計画

敷地全体の利用計画を考えることが、集住のメリットを活かすことにつながる。計画にあたっては以下の項目に留意して検討する必要がある。

①居住者の敷地内および住戸へのアプローチ
②敷地内への自動車の引込み位置および敷地内通路
③車と人との歩車分離
④駐車場や自転車置き場、ゴミ置場などの配置
⑤コモンスペースや植栽スペースの配置
⑥居住者相互のプライバシーの確保

フェイゼンジードルング8やエルマルケン社会住宅団地9では、魅力的で安心できる外部空間が計画されている。

（2）各部の計画

■アプローチ空間：敷地に隣接する道路から住戸玄関に至る歩行者空間で、人の目線から見える空間演出も検討したい。また、歩行者通路と自動車通路が極力交わらない工夫も重要である。

■コモンスペース：集合住宅の居住者が共有する住民交流の拠点となる。大規模な集合住宅団地では、各種イベント会場としての使用など居住者相互のコミュニティ活動、さらに近隣住民との交流の場としても利用されてい

緑豊かな遊歩道

植栽とコモンスペース

緩衝装置としての植栽

10. 外部空間事例

入口部分

駐車スペースとカーブする道

シケイン：曲がりくねった道路とすることで、
車の速度を抑制する工夫。

ハンプ：突起をつくることで、速度を制限させる。

11. 生活空間事例

エレベーター設置リノベーション

住戸へのアプローチをかねるテラス

る。また、集合住宅に住む子供らの遊び場ともなる。

■**植栽**[10]：植栽には様々な働きがある。まず、自然や四季の変化を楽しませてくれる。そして、日陰の創出や日照のコントロールにも使われる。さらに、騒音の緩和やプライバシー確保のためにも利用されている。したがって、植栽計画に際しては、上記の目的なども考慮して常緑樹や落葉樹、高木や低木などを検討して配置する。

■**駐車場**[11]：集合住宅の計画においては、用途地域や住戸数によって敷地内に一定の駐車台数の設置が義務付けられている。駐車場の形式には、自走式駐車場、機械式駐車場などがある。機械式駐車場は、機械設備の維持管理費など問題が多い。日常的な維持費や修繕費、将来的な取替え費用も発生する。駐車場は一定の面積が必要と

なるため、広場・緑地などの設置計画にも大きく影響する。なお、近年の人口減少や高齢者の増加に伴う車の所有率の減少から、駐車台数の附置義務を緩和させる動きが出ている。住宅地においては、歩行者の通行路と車道とを分けたり（歩車分離：ラドバーン方式）、自動車の速度を抑える工夫（歩車共存：ボンエルフ）をすることで、歩行者の安全性を十分に配慮する必要がある。

■**その他の施設計画**[11]：集合住宅の規模が大きくなると、住棟以外に集会所や遊び場（プレイロット）などの検討も必要となる。

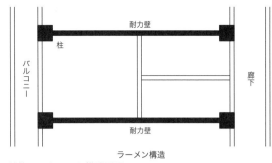

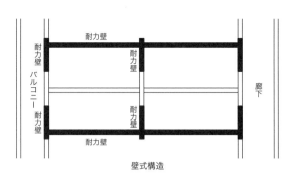

ラーメン構造

壁式構造

12. 鉄筋コンクリート構造平面

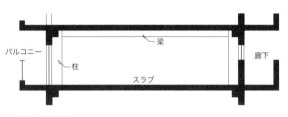

ラーメン構造
柱や梁を室内に出したタイプ。

壁式構造
柱や梁の出がなく、床、壁による箱性の高い空間を形成。

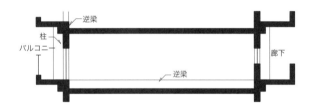

逆梁架構
玄関やバルコニーといった出入口部分を順梁にして、その他の部分を
逆梁にしている。

壁式ラーメン構造
桁行方向を梁と壁柱で構成するラーメン構造で、柱や梁は壁の厚みと同じ。

13. 鉄筋コンクリート構造断面

6 ― 構造・構法計画

(1) 構造の概要

　集合住宅の構造形式は、高層ならば RC 造（鉄筋コンクリート造）や SRC 造（鉄骨鉄筋コンクリート造）、低中層ならば RC 造や鉄骨造が一般的である。RC 造にはラーメン、壁式、フラットスラブ、ボイドスラブなどの構造がある[12、13]。

(2) 逆梁で窓との関係を調整する

　「逆梁架構」は超高層タワー型などでよく採用されている。梁の位置をスラブの上にすることで、開口部を天井まで取ることができ、ハイサッシュなどの取付けが可能となる。同様の方法として、バルコニー側の梁せいを薄くした扁平梁を採用した事例もある。

(3) 集合住宅の構造の選定

　集合住宅の構造は主として規模（特に階数）と法令、そして建設コスト、工期などから決まる場合が多いが、住棟、住戸デザインによって決めることも重要である。

(4) 高層集合住宅と低層集合住宅

　高層と低層では、構造形式や構造設計の内容に大きな差異が生じる。特に超高層は、地震や風圧による影響が大きいため、免震構造や制震構造の採用などを検討する必要がある。

　また、超高層の建物は、修繕工事費用や維持管理費用が低層に比べて高額となる。さらに将来的な建替を検討する場合、長期にわたる工事期間なども考慮すれば低層よりもリスクが大きくなる。

14. パイプシャフト

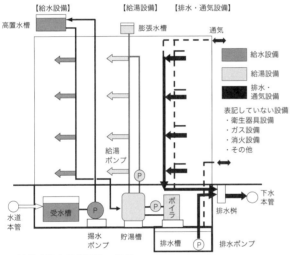

15. 給排水衛生設備配管の仕組み

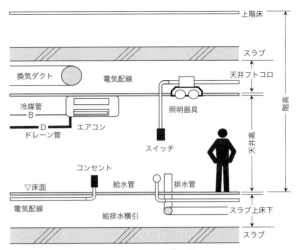

16. 住戸内設備および天井と床下の設備配管
天井配管：天井フトコロ（住戸の天井と上階床スラブとの隙間）に、主に照明のための電気設備や換気設備用の配管などが設置される。
床下配管：住戸の床とコンクリート床スラブとの隙間を使って、主に給水・排水管などが配管される。

17. 床下配管改修工事（洗面室）
床からの細い管は給水管と給湯管。太めの管は洗面台からの排水管で、床スラブを貫通してPSに接続される。床には、吸湿・吸臭性に優れた竹炭が撒かれている。

7―設備計画

集合住宅では、一般的に住戸の内外にPS（パイプシャフト）と呼ばれる設備用の区画が設置される[14]。そして、その内部に設置される電気、給排水衛生、ガス、給湯、冷暖房、換気などの配管（竪管：建物の上下方向につながる管）から、各住戸にそれぞれの配管（枝管：住戸の内部に横に広がる管）が送られる仕組みである[15,16]。したがって、通常の設備計画では、PSを上下階で同じ位置になるように連続させる必要がある。このPSの位置は、設計上の制約や居住性、維持管理上の問題を引き起こす要因ともなりやすく、細かな設計上の配慮が必要となる。

(1) 電気設備

各住戸への電気は、架空線または地中引込線で建物内に引き込まれ、PSなどを通して各住戸や共用部分に分岐される。独立住宅とは異なり、高圧電力を一括受電し変圧の上、各住戸に配電されることも多い。

(2) 給排水設備

給水方式には、直結直圧方式、高置水槽方式などがある。

キッチン、洗面、トイレなどへの給水は、PS内の給水本管から住戸内の枝管へとつながる。そして逆に、排水は枝管からPS内の本管に流れ、建物外部へと排出される[17]。

(3) エレベーター設備

集合住宅にエレベーターの設置を定める法律はないが、建築基準法では高さ31m以上の建物に非常用エレベーターの設置を義務付けている。

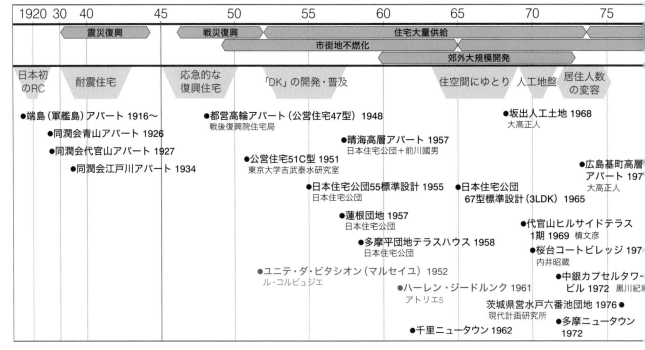

| 1920 | 30 | 40 | 45 | 50 | 55 | 60 | 65 | 70 | 75 |

震災復興　　　戦災復興　　　住宅大量供給

市街地不燃化

郊外大規模開発

| 日本初のRC | 耐震住宅 | 応急的な復興住宅 | 「DK」の開発・普及 | 住空間にゆとり | 人工地盤 | 居住人数の変容 |

●端島（軍艦島）アパート 1916〜

　●同潤会青山アパート 1926

　　●同潤会代官山アパート 1927

　　　●同潤会江戸川アパート 1934

●都営高輪アパート（公営住宅47型）1948
　戦後復興院住宅局

　　●公営住宅51C型 1951
　　　東京大学吉武泰水研究室

　　　●日本住宅公団55標準設計 1955
　　　　日本住宅公団

　　　●蓮根団地 1957
　　　　日本住宅公団

　　　　●多摩平団地テラスハウス 1958
　　　　　日本住宅公団

　　　●ユニテ・ダ・ビタシオン（マルセイユ）1952
　　　　ル・コルビュジエ

●晴海高層アパート 1957
　日本住宅公団＋前川國男

●日本住宅公団
　67型標準設計（3LDK）1965

　　●ハーレン・ジードルンク 1961
　　　アトリエ5

　　●千里ニュータウン 1962

●坂出人工土地 1968
　大高正人

　●広島基町高層
　　アパート 197
　　大高正人

●代官山ヒルサイドテラス
　1期 1969　槇文彦

●桜台コートビレッジ 197
　内井昭蔵

●中銀カプセルタワー
　ビル 1972　黒川紀

茨城県営水戸六番池団地 1976 ●
　現代計画研究所

●多摩ニュータウン
　1972

1. 戦後の集合住宅の年表（住棟タイプ、間取り、住環境を主点に・一部海外事例含む）

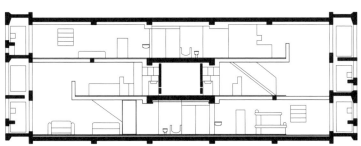

2. ユニテ・ダビタシオン（マルセイユ）(ル・コルビュジエ／ 1952 ／フランス)

3　集まって住む様々な試み

　Ⅰ部2章2節で概説したように、戦後の住宅不足解消のため急ピッチでつくられてきた多くの集合住宅は、住宅供給数を確保するためのコンパクトな住戸で高密度であった。これらの集合住宅は、これまでに一定の成果をあげてきたが、当時の社会状況から大きく変化した現代において、その形態が時代にそぐわなくなってきた。そのため、多様なライフスタイルに対応できる集合住宅が求められてきた[1]。

　また、これまでの分譲集合住宅（マンション）は、マンションを所有する個人の資産価値に重きがおかれていた。しかし、人口減少社会においては高度経済成長期の

ような不動産価格の上昇は考えにくい。したがって、これからの集合住宅は持続可能なまちづくりにも貢献できる、新たな社会的資産としての価値を高めることが必要だといえる。人が集まることでまちは活性化する。そして、集約することで生まれるオープンスペースなどを活用して居住環境に優れた集合住宅を供給できれば、良質な地域の資産・社会資産となるのではないだろうか。

　集合住宅計画の先駆者らは、共同住宅の質の向上を目指し、「集まって住む」利点を活かした様々な取組を行ってきた。たとえば、建物を一つの小さなまちのように計画すること、集住によって生じるコモンスペースの充実、可変的な住戸空間など様々な居住環境、居住形態を生むような手法である。

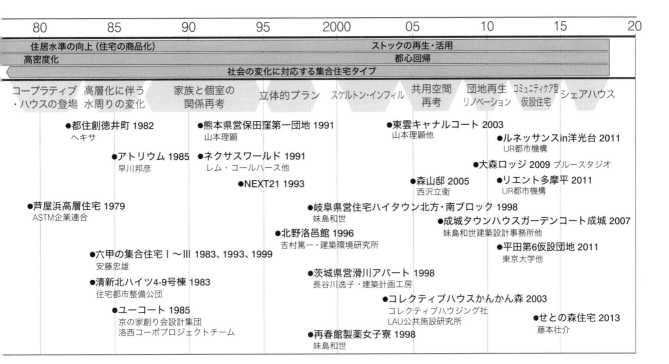

	80	85	90	95	2000	05	10	15	20

住居水準の向上（住宅の商品化）　　　　　　　　　　　ストックの再生・活用

高密度化　　　　　　　　　　　　　　　　　　　　都心回帰

社会の変化に対応する集合住宅タイプ

コープラティブ・ハウスの登場　｜　高層化に伴う水周りの変化　｜　家族と個室の関係再考　｜　立体的プラン　｜　スケルトン・インフィル　｜　共用空間再考　｜　団地再生リノベーション　｜　コミュニティケア型仮設住宅　｜　シェアハウス

●都住創徳井町 1982
ヘキサ

●アトリウム 1985
早川邦彦

●芦屋浜高層住宅 1979
ASTM企業連合

●六甲の集合住宅Ⅰ〜Ⅲ 1983、1993、1999
安藤忠雄

●清新北ハイツ4-9号棟 1983
住宅都市整備公団

●ユーコート 1985
京の家創り会設計集団
洛西コーポプロジェクトチーム

●熊本県営保田窪第一団地 1991
山本理顕

●ネクサスワールド 1991
レム・コールハース他

●NEXT21 1993

●岐阜県営住宅ハイタウン北方・南ブロック 1998
妹島和世

●北野洛邑館 1996
吉村篤一・建築環境研究所

●茨城県営滑川アパート 1998
長谷川逸子・建築計画工房

●コレクティブハウスかんかん森 2003
コレクティブハウジング社
LAU公共施設研究所

●再春館製薬女子寮 1998
妹島和世

●東雲キャナルコート 2003
山本理顕他

●森山邸 2005
西沢立衛

●ルネッサンスin洋光台 2011
UR都市機構

●大森ロッジ 2009 ブルースタジオ

●リエント多摩平 2011
UR都市機構

●成城タウンハウスガーデンコート成城 2007
妹島和世建築設計事務所他

●平田第6仮設団地 2011
東京大学他

●せとの森住宅 2013
藤本壮介

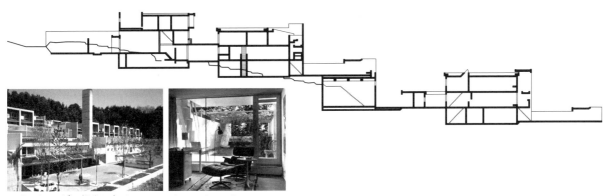

3. ハーレン・ジードルンク（アトリエ5／1961／スイス）

1 ― 垂直にまちをつくる

　近代建築家を代表する建築家のル・コルビュジエは、フランス南部にまちのような機能を備えたユニテ・ダビタシオン（マルセイユ）[2]を設計した。建物は8階建、全337戸の巨大な中廊下型の集合住宅である。住棟は南北軸、中廊下から入る住戸ユニットは幅3.66mのメゾネットで、住戸ユニットを東西両方向に広げることで2方向からの採光や通風が考えられている。また、互いの住戸が噛み合うような形態と中廊下を3層ごとに設けることで、建物面積の有効利用もはかっている。屋上には体育館、保育所、プールなどがあり、7・8階には店舗や郵便局、ホテルなどが入っている。彼の都市計画のイメージを、集合住宅として垂直に実現した建築といえる。

2 ― 地形になじませる

　一般的に、密度の高い接地型集合住宅の計画では長屋のような連続建ての形式になる。限られた間口の中に居室、動線、外部空間を配置するかが計画上の課題となる。

　ハーレン・ジードルンク[3]は、自然地形に合わせて建物を階段状に配置し、優れた住空間と外部空間を確保した接地型低層集合住宅の典型的な事例である。

　ボーレン湖に面する南斜面の敷地に、屋上庭園を持った79戸の連続する低層住宅が計画された。住戸は2タイプでそれぞれ3階建、住戸北側と南側に庭を持つ4〜6室の住戸が基本で、サンルーム、アトリエなどがついたタイプもある。巧みな配置・断面構成によって密度と各住戸の独立性を獲得している。

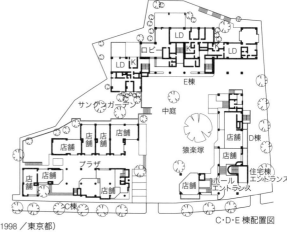

C・D・E棟配置図

4. 代官山ヒルサイドテラス（槇総合計画事務所、スタジオ建築計画／1969〜1998／東京都）

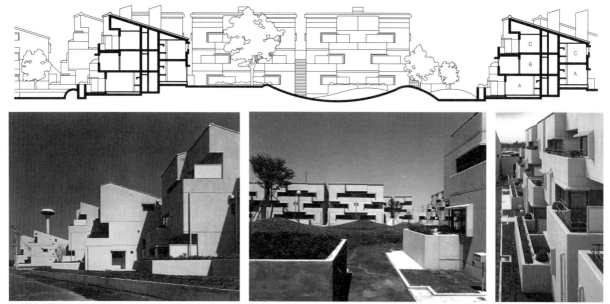

5. 茨城県営水戸六番池団地（現代計画研究所／1976／水戸市）

3 ― にぎわいをつくる

　集合住宅は、一般的に規模が大きくなり街全体の景観形成にも大きな影響を与える。したがって、周辺環境にも貢献できる魅力的な街並みをつくることを心がけたい。

　代官山ヒルサイドテラス[4]は、住居・店舗・オフィスからなる複合建築群で、1969年から1998年にかけて、第1期のA・B棟から第7期のヒルサイドウエストまで段階的に建設された。社会状況の変化に応じてデザインがされており、当初の全体計画に修正を加えながら新鮮で魅力的な楽しい街並みをつくっている。全体は概ね低層でつくられていて、低層階には商業施設が入っている。また、低層部にはサンクンガーデンや中庭などが設けられ、それに面してショップやオフィスが配置されている。

4 ― 地域性を読み解く

　地域によって気候風土や生活習慣が異なるのは当然である。住宅を計画する時には、その場所や地域に根付く社会的・歴史的な記憶「地霊（ゲニウス・ロキ）」を読み取ることも必要となる。

　茨城県営水戸六番池団地[5]は、一律的になりやすい公営住宅の計画に対し、街並みをくずさず地域に根ざした低層集合住宅の一つの方向性を提案した。RC造3階建、住戸数60戸の中庭を囲む準接地型の低層集合住宅である。住戸のテラスは階段状の断面とし、外観に変化を持たせている。屋根は地元で焼かれた瓦で葺かれ、周辺環境との融和がはかられ、配置された2つの中庭は、起伏を取ることで空間に変化を与えている。

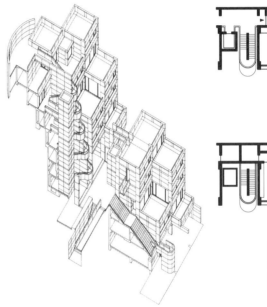

寝室

I期・上階

K　L

テラス

I期・下階

6. 六甲の集合住宅 I、II、III（安藤忠雄／1983〜1999／神戸市）

5—セットバックする

　住戸をセットバックさせ積層する手法は、傾斜地だけでなく、準接地型集合住宅において上層階住戸の接地性を高める場合にも使われる。例えば、下層階の屋上をルーフテラスとすることで、住戸と外部空間を空間的・視覚的につなげることができる。

　また、傾斜敷地に計画する場合は、敷地の形状に合わせた建物高さの設定・住戸の配置が重要となる。そうすることで、既存の敷地形状との違和感が少ない計画にまとめることができる。

　六甲の集合住宅 6 は、瀬戸内海国立公園（六甲山）内の傾斜角度が約 60 度の急斜面で、第一種住居専用地区かつ風致地区という自然条件も法的規制も厳しい場所に

建てられている。I期は、その急斜面に1ユニットが5.8×4.8mを基本とする幾何学的な構成で建てられた。I期およびII期は、斜面に沿って住戸をセットバックさせながら地形になじませるように配置している。

　住戸の内部もそれぞれに個性をもたせており、個室やリビングルームとテラスをつなぐことで空間の広がりを確保している。個室やテラスからの眺望は素晴らしく、瀬戸内海、大阪湾を見渡すことができる。また、住戸は外部小広場や階段といった路地的な共用空間によって緊密に結び付けられており、地中海に浮かぶミコノス島などで見られるヴァナキュラーな集落を感じさせる形態となっている。

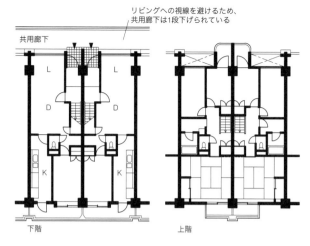

リビングへの視線を避けるため、
共用廊下は1段下げられている

共用廊下

下階　　　　　　　　　　上階

7. 清新北ハイツ 4-9 号棟（住宅・都市整備公団／ 1983 ／東京都）

パーキング

ベンチ

コモンスペース

土の広場

せせらぎ

自転車置場

8. ユーコート（京の家創り会設計集団洛西コーポプロジェクトチーム／ 1985 ／京都市）

6 ― 生活感を演出する

　集合住宅では通常、リビングなどの主要な居室部分を住戸玄関が面する共用廊下とは反対側に計画することが多い。同時に、共用廊下に面する部屋は、外からの視線を避けるために閉鎖的になりやすく、結果的に共用廊下は単に移動するための通路として、無表情で生活感に欠けることが多い。

　「リビングアクセス型」は、住戸内の人が集まるリビングを共用廊下側に配置することで、通路に生活感を演出する手法である。清新北ハイツ 4-9 号棟[7]では、共用廊下から住戸内への視線を防ぐために、玄関ポーチや花台などを設け、また共用廊下と住戸床に 50 〜 60cm のレベル差を設けている。

7 ― 居住者が参加する

　コーポラティブハウスは、居住者が建物の計画、設計段階から関わる手法のため、ニーズに応じた自由な住戸設計が可能となる。また入居前からの共同活動により、居住者同士がつながりやすいという利点がある。

　ユーコートは、5 階建の A・B 棟、3 階建の C 棟からなる住戸数 48 戸のコーポラティブハウスである[8]。

　中庭をコモンスペースとして位置付けて、そこから各住戸につながるように計画されている。また、主に A・B 棟の住戸ではリビングやダイニングなどを、C 棟では主要な部屋を中庭に面して配置し、いずれも住戸内部から中庭の様子がわかるとともに、中庭からも居住者の気配を感じさせる工夫がされている。

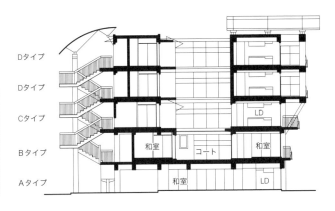

D タイプ
D タイプ
C タイプ
B タイプ
A タイプ

和室　コート　和室
和室　LD
LD

9. 熊本県営保田窪第一団地（山本理顕設計工場／ 1991 ／熊本市）

集合住宅

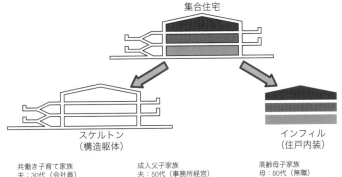

スケルトン
（構造躯体）

インフィル
（住戸内装）

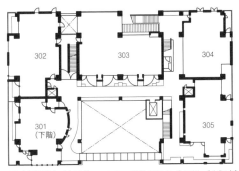

302　303　304
301
（下階）　305

10. NEXT21（大阪ガス NEXT21 建設委員会／ 1993 ／大阪市）

共働き子育て家族
夫：30代（会社員）
妻：30代（会社員）
長男：6才（保育園）

プライバシーライン

夫の個室　妻の個室
浴室
洗
台所　リビングダイニング
土間空間
和室

成人父子家族
夫：50代（事務所経営）
長男：20代（会社員）

プライバシーライン

父の仕事場　父の個室
リビングダイニング
息子の個室

高齢母子家族
母：80代（無職）
長女：50代（会社員）

プライバシーライン

母の個室
トイレ
台所　リビングダイニング
娘の個室

8 ― 庭で居住者をつなぐ

　集合住宅では、共用の庭を全体の中心に配置し、居住者が住環境の重要性を意識し、維持管理などを通して居住者同士のつながりを高める効果が狙われる。

　熊本県営保田窪第一団地[9] は、中庭が住棟と集会室などで囲まれており、中庭へは住戸を経由してのみアクセスできる。この事例は、中庭を居住者の専用空間としている点に特徴がある。したがって、基本的に外部から中庭に入ることはできない。住戸は〈ライトコート（光庭）〉を挟んで中庭側の家族室と通路側の寝室に分かれ、それらは半屋外のブリッジでつながる。ライトコートによって、住戸内に光と外気を取り込んでいる。

9 ― 変化に対応する

　建物は大きく構造体（躯体）と内装に分けることができる。そして、建物の躯体の寿命は比較的長いが、内装や設備関係は躯体に比べて寿命が短く、時間の経過とともに陳腐化や経年劣化が進行しやすい。また、ライフスタイルやライフサイクルの変化、社会の変化に対応することも重要で、そのため躯体と内装などを分離するスケルトン・インフィル住宅が提案された。

　NEXT21[10] は、大阪ガスによる実験集合住宅で、スケルトン（躯体）とインフィル（内装）が明確に分離されており、18 戸すべてが異なる住戸プランで計画されている。各住戸は生活提案型プランとなっており、一定の居住期間を経たうえで常に増改築が繰り返されている。

和室	洋室		洋室	洋室
洋室	K	LD	和室	洗面	LD
洋室	和室	LD	和室	洗面	LD
洋室	和室	LD	和室	洗面	LD
店舗	駐車場				LD

建物のファサードは、上七軒の歴史的町並みに溶け込むようにデザインされている。離れた地点からみると、集合住宅としてのボリュームを確保していることがわかる。

11. 北野洛邑館（吉村篤一・建築環境研究所／1996／京都市）

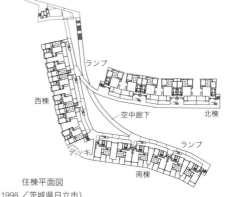

住棟平面図

12. 茨城県営滑川アパート（長谷川逸子・建築計画工房／横須賀満夫建築設計事務所／1998／茨城県日立市）

10 — 街になじませる

　北野洛邑館[11]は、京都の伝統的な花街の一つとして知られる上七軒にある。すぐ近くには北野天満宮がある歴史的な場所で一定の規模をもつ集合住宅である。

　歴史的な街並みが色濃く残る地域の景観に配慮するとともに、京都らしさが感じられる住棟配置や外観デザインとなっている。1階部分は店舗と、通り抜けられる中庭が配置されている。道路側の建物1・2階部分は、隣接する町家の瓦屋根や出格子などに連続させたデザインで、高さも同程度に抑えている。そして3〜5階はセットバックさせることで必要な高さを確保しつつ、通りに対して圧迫感を与えないように工夫されている。

11 — 立体的につなぐ

　集合住宅では上階での接地性が低下する。それを補うために共用廊下の幅を広くし、立体的な空中廊下（フライングコリドー）を設置する手法がある。共用廊下を住棟本体から分離させることで、住戸の通風・採光を確保し、プライバシーも確保することができる。

　茨城県営滑川アパート[12]は、敷地を造成せずに高低差を活かした計画がなされている。各住戸へは、1階は中庭、2階は接地階からの専用階段、3階は空中廊下、4階は空中廊下からのびる専用階段からアクセスする。プランは階段室型と片廊下型の組合せで各住戸に3面の開口部を確保し、住戸が空中廊下につながることで、立体的なコミュニケーションの場を提供している。

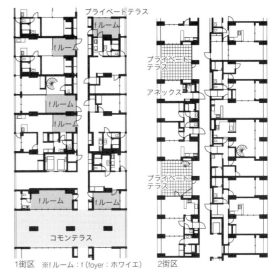

1街区　※fルーム：f (foyer：ホワイエ)　2街区

13. 東雲キャナルコート（山本理顕設計工場（1街区）、伊東豊雄建築設計事務所（2街区）／2003／東京都）

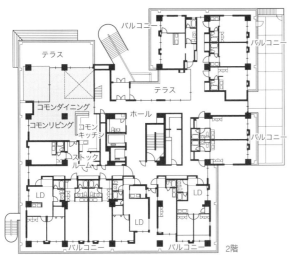

2階

14. コレクティブハウスかんかん森（LAU 公共施設研究所（スケルトン）、NPO コレクティブハウジング社（インフィル）／2003／東京都）
週に 2～3 回、コモンミール（共同の食事）が行われる。

12 ― 多様なライフスタイルに対応する

　日本のライフスタイルも多様に変化してきた。世帯構成や働き方も幅広くなっている。したがって、すべて同じ形式ではなく、その変化に対応できる集合住宅が望まれる。

　東雲キャナルコート[13] の住戸パターンは多様で、また建物内に仕事場（SOHO）を混在させた賃貸住宅である。住棟に「空地」を点在させ、コモンテラスである外部空間を共用の生活空間として取り込んでいる。コモンテラスに面して、ホワイエルーム（育児や趣味の場）が各住戸につくられ、それらを緩やかにつないでいる。ホワイエルームはガラス張りとなっていて、廊下から住戸内の気配を感じることができる。

13 ― 暮らしを共同する

　コレクティブハウスとは、住民が相互に扶助することで円滑な日常生活が営めるように、食事室や調理室、洗濯室などが共用施設として配置されている。

　コレクティブハウスかんかん森[14] は、有料老人ホーム、クリニックや保育園が入る 12 階建ての「日暮里コミュニティ」の 2・3 階にある賃貸のコレクティブ住宅である。各住戸には個別のキッチンや浴室などもあるが、総住戸面積の約 13％にあたる 166m² の共用空間には業務用機器を備えたキッチン、リビング・ダイニング、洗濯室、家事コーナー、事務室、倉庫、身障者対応トイレなどが設置されている。さらにコモンテラス、工作テラス、菜園テラスなどの屋外空間もある。

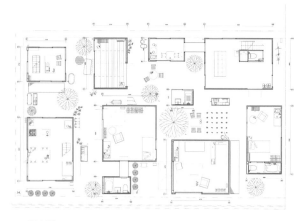

15. 森山邸（西沢立衛建築設計事務所／2005／東京都）

16. 垂直の森（ボスコ・ヴェルティカーレ）（ステファノ・ボエリ／2014／ミラノ）

14 ― 居住空間を分散する

　森山邸[15] は、賃貸集合住宅と個人住宅が同じ敷地につくられている。建設当初は賃貸住宅と個人住宅が混在する形であるが、将来的には完全な個人住宅にすることを目的として建設された。設計者である西沢立衛は計画当初、通常よく見られる賃貸住宅の形式（1・2階が賃貸で3階がオーナー住居）を考えていたが、段階的に賃貸部分を減らしながら最終的に個人住宅になるプロセスを考慮した。そのため異なる形の部屋を分散させ、それぞれに庭を配置することで賃貸住宅としての魅力を高めている。バラバラに配置された賃貸部分には、ガラスの廊下でつながる離れのようなバスルームがあるなど、多様な居住空間が設定された。

15 ― 都市に森をつくる

　様々な効用がある植物を集合住宅の外部や屋上に植える（緑化する）ことは、最近では当然のように行われ、あるいは義務化されているが、ここでは大々的に壁面やバルコニーなどの半屋外に植物を導入する試みを紹介する。

　垂直の森[16] は、モダンなイメージを保ったまま、森を積層したような奇抜な外観が特徴の集合住宅である。2棟の建物からなるツインタワーで、27階建高さ110mと19階建高さ76mの棟で成り立っている。2棟のバルコニーには中高木や低木、花が植えられている。立体的な植栽は、景観上も都市に立ち上がる森のようであり、集合住宅でありながら、独立住宅における庭のようなイメージも持っている。

第IV部

ストック活用と住空間

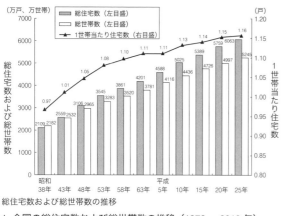

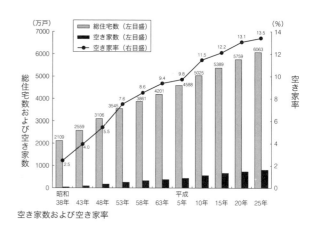

総住宅数および総世帯数の推移

1. 全国の総住宅数および総世帯数の推移（1978 ～ 2013 年）

空き家数および空き家率

最上階のペントハウスがリノベーションされ、高齢者や身障者用の住戸に改修された。両棟の間にあるエレベーターは、最上階専用となっている。

最上階にある高齢者用の住戸では、お洒落な照明器具、家具などのインテリアエレメントに囲まれて高齢者夫婦が生活している。

2. ドマーパークン社会住宅（コペンハーゲン）
デンマーク・コペンハーゲンにある社会住宅（居住者で構成された組合が所有する賃貸住宅）では、古い集合住宅に新たにエレベータを設けるリノベーションが行われた。エレベーターは全ての住戸用ではなく、高齢者や身障者専用のものとして合理的に設置されている。

1　日本の住宅ストックの現状と課題

1 ― 住宅ストックと空き家の現状

　現在、日本はすでに少子化、そして超高齢社会に突入している。国立社会保障人口問題研究所による推計（2017 年 4 月）では、出生率中位・死亡率中位の条件で、2065 年度の日本の人口は約 8806 万人になると予測している。一方、総務省「住宅・土地統計調査」によると、2013 年における日本の総住宅数は約 6063 万戸、総世帯数は約 5245 万世帯と、おおよそ 820 万戸が空き家状態となっている[1]。

　日本も、住宅数においてはすでにストック時代に入ったといえるが、現在のすべての住宅が良質な住宅ストックだとは言い難い。バリアフリーは高齢者や身障者にとって重要な要素で、エレベーターのない 3 階建て住宅や床面積が狭小なワンルームマンションなどは、長期的な観点から見れば住宅ストックとするには疑問が残る。

　欧米諸国では、都市中心部は集合住宅の住まい形式が中心で、郊外の戸建て住宅は平屋建てや 2 階建てが多く、高齢者にとって長く使用しやすい住宅となっている。

　住宅ストックとは、単に「住める」だけではなく、「住み続けられる、文化的な生活を楽しむことができる」住宅であることも重要な要素といえる。ドマーパークン社会住宅[2]では、従来の同住宅に住む子供たちの勉強部屋であったペントハウス階をリノベーションして、高齢者や身体障害者の専用住戸として再活用された。

さらしや長屋への路地入口

路地の奥にある長屋

長屋の住戸内部

大正11年の建設。当時は床屋、和装屋などの店、銭湯もあり、地域住民の交流場所として賑わっていた。その後空き家となり、建物の老朽化が進んでいた。

3. さらしや長屋 (京都市)

カネマツでは、各種イベント、シンポジウム等が開催されている。

4. カネマツ（KANEMATSU）（長野市）
元は農業用のビニールシートの加工工場を地域の拠点となるギャラリーや古書店、カフェ、シェアオフィスとして再生された。

5. bonnecura の世代を超えた仲間たち
bonnecura（bonne：良い、cura：きれいにする、また cura ＝蔵。フランス語やラテン語等の造語）
※ボンクラは 2018.12 に解散した。

2 ― 空き家活用の事例

　現在、全国各地で古い長屋や町屋、また空き家をリノベーションすることで活用するプロジェクトが行われている。京都市は、「空き家の増加は、地域の防災や防犯、生活環境、景観などに悪影響を及ぼし、さらにはまちの活力の低下につながる」ため、「空き家をまちづくりの資源」とする「空き家活用×まちづくり」モデル・プロジェクトを進めている。

　「さらしや長屋」[3]は、路地奥の4軒の町家のリノベーション事例である。1922年建設の老朽化が進んだ空き家が、新たに路地文化の再生を目的とする賃貸住宅として計画された。

　長野市の観光地である善光寺周辺も、他地域と同じく空き家が数多く生じ、「門前町」エリアの人口も最盛期の半分以下に減少したとされている。2009年から「長野・門前暮らしのすすめ」というプロジェクトが始まり「空き家見学会」などが開催された。

　このエリアに新しい価値観を持った人たちが集まり始め、様々なリノベーションが行われている。築100年になる3つの蔵と平屋部分を、シェアオフィスやカフェの入る拠点「カネマツ」として、建築家、編集者、デザイナーなどによるまちづくりを考える異業種ユニットが一体的に改修し、再生・運営している[4]。

　「門前町」では、単に空き家や建物のリノベーションにとどまらず、新旧住民が交流連携することで新たな「まち」の魅力創出に取り組んでいる[5]。

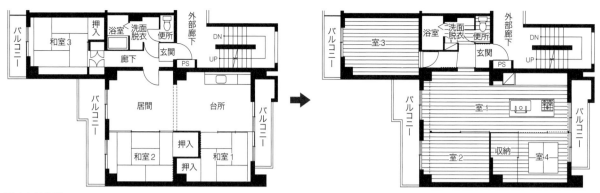

平面図（改修前）

平面図（改修後）
両バルコニー側を結ぶ移動する引戸によって、室1、室2、室4、収納の空間が変化する。

和室2（改修前）

キッチン（改修前）

（改修後）
幅1320mmの4枚の引戸が移動することで、空間の大きさ・質が変化する。また、すべての引戸を取り外すと一室空間になる。

1. 住戸リノベーション（東大路高野の家／辻壽一）

2　日本の住宅リノベーション

1―マンション住戸

　一般的に、リノベーションの計画における重要なポイントとして、「建物がすでに存在していること」があげられる。したがって、新築とは異なり、①平面計画における制約、②既存の構造構法による制約（建物の階高や構造の種類等）、③現在の建築基準による既存不適格（新築当時の建築基準法によって建てられているため、現在の建築基準法を満足していない）の可能性、④既存の設備配管等の問題が考えられる。したがって、リノベーションとはある意味、様々な制約の中で新たな価値を創造する作業といえる。東大路高野の家[1]は、1981年に日本住宅公団（現在のUR都市機構）が開発分譲したマンション住戸のリノベーションである。

　改修におけるコンセプトは、改修前の3LDKの間取りから一室空間とするもので、垂壁をなくし開放感のある空間構成とした。そして、共用部であるコンクリートの壁以外はすべて撤去し、幅広の建具の移動で部屋を仕切ることができる可変性の高い空間を生み出した。

　住戸のリノベーションの場合、マンションの所有形態（区分所有）に注意する。マンションでは、個人が所有する専有部と、区分所有者全員で共有する共有部が存在する。例えば、窓サッシなどは共有部で、区分所有者の一存では取り替えられないなど、専有部と共有部の区別を理解した上での計画が必要となる。

建物外観（改修前）

建物外観（改修後）

1階エントランス

2. 民間賃貸住宅リノベーション（高根ハイツ／青木茂）

内部廊下　階によって、内装の色を変えている。

2 — 民間賃貸住宅

　集合住宅1棟をリノベーションする事例も増加した。老朽化した建物を建て替えるのではなくリノベーションにより再生することは、資源の有効利用でもありエコロジーに配慮した手法といえる。ただ、リノベーションの課題として、既存建物を解体して建て替える場合の費用と、リノベーション工事費とのコスト比較の検討が大切なポイントとなる。

　高根ハイツ[2]は、1963年に建築された鉄筋コンクリート造、4階建ての賃貸集合住宅のリノベーションである。

（注：設計者の青木は、このようなリノベーション建築をリファイニング建築としているが、呼称の統一性の観点から本書においてはリノベーションと表記している。）

　この事例は新築時、鉄筋コンクリートラーメン構造として計画・施工された。しかし、建設工事中に構造上の施工不良が多数発見された。そのため、既存の構造フレームに補強壁を増設し、壁式鉄筋コンクリート造として竣工するという特異な経緯があった。結果的に、通常のラーメン構造よりも高い耐震性能が得られていた。そのため、リノベーション時における耐震補強の費用を通常より抑えることができた。

　青木は、①内外観ともに新築と同等以上の仕上がり、②新築の60〜70％の予算、③用途変更が可能、④耐震補強により現行法規および耐震改修促進法に適合、⑤廃材をほとんど出さず環境にやさしいなど、リノベーションで重要とする5点を提唱している。

建物外観

内部

各階平面図

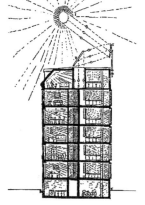
プリズムのイメージ図

太陽を追尾する反射鏡により太陽光をシャフト（上図平面中央部）から住戸内部に取入れて、室内環境の向上を図っている。

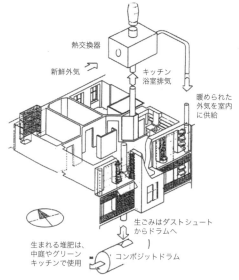
グリーンキッチン
屋根裏部分に設置された熱交換器によって、排気熱と外気を熱交換し、室内に暖められた新鮮外気を取り込む。また、取り込まれる外気は住戸内部の温室を通して、植物による酸素を含んだ空気となって給気される。

内部

反射鏡

プリズム
反射鏡からシャフトに入る反射光が、ガラスブロックを通して住居内キッチン・洗面室部分に光を取り込むとともに、自然換気もできるように改修された。

1. ヒデビュゲーデ街区実験プロジェクト（デンマーク）

3　海外における集合住宅リノベーション

1―環境に配慮したリノベーション

　ヒデビュゲーデは、コペンハーゲン市中心部から南西に約1.7kmに位置する地区である。ここで行われたリノベーションは、大規模な環境に配慮した実験プロジェクトで、①プリズム（反射鏡によって太陽光を建物内部に取込み室内環境を向上）、②グリーンキッチン（建物外部に温室を増築し、植物の浄化作用を利用して、室内環境の改善と省エネ）、③ソーラー（太陽熱を利用して住戸の消費エネルギーの50％削減）、④ファサード（太陽パネルなどをユニット化し、外壁やバルコニーとして使用、⑤ウェイスト（分別廃棄用施設と古着などの不用品を、住人同士でリサイクル・リユース）等、様々な環境共生型リノベーションの可能性を探る試みが行われた[1]。

　既設建物は18棟で、全体で350戸の集合住宅である。それぞれの所有形式は様々で、賃貸住宅、市営住宅、コンドミニアムなどに分かれている。建物の建設年代は今から約120年ほど前であり、住戸の大部分が浴室のない2部屋だけの住戸であった。しかも、住戸のほとんどが老朽化しており、貧弱な設備と旧式の暖房設備しか備わっていないという状態であった。

　実験プロジェクトではあるが、120年も前に建設された古い集合住宅に最新の設備やアイデアを取り入れ、環境に配慮したリノベーション事例である。

従前のコンクリートパネル工法の住宅

減築：建物一部を除却した通り抜けの道

自由なファサード
現在は、職業訓練学校として改修されているが、以前は従前の住宅と同じくコンクリートパネル工法で作られた学校であった。新しいデザインで再生されている。ただ、既存外壁の上に作られた新たな外壁は、他の住棟と同様に厚めの断熱材を貼付け、その上に吹付け仕上げという簡易なものである。

2. ライネフェルデにおける団地再生（ドイツ）

結合：住棟をつなぎエレベーターを設置

転用：住棟の1階住居部分を店舗に転用

2—大規模な団地再生リノベーション

　ライネフェルデ市は、旧東ドイツに位置する人口約1万2000人（1995年）ほどの小さな都市。東ドイツ時代に工場労働者用の大規模な住宅団地が建設され、人口も最大約1万4000人程度となったが、1989年のベルリンの壁崩壊とともに地域産業が競争力を失い、多数の入居者が職を失い団地から去ったため、空室の増加と荒廃が進んだ。1994年に市長となったラインハルト氏のリーダーシップのもと、市の活性化を目指して団地再生プロジェクトが始まった[2]。

　なお、既存の住棟は、当時東欧諸国において多く見られたコンクリートパネル工法で建設された。

　1995年10月に全体のマスタープランが完成し、それ

ぞれの建物に対してデザインコンペなどが行われた。数回にわたる建築デザインコンペを開催することで、町の新しいイメージを創出することに成功している。

　ライネフェルデでは、様々なリノベーションの手法が取入れられた。建物の一部、もしくは全部を撤去する「減築」、エレベーターのない二つの住棟間にエレベーターを新設した建物の「結合」、住棟の1階部分を店舗に改修した「転用」、パネル工法の既存住宅の単一なイメージを払拭するため、建物の外観に様々な工夫・変化を与える「自由なファサード」等である。

建設当時の全体写真
閉ざされた形態にみえる蜂の巣型の巨大な住棟配置

減築
連続する住棟を一部間引いて、住戸数を減らすと同時に、住環境の改善が図られた。

NoLIMIT Cultural Business Center
新たに新築されたコミュニティセンター

3. バイルメルメーアの団地再生 (オランダ)

改修前

改修後

団地全体配置図
連続する高層住棟を解体・間引きし、中層住棟に改築。また、商業施設やコミュニティセンターなどの整備が行われた。

3 ― コミュニティ再生を目指した団地再生

　バイルメルメーアは、アムステルダム郊外にある大規模な住宅団地で、1960年代に建設された。総面積約700ha、南北2km、東西3.5kmにわたる広大な団地で、総戸数1万4000戸・計画人口6万人。コルビュジエの「輝く都市」をコンセプトとして計画されており、大規模な幾何学的デザインが反復して用いられている[3]。

　経済成長とともに、次第に人々が高層住宅から退去し、低所得者や移民など30ヶ国を超える他人種社会に変貌した。特に1980年代、空室の増加、貧困、失業者、犯罪、コミュニティの崩壊、危険な公共空間といった問題が顕著になってきた。そのため、団地の再生事業が1990年代から計画、実行された。アムステルダム市の再生事業計画によれば、①減築による団地空間の再構築と住棟および住戸の改善、②雇用確保のための企業誘致も含めた業務施設の配置や商業施設の見直し、③住民を対象とした教育と雇用の促進などである。この事例では、建物のハード面のリノベーションだけではなく、住民の生活改善や意識改革にも取り組んでいる。

　建物リノベーションの特徴としては、①連続する高層住宅群を間引いて、減築することで住環境の向上を図る、②オープンスペースの中心部に、新たにコミュニティ施設、ショッピングセンターなどを新設し、利便性の向上を図るなどが行われた。

建設当初のガスタンク

リノベーション後のガソメーター

ガソメーターA（ジャン・ヌーベル）

ガソメーターB（コープ・ヒンメルブラウ）

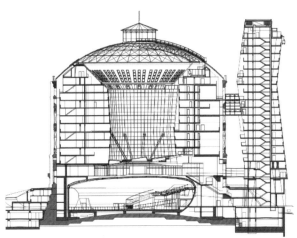
ガソメーターB断面図
4. ガソメーター（オーストリア）

5. 大釜温泉（秋田県仙北市）
1977年、子吉小学校（秋田県由利本荘市）校舎の建て替えに際し、解体予定であった校舎を建築資材に使用し、温泉旅館として再利用している。

4─コンバージョン

　ウィーンで1899年に建設された当時ヨーロッパ最大の円筒形ガスタンクが、100余年後の2001年、大規模にコンバージョンされた。従前のレンガの壁と屋根の形状を残しながら、内部は住宅、オフィス、学生寮、イベントホールなどに転換され、ウィーンの新たな都市センターとして再生された[4]。4つのガソメーターのデザインは、それぞれ別の建築家・事務所で行われている。

　ガソメーターAはフランスの建築家ジャン・ヌーヴェルが担当した。住宅戸数は602戸で、賃貸アパートとマンションで構成されている。

　その他のガソメーターは、247戸の学生寮、床面積1万1000m²のオフィス、2万m²のショッピングモール、7000m²のイベントホール、1000台の駐車スペース、12の映画館などがある。現在、約1600人がこのガソメーターに居住しており、約600人が働いている。

　このように、建物の建設当時の機能や使われ方を変更し、再生する手法はコンバージョン（転換、改造）と呼ばれ、近年、日本でも行われることが多くなってきた。例えば、秋田県仙北市にある大釜温泉[5]は、廃校となった木造の小学校を移築した温泉宿であり、他にも余剰となったオフィスビルの住宅への転換などが行われている。

　ストック時代に入った日本おいても、既存の建物に新たな機能を与える、社会構造の変化に応じたコンバージョンの増加が予想される。

冠水した状態の市街地

中型船が陸に打ち上げられた状態

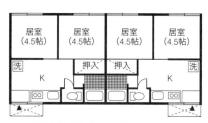

2. 一般的な仮設住宅の平面図
小家族用（2〜3人用）で、2DK（約29.7m²）。通常の仮設住宅の問題点として、①住居面積が狭い、②壁が薄く生活音が漏れやすい、③プレハブであるため夏は暑く冬は寒い、などが挙げられる。

被災した魚市場

全壊状態の鉄骨造の建物

高台につくられた仮設住宅

仮設住宅のコンビニ

1. 東日本大震災（2011年3月11日）における進まない復旧と仮設住宅
宮城県気仙沼市における震災後約3ヶ月経過時点の状況

3. "地場工務店による『村』再生"プロジェクト
白浜復興住宅（宮城県石巻市北上町）で、地元の工務店による地元木材を使った共同利用が可能な住宅1棟、個人用住宅10棟が建設された。

4　仮設住宅

1 ― 災害仮設住宅

大規模災害では多く人たちが住まいを失うため、仮設住宅が必要となる[1]。

仮設住宅には、地方公共団体が民間住宅を借上げて提供する応急借上げ住宅（東日本大震災発生直後はみなし仮設住宅と呼ばれていた）と応急建設住宅とがある。応急借上げ住宅は、①原則として、民間賃貸住宅所有者と都道府県知事とで賃貸契約を締結し、都道府県知事が被災者に使用許可を与える、②速やかに応急借上げ住宅を供与することが難しい場合、被災者自身で物件を探した上で、都道府県等に申請する方式がある。

応急借上げ住宅は、既存住宅を活用するため短期間での提供が可能だが、被災地近くでの提供が難しい。

一方、応急建設住宅は一定の敷地広さをもつ土地（公園や学校の運動場など）を一時的に確保し建設するもので、完成まで4週間程度必要で緊急性に欠ける面がある。しかし、比較的被災地の近くで一定戸数を建設するため、被災者にとっては従前のコミュニティを維持しやすい。

応急建設（仮設）住宅の規格は1戸当たり平均29.7m²（9坪）が標準とされている[2]。なお、被災者への供与は建築工事完了の日から2年以内に限られているが、近年では仮設住宅を恒久住宅として使用することも検討・実践されている[3]。ただ恒久住宅とする場合には、住宅数や建設敷地の確保のほか、法的な課題も残る。

9坪タイプ：2DK　　　　12坪タイプ：3DK　　　　6坪タイプ：1DK

建物外観写真　　　　　　　　　　　　　　　　　　　　　　　平面図

住戸内部写真

4. 女川町コンテナ多層仮設住宅（坂 茂）

建築家の坂 茂による「3階建てコンテナ仮設住宅」で189世帯、460人が入居した。坂は、東日本大震災支援プロジェクトで、宮城県女川町にコンテナの組み合わせによって、6坪タイプ（約19.8㎡）、9坪タイプ（約29.7㎡）、12坪タイプ（約39.6㎡）の3種類のプランを計画した。単身者、二人住まい用として6坪タイプ、3〜4人に9坪タイプ、それ以上の家族は12坪タイプに入居するように計画されている。

5. 紙のログハウス―神戸― 1995（坂 茂）

同じく坂によって提案された阪神・淡路大震災（1995年1月17日）における紙管を使った仮設住宅

6. 避難所用間仕切りシステム4（坂 茂）

坂が東日本大震災時に開発したPPS4（Paper Partition System 4）。大災害時における避難生活は長期に渡ることが多いため、一定のプライバシーの確保がストレス低減に重要となる。そのため、柱と梁で構成される紙管のフレームを組み立て、梁の部分に1ブース（1家族）ごとの目隠し用の布をかけた簡易な間仕切りが提案された。目隠し用の布はカーテンのように開閉可能となっている。

2―災害仮設住宅の新たな形

宮城県女川町では、野球場にコンテナによる3階建ての仮設集合住宅が建設された。平地が少ない女川町では十分な量の仮設住宅を設置する空き地が確保できなかったため、建築家の坂 茂がコンテナによる集合住宅形式の多層型仮設住宅と集会所などの計画をした[4]。

多層型仮設住宅の特徴として、
①平屋プレハブ仮設住宅より、多くの戸数を確保
②住棟間隔が大きく、プライバシーを確保
③コンテナの使用による工期の短縮
④耐震性、断熱性、遮音性、耐火性能を確保
⑤仮設住宅の使用後は、恒久的なアパートなどに再利用などを挙げている。また坂は、阪神・淡路大震災による

被災者のための仮設住宅で、安価で簡単に組み立てられ断熱性能も確保できるものとして、紙管を使った仮設住宅を提案している。この仮設住宅の基礎にはビールケースに砂袋を入れた簡単なものが使われている。また、壁と小屋組は紙管で作られ、天井と屋根にはテント生地の膜を使用している[5]。このように、仮設住宅の建設コストを抑えるだけでなく、使用後の解体や残材の処分の容易さ、リサイクル費用の低減なども考慮し、さらに居住面、デザイン面からも災害仮設住宅のイメージを大きく変える提案がなされた。

さらに坂は、大規模災害時の避難所として利用される体育館で、被災者の目線から避難所生活のストレスを低減させるための間仕切りシステムも提案している[6]。

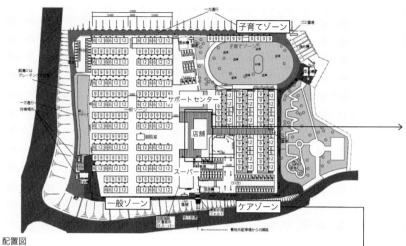

配置図

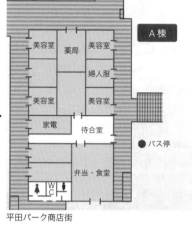

平田パーク商店街

向かい合わせのケアゾーン

住棟縁側デッキ

商店街

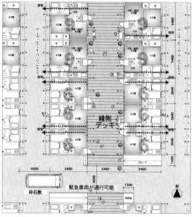

ケアゾーン　配置平面図　向かい合わせの住棟配置

7. コミュニティケア型仮設住宅「平田第6仮設団地」

「一般ゾーン」も「ケアゾーン」も住棟を向かい合わせとしている。また、「ケアゾーン」では住棟間にデッキがつくられるとともに、「サポートセンター」や「平田パーク商店街」ともデッキでつながり、バリアフリー化が図られている。

3─災害仮設住宅におけるコミュニティ形成

岩手県釜石市では、東日本大震災の災害復旧住宅計画で、東京大学高齢社会総合研究機構の提案を受け、「コミュニティケア型仮設住宅」が建設された。

仮設住宅以外に介護施設や託児所を併設し、高齢者の孤立防止や地域のコミュニティづくりが目的とされた。

2011年8月10日に、釜石市大字平田にある平田公園の敷地を利用して、「コミュニティケア型仮設住宅」である平田第6仮設団地が実現した[7]。この仮設団地では、高齢者や障害者のためのバリアフリー化を図る「ケアゾーン」、子育て世帯向けの「子育てゾーン」、従来の住棟配置を見直して、住棟入口の向かい合わせによるコミュニティの形成促進を図るなど新たな取組みがなされた。さらに、

仮設住宅住民の相談やデイサービスなどの支援を行う「サポートセンター」、診療所、店舗といった日常生活機能が整備され、一つの街を形成していることが大きな特徴である。

団地構成は、「ケアゾーン」60戸、「子育てゾーン」10戸、「一般ゾーン」170戸（総戸数240戸）であり、釜石市内において最大の仮設団地である。

「ケアゾーン」の計画では、「サポートセンター」や商店街など各種機能をウッドデッキでつなぐバリアフリー化が図られた。また、団地内の「平田パーク商店街」にはスーパーマーケット、薬局、美容室、家電店、弁当惣菜店、事務所などが入居した。仮設住宅の建設だけでなく、地域コミュニティ創出の重要性も考えられている。

外観

内観

幅1.2mの段ボール材を24枚重ねてピース部材を製造

8. 段ボールハウス

外観

内観

発泡ポリスチレン部品を組み合わすドーム型建造物

9. 発泡ポリスチレンハウス

10. ケレットハウス（ヤクグ・シュチェスニー）
（写真左）両側の建物の隙間に挿入されている
（同中）鉄骨の4層構造で、1階から可動式の階段で住宅に入る。
2階には、キッチン、シャワールーム、トイレ、3階はベッドルーム、
4階には容量50リットルの貯水槽が置かれている。
（同右）3階、2階部分内観

4 — その他の住宅

（1）段ボールハウス

　耐水加工等を施した段ボール材を24枚重ねた構造で、表面を木材パネルで保護した住宅（Wikkel house）をオランダのフィクション・ファクトリー社が開発した。仮設住宅としても利用できるが、メーカーによると住宅としての耐用年数も50年以上あるとされる。また、住宅重量も軽いため簡易な基礎工事で済み、さらに、すべての素材もリサイクルが可能である[8]。

（2）発泡ポリスチレンハウス

　日本で初めて「発泡ポリスチレンを構造材としたドーム型建造物」として国土交通省から認定を受けた、新しい素材による建物（ドームハウス）。建物を構成するピー

ス1枚の重量は80kg、施工も容易でクレーンも必要とせず、7日間程度で構造躯体の建設が可能。スタンダードグレードである7700型は、直径7.7m、高さ外形4.05m、面積44.2m²、発泡ポリスチレンの壁厚は20cmである[9]。

（3）ケレットハウス

　ケレットハウス（Keret House）は、ワルシャワにある古い建物の隙間につくられた住宅で、最も幅の狭い場所で92cm、1ベッドルーム、キッチン、シャワールーム、リビングエリアがある。電気は隣接建物から得ているが公共水道はない。なお、この住宅はポーランドの建築基準法を満たしていないため、住宅ではなくアートインスタレーションとされている[10]。

索引

II-4、II-5 掲載作品一覧 (作品/設計者名)

図版出典、クレジット

表記のないものは、各執筆担当者の撮影・提供等による。
URL は、2018 年 9 月時点のもの。

I -1

1 節

2. パブリックドメイン
3. John Begay, *Mesa Verde National Park - Grand Canyon Collective*, <http://grandcanyon collective. com/2017/12/09/mesa-verde-national-park/>
4. il Fatto Teramano, *La disarmante bellezza dei Sassi di Matera*, <http://www. ilfattoteramano. com/2015/06/14/la-disarmante-bellezza-di-matera/2-case-grotte-nellaltopiano-della-murgia>
7. 〈下〉 Savannah Technical College, *CENTER FOR TRADITIONAL CRAFT TO MAKE SAVANNAH GREY BRICKS WITH HISTORIC HOMEOWNERS ACADEMY*, <https://www. savannahtech. edu/2016/09/29/center-traditional-craft-make-savannah-grey-bricks-historic-homeowners-academy/>
8. 〈下〉Nazareth Village, *Roofs*, <http://www. nazarethvillage. com/blog/2015/02/24/roofs/>
12. 〈写真〉提供：大吉

2 節

3. Bernard Rudofsky, *Architecture Without Architects*, University of Mexico Press, P. 115
4. © （Licensed under CC BY-SA 4.0) Diego Delso, "*Building in Yazd, Iran*, <https://commons. wikimedia. org/wiki/File:Edificios_en_Yazd,_Ir % C3% A1n,_2016-09-21,_DD_17. jpg>
7 〈左〉© （Licensed under CC BY-SA 3.0) 22Kartika, *Traditional Toraja House in Kete Kesu Village, Tana Toraja - South Sulawesi, Indonesia*, <https://commons. wikimedia. org/wiki/File:Traditional_Toraja_House. JPG>
　〈中〉提供：奈良県立橿原考古学研究所附属博物館
　〈右〉© （Licensed under CC BY-SA 3.0) Azuncha「ja: 箱木家住宅」<https://commons. wikimedia. org/wiki/File:Hakogike_house01. jpg>
9. © （Licensed under CC BY-SA 4.0) Ktmchi, 法隆寺聖霊院の御簾 <https://commons. wikimedia. org/wiki/File:G411-HR07-10. jpg>
10. 提供：一般社団法人日本ログハウス協会
11. © （Licensed under CC BY 3.0) pakku, 水上のイグルー <https://commons. wikimedia. org/wiki/File:%E6%B0%B7%E4%B8%8A%E3%81%AE%E3%82%A4%E3%82%B0%E3%83%AB%E3%83%BC_-_panoramio. jpg>
13. © （Licensed under CC BY 3.0) Tizianok, *Colmar, Alsace*, <https://commons. wikimedia. "org/wiki/File:Colmar_-_Alsace. jpg>
14. 提供：西安金橋国際旅行社
15. 〈上〉© （Licensed under CC BY-SA 4.0) Leon petrosyan, *Cave dwelling*, <https://commons. wikimedia. org/wiki/File:Matmata,_cave_dwelling. jpg>
16. De lacasitaconruedas, *Cabo de Gata, Alpujarra y Comarca de Guadix*, <https://lacasita conruedas." wordpress. com/2013/03/22/cabo-de-gata-alpujarra-y-comarca -de-guadix/>
17. Michele Pasquale, *Chipaya, 1st EUAV mission in the field: a photo-reportage*, <http://chipaya. org/?p = 952>
18. 〈上〉© （Licensed under CC BY 3.0) Jacques Taberlet, *Koussoukoingou, Atakora, Benin*, <https://commons. wikimedia. org/wiki/File:Koussoukoingou2. jpg>
　〈下〉designboom, *musgum earth architecture*, <https://www. designboom. com/architecture/musgum-earth-architecture/>
20. 〈上〉Elhadji Mamadou GUEYE, *Elhadji Mamadou GUEYE*, <https://lepaveblog. com/2018/01/18/les-cases-a-impluvium-de-la-casamance/>
　〈下〉パブリックドメイン
21. Christian Scorzoni, *TRY A COOL NEW WAY TO CAMP … STAY IN A YURT！*, <https://theactivedad. wordpress. com/2011/02/26/cool-new-way-to-camp-stay-in-a-yurt/>
22. 〈上〉ceji, *Nuits dans le desert*, <http://www. sabria. org/sahara-tunisie-nuit-dans-le-desert. php>
　〈下〉提供：㈱ファイブスタークラブ
24. © （Licensed under CC BY 2.0) Torben Venning, *Flotilla at Lahad Datu Water Front*, <https://commons. wikimedia. org/wiki/File:Bajau_Laut_Pictures_2. jpg>
25. © （Licensed under CC BY 2.0) ralph repo, *Fisher Families With Junks In Aberdeen Harbor, Hong Kong Island* ［c1946］ *Hedda Morrison* ［RESTORED］, <https://flic. kr/p/7n4Y5b>
26. パブリックドメイン
28. © （Licensed under CC BY 3.0) Stephen Sommerhalter, *Sausalito houseboats*, <https://commons. wikimedia. org/wiki/File:Sausalito_houseboats. JPG>
29. パブリックドメイン
30. © （Licensed under CC BY-SA 3.0) C. m. b, *Pitigliano, Ort & Datum: Ende August 2006*, <https://de. wikipedia. org/wiki/Datei:Pitigliano_Cmb. JPG>
31. *Korowai Tree Houses in New Guinea - Indonesia - BEST HOUSE DESIGN*, <http://www. bienvenuehouse. com/korowai-tree-houses-in-new-guinea-indonesia/>
33. 〈左〉Portal Putokaz, *Jezero Titikaka*, <http://www. putokaz. me/reportaze-glavni/2460-jezero-titikaka>
　〈右〉Federico Abuaf, *Lago Titicaca: las aguas magicas*, <https://www. lanacion. com. ar/1488503-lago-titicaca-las-aguas-magicas>
36. 〈中〉ギリシャ観光協会パンフレット「meteora」
39. © （Licensed under CC BY-SA 3.0) Marcok di it. wiki, *Trulli strung along via Monte Pertica in Alberobello, province of Bari, Italy*, <https://commons. wikimedia. org/wiki/File:Trulli_Alberobello11_apr06. jpg>
42. 撮影：畑中久美子
43. 撮影：畑中久美子
45. 〈下〉パブリックドメイン

I -2

1 節

1. B. GALLION SIMON EISNER, *The Urban Pattern: City Planning and Design*, D. NOSTRAND COMPANY, INC. 1959, p.10
2. 作図：大久保栄次
3. 撮影：大久保栄次
5. B. GALLION SIMON EISNER, *The Urban Pattern: City Planning and Design*, D. NOSTRAND COMPANY, INC. 1959, p.16
6. 〈左〉パブリックドメイン
　〈右〉© （Licensed under CC BY 3.0) sailko, *Ricostruzione del giardino della casa dei vetii di pompei*, <https://commons. wikimedia. org/wiki/File:Ricostruzione_del_giar dino_della_casa_dei_vetii_di_pompei_(mostra_al_giardino_di_boboli,_2007)_01. JPG>
8. 〈写真〉北京慣辰創意設計有限公司、中国的四合院、才是真正的豪宅! <http://www. mcades. com/html/anli/2018/1219/1292. html>
9. 〈写真〉撮影：保木井雅春
10. 〈上〉© （Licensed under CC BY 3.0) Myrabella, *Palazzo Farnese in Rome*, <https://commons. wikimedia. org/wiki/File:Palais_Farnese. jpg>
10. 〈下〉Are. na, *Floor plan of the Palazzo Farnese, Rome*, <https://www. are. na/brooke-dexter/palace-plans>
11. 〈上、下右〉パブリックドメイン
　〈下左〉© （Licensed under CC BY 3.0) Philip Schäfer, *La Rotonda*, <https://commons. wikimedia. org/wiki/File:La_Rotonda. png>
12. 〈左〉パブリックドメイン
　〈右〉© （Licensed under CC BY 3.0) Velvet, *Le Royal Crescent à Bath*, <https://commons. wikimedia. org/wiki/File:Bath_royal_crescent. jpg>
14. 〈写真〉撮影：水上優
15. 〈左〉撮影：奥佳弥
　〈中〉© Stijn Poelstra <https://www. archilovers. com/stories/27133/iconic-houses-rietveld-schroder-house. html>
16. 〈写真〉James Steele, *R. M. Schindler*, TASCHEN, 1999, P52
17. 〈左〉La Redaction, *La maison La Roche par Le Corbusier - Elle Decoration*, <http://www. elle. fr/Deco/Art-decoration/La-maison-La-Roche-par-Le-Corbusier#La-maison-La-Roche-par-Le-Corbusier13>
　〈中〉撮影：水上優
18. 〈左〉© （Licensed under CC BY 3.0) Los Angeles, *Lovell House*, <https://commons. wikimedia. org/wiki/File:Lovell_House,_Los_Angeles,_California. JPG>
　〈中〉© Architects Zone / HL <https://architects. zone/interior-design-color-and-psychology/>
19. 〈左〉© （Licensed under CC BY 3.0) Daniel Fišer, *Villa Tugendhat, Brno*, <https://de. wikipedia. org/wiki/Datei:Villa_Tugendhat-20070429. jpeg>
　〈中〉© （Licensed under CC BY 3.0) Lehotsky, *Vila Tugendhat（Brno）*, <https://commons. wikimedia. org/wiki/File:Vila_Tugendhat_（Brno）_onyxov % C3% A1_st % C4%9Bna. JPG>
21. 〈左〉撮影：水上優
　〈中〉*visit pittsburgh* <https://www. visitpittsburgh. com/directory/frank-lloyd-wrights-fallingwater/>
22. 〈左〉© （Licensed under CC BY 3.0) Victor Grigas, *Farnsworth House by Mies Van Der Rohe*, <https://commons. wikimedia. org/wiki/File:Farnsworth_House_by_Mies_Van_Der_Rohe_-_exterior-6. jpg>
　〈中〉KRUECK + SEXTON, *Farnsworth House Restoration*, <https://www. ksarch. com/psv-farnsworth>
23. 〈左〉パブリックドメイン
　〈中〉*AD Classics: Vanna Venturi House / Robert Venturi*, <hhttps://www. archdaily. com/62743/ad-classics-vanna-venturi-house-robert-venturi>
24. 〈左〉© （Licensed under CC BY 3.0) Hiro-o, *InsulaAPH*, <https://ja. wikipedia.

org/wiki/%E3%83%95%E3%82%A1%E3%82%A4%E3%83%AB:InsulaAPH. jpg〉

〈中〉パブリックドメイン

25. 〈上左〉*Le Corbusier et Pierre Jeanneret : Oeuvre complète de 1910-1929, septieme edition,* les editions girsberger（Zurich）、1960, p.30

〈上右〉*Le Corbusier et Pierre Jeanneret : Oeuvre complète de 1910-1929, les editions girsberger（Zurich）、1960, p.31*

〈右〉*Le Corbusier et Pierre Jeanneret : Oeuvre complète de 1910-1929, septieme edition,* les editions girsberger（Zurich）、1960, p.98

26. 〈左〉ⓒ（Licensed under CC BY 4.0）JosepBC, *Cité Frugès*, <https://commons. wikimedia. org/wiki/File:Cit%C3%A9_Frug%C3%A8s,_Pessac_08. jpg>

27. ⓒ（Licensed under CC BY 3.0）Mangan2002, *Gartenstadt Falkenberg "Tuschkastensiedlung"* Oktober 2012 <https://commons. wikimedia. org/wiki/File: Tuschkastensiedlung_Reihenh%C3%A4user_Gartenstadtweg_Oktober_2012. jpg>

28. ⓒ（Licensed under CC BY 3.0）Shaqspeare, *Hufeisensiedlung*, <https://commons. wikimedia. org/wiki/File:Hufeisensiedlung. jpg>

29. ⓒ（Licensed under CC BY 2.0）Sludge G, *Modernist Hufeisensiedlung of Bruno Taut, Berlin Britz,* <https://www. flickr. com/photos/sludgeulper/7979573930>

30. 〈左〉ⓒ（Licensed under CC BY 3.0）Veitmueller, *Weissenhof-Luftbild*,<https:// commons. wikimedia. org/wiki/File:Weissenhof-Luftbild-2004.01. jpg>

〈右〉ⓒ（Licensed under CC BY 3.0）Andreas Praefcke, *Stuttgart, Weißenhofsiedlung, Haus Le Corbusier,* <https://commons. wikimedia. org/wiki/File:Weissenhof_Corbusier _03. jpg>

31. *Le Corbusier et Pierre Jeanneret : Oeuvre complète de 1910-1929,* vol. 1, p.36

32. *Le Corbusier et Pierre Jeanneret : Oeuvre complète de 1929-1934,* vol. 2, p.93

2節

1. 西田雅嗣・矢ヶ崎善太郎 編『カラー版 図説 建築の歴史』学芸出版社、2013、p.68（作画: 野村彰）

3. 西田雅嗣・矢ヶ崎善太郎 編『カラー版 図説 建築の歴史』学芸出版社、2013、p.78（作画: 野村彰）

4. 平井聖『図説 日本住宅の歴史』学芸出版社、2013、p.25

5. 西田雅嗣・矢ヶ崎善太郎 編『カラー版 図説 建築の歴史』学芸出版社、2013、p.84（作画: 野村彰）

7. 〈写真〉提供:園城寺

8. 西田雅嗣・矢ヶ崎善太郎『カラー版 図説 建築の歴史』学芸出版社、2013、p.108（作画:野村彰）

9. 〈変遷図〉西山夘三「住居」論考に掲載の「日本住宅平面の発達」を参考に作図

〈平地住居〉提供:奈良県立橿原考古学研究所附属博物館

〈平安京の町家〉年中行事絵巻考 3 巻

〈通り庭〉協力:京町家作事組

〈藤原豊成殿〉伊藤行『鹿児島大学工学部研究報告 1 巻』1961、pp.71-80

〈紫宸殿〉ⓒ（Licensed under CC BY 1.0）Saigen Jiro, 京都御所 紫宸殿 <https:// commons. wikimedia. org/wiki/File:Kyoto-gosho_Shishinden_zenkei-5. jpg>

〈園城寺・光浄院客殿〉写真提供:園城寺

〈田の字型プラン〉写真提供:宮城県教育委員会

17. 〈下〉撮影:増沢建築設計事務所

18. 〈左〉作画:堀啓二

19. 〈左〉西田雅嗣・矢ヶ崎善太郎 編『カラー版 図説 建築の歴史』学芸出版社、2013、p.157（作画:野村彰）

〈中〉撮影:下村純一

21. 〈左〉QUADERNS <http://quaderns. coac. net/en/2013/05/shinohara/>

〈中〉尾上亮介・竹内正明・小池志保子『図解ニッポン住宅建築』学芸出版社、2008、p.50

22. 〈写真〉提供:積水化学工業㈱住宅カンパニー

23. 〈写真〉撮影:多木浩二

24. 〈写真・図版〉提供:安藤忠雄建築研究所

25. 〈写真・図版〉提供:安藤忠雄建築研究所

26. 〈左〉撮影:伊東豊雄建築設計事務所

27. 〈左〉撮影:平井広行　〈中〉提供:難波和彦・界工作舎

28. ⓒ（Licensed under CC BY 2.0）kntrty, 軍艦島 <https://www. flickr. com/photos/ kntrty/3720075234/>

30. 〈写真〉撮影:山内尚志

II-1

1節

1. 〈左〉西田雅嗣・矢ヶ崎善太郎編『カラー版 図説 歴史の歴史』学芸出版社、2013、p.106（作画:野村彰）

〈中〉岡田孝男『京の茶室　西山・北山編』学芸出版社、1989、p.33

4. ⓒ（Licensed under CC BY-SA 3.0）Vitruvian Man <https://commons. wikimedia. org/wiki/File:Da_Vinci_Vitruve_Luc_Viatour. jpg?uselang = ja>

2節

1. 〈画像〉提供:I HOME

2. トーソー株式会社 HP を参考に作成

4. W. Boesiger, *Le corbusier: Œuvre complete Volume 4:1938-1946, Les Editions d' Architecture,* 1964, p.171

7. 東京都立図書館デジタルアーカイブ「建仁寺派家伝書 匠明小割図」に加筆修正

8. 〈図面〉木造建築研究フォーラム『図説 木造建築辞典 基礎編』学芸出版社、1995

〈写真〉s_minaga, 備後浄土寺 <http://www7b. biglobe. ne. jp/~s_minaga/hoso_zyodoji..htm>

14. ロバート・ソマー『人間の空間』鹿島出版会、1972

3節

1. パナソニック　住まいの設備と建材 <http://sumai. panasonic. jp/sumu2/basic/ extra/index. html> を参考に作成

2. PP モブラー社 HP <http://www. pp. dk/index. php?page = collection&cat = 1&id = 18>

17. 〈写真〉撮影:絹巻豊

II-2

1節

4. 〈外観透視図〉提供:AiiroKoubou 小笹和子

5. 〈完成予想透視図〉提供:AiiroKoubou 小笹和子

2節

1. 〈①写真〉出典:*Caversham House* <http://www. cavershamhouse. com. au/corporate-meetings-events-swan-valley-perth/the-garden-house-dusk-1-3/>

〈④写真〉撮影:谷川ヒロシ

〈⑤写真〉撮影:多比良敏雄 / タイラ・ホート

2. 〈①写真〉出典:homeklondike, *Beautiful Design hallway and corridor,* <http://homeklondike. site/2014/04/03/beautiful-design-hallway-and-corridor/>

〈③写真〉出典:*Fall home decor*<https://fallhomedecor. org/entry-hall-design-ideas/ entry-hall-design-25-best-ideas-about-entry-hall-on-pinterest-foyer-ideas-foyer-3/>

〈④写真〉ⓒ（Licensed under CC BY-SA 3.0）Victor Grigas, *Farnsworth House by Mies Van Der Rohe,* <https://commons. wikimedia. org/wiki/File:Farnsworth_House_ by_Mies_Van_Der_Rohe_-_exterior-8. jpg>

〈①写真〉写真協力:パナソニックホームズ（株）

3. 〈②写真〉CARLA LIND, *The Wright Style* , SIMON & SCHUSTER, 1992

〈③写真〉撮影:矢野紀行

4節

1. ①②④ 写真協力:パナソニックホームズ（株）

5節

1. 〈①写真〉撮影:ナカサアンドパートナーズ 藤井浩司

〈③写真〉提供:窪田建築アトリエ

〈④写真〉出典:ТрансАРТформация <http://art. blog. libvar. bg/wp-content/uploads/sites/2/2017/10/aborotonda1_max. jpg>

〈⑤写真〉撮影:多木浩二

〈⑦写真〉撮影:近藤俊治

〈⑧写真〉撮影:上野山早紀

2. 〈①写真〉撮影:矢野紀行

〈②写真〉撮影:Pepechibiryu

〈③写真〉撮影:向山徹建築設計事務所

〈④写真〉撮影:長澤誠一郎 / 長澤建築設計工房

〈⑤写真〉撮影:DOI & PARTNERS

〈⑥写真〉撮影:矢野紀行

〈⑦写真〉撮影:矢野紀行

〈⑧写真〉撮影:Pepechibiryu

〈⑨上写真〉撮影:矢野紀行

〈⑨下写真〉撮影:多比良敏雄 / タイラ・ホート

6節

4. 〈上〉写真協力:パナソニックエイジフリー株式会社

〈下 3 点〉写真協力:パナソニックホームズ（株）

6. 〈上 3 点〉写真協力:パナソニックホームズ（株）

7節

1. 〈②写真〉撮影:西方里見 /（有）西方設計

2. 〈①写真〉撮影:鋳鍋優作

〈②写真〉ⓒ（Licensed under CC BY 3.0）Victor Grigas, *Farnsworth House by Mies Van Der Rohe,* <https://commons. wikimedia. org/wiki/File:Koumekawa. JPG>

〈④写真〉提供:安藤忠雄建築研究所

II-3

1節

1. 〈イラスト〉西田雅嗣・矢ヶ崎善太郎 編『カラー版 図説 建築の歴史』学芸出版社、2013、（作画:野村彰）

2. エドガー・ターフェル著、谷川正己ほか訳『フランク・ロイド・ライト:天才建築家の人と作品』啓学出版、1985、p.45

3. パブリックドメイン

4. 撮影：奥佳弥

5. ⓒ（Licensed under CC BY-SA 3.0）Raunaq Gupta, *A miniature replica of the Fallingwater building at MRRV, Carnegie Science Center in Pittsburgh*, <https://commons. wikimedia. org/wiki/File:Fallingwater_miniature_model_at_MRRV _Carnegie_Science_Center. JPG>

6. Rebecca Firestone, *Brooks Walker: Respectful Designs That Last*, <https://thearchitectstake." com/interviews/brooks-walker-respectful-designs/>

7. Seattle Daily Journal of Commerce, *Design Detailings: Green days at Fisher Pavilion*, (photo courtesy of Pei Cobb Freed & Partners, Architects, LLP, <http://www. djc. com/news/ae/11144270. html>

2 節

1. Willy et al., *Le Corbusier Oeuvre complete*（Vol. 1）, Artemis Zurich, 1964, p.23

2. ⓒ（Licensed under CC BY 2.0）Jean-Pierre Dalbera, *Corbusierhaus*（Berlin）, <https://flic. kr/p/aBdVrg>

4. 〈スケッチ〉Willy et al., *Le Corbusier Oeuvre complete* （Vol. 1）, Artemis Zurich, 1964, p.189

5. La Redaction, *La maison La Roche par Le Corbusier - Elle Decoration*, <http://www. elle. fr/Deco/Art-decoration/La-maison-La-Roche-par-Le-Corbusier#La-maison-La-Roche-par-Le-Corbusier13>

6. Richard Meier & Partners Architects LLP, *Grotta Residence - Richard Meier & Partners Architects*, <http://www. richardmeier. com/?projects = grotta-residence-2>

7. *Classroom_news*, <http://colorgrammar. wordpress. com/non_profit_campaigns/le-corbusier-villa-a-garches-1927/>

9. archINFORM - Sascha Hendel, *Villa Baizeau, Carthago*, <https://www. archinform. net/projekte/1968. htm>

10. Willy et al., *Le Corbusier Oeuvre complete 1946-52 (Vol. 5)*, Artemis Zurich, 1964, p.186

11. ARTE. it Srl, *Vivere nelle case progettate da Le Corbusier - Bologna - Arte. it*, <http://www.arte. it/notizie/bologna/vivere-nelle-case-progettate-da-le-corbusier-9998>

12. ⓒ Scott Frances/Esto <http://www. gwathmey-siegel. com/gwathmey-residence-and-studio/>

3 節

2. Wolf Tegethoff, *Mies van der Rohe: The Villas and Country Houses*, The MIT Press, 1985, p.43

3. パブリックドメイン

4. パブリックドメイン

5. ⓒ（Licensed under CC BY 2.0）David Wilson, *20130525 03 Farnsworth House*, <https://flic. kr/p/ghkuhG>

6. KRISTA JAHNKE-PHOTOGRAPHY + DESIGN, *moderns2*, <http://www. kristajahnke. com/moderns2. html>

7. 提供：SANAA

8. ArchDaily, *Gallery of AD Classics: Saltzman House / Richard Meier & Partners Architects*, <https://www. archdaily. com/495096/ad-classics-saltzman-house-richard-meier-and-partners-architects/5331ee4ec07a80cb6b00000a-ad-classics-saltzman-house-richard-meier-and-partners-architects-middle-level-floor-plan>

9. John Hejduk, *Mask of Medusa : works 1947-1983*, Rizzoli Intl Pubns, 1985, p.273

10. Charles Gwathmey *Charles Gwathmey and Robert Siegel Building and Project 1964-1984 (Icon editions)*, Harper & Row, 1984, p.144

11. 図版提供：安藤忠雄建築研究所

12. 広島市HPの写真に赤線記入 <http://www. city. hiroshima. lg. jp/www/contents/1300236729890/index. html>

13. ⓒ（Licensed under CC BY 3.0）Diliff, *Champ de Mars from the Eiffel Tower - July 2006*, <https://commons. wikimedia. org/wiki/File:Champ_de_Mars_from_the_Eiffel_Tower_-_July_2006. jpg>

4 節

1. Romaldo Giurgola, Jaimini Mehta, *Louis I. Kahn*, Artemis, 1975, p.116,180

2. 〈上〉Mary Ann Sullivan, *Images of the Richards Medical Research Laboratory, University of Pennsylvania by Louis I. Kahn*, <https://www. bluffton. edu/homepages/facstaff/sullivanm/pennsylvania/philadelphia/kahn/richards. html>
   〈下〉Romaldo Giurgola, Jaimini Mehta, *Louis I. Kahn*, Artemis, 1975, p.196

3. George H. Marcus and Wiliam Whitaker *The houses of LOUIS KAHN*, Yale Unibersity Press, 2013, p.44

5. 尾上亮介・竹内正明・小池志保子『図解ニッポン住宅建築』学芸出版社、2008 年、p.19

6. パブリックドメイン

7. mariabruna fabrizi, *The Plan is a Society of Rooms: Goldenberg House by Louis Kahn*（1959）*SOCKS*, <http://socks-studio. com/2014/04/08/the-plan-is-a-society-of-rooms-goldenberg-house-by-louis-kahn-1959/>

8. 尾上亮介・竹内正明・小池志保子『図解ニッポン住宅建築』学芸出版社、2008 年、p.69

9. Leonardo Benevolo, *Storia della citta 1. La citta antica*, Editori LAterza, p.168

10. Richard Weston, *Alvar Aalto*, Phaidon, 1995, p.49

12. WikiArquitectura, *Fisher House - Data, Photos & Plans - WikiArquitectura*, <https://en. wikiarquitectura. com/building/fisher-house/>

13. Archive of Affinities, *CHARLES W. MOORE, STERN HOUSE, PLAN, WOODBRIDGE, CONNECTICUT, 1970*, <https://archiveofaffinities.tumblr.com/post/40238861710/charles-w-moore-stern-house-plan-woodbridge>

5 節

1.-4. 図版提供：安藤忠雄建築研究所

6 節

1. Library of Congress, *Vanna Venturi House in Chestnut Hill, Philadelphia, Pennsylvania*, photo by Highsmith, Carol M., <https://www. loc. gov/pictures/collection/highsm/item/2011631329/>

2. ⓒ（Licensed under CC BY-SA 3.0）David Shankbone, *Sony Building New York*, <https://en. wikipedia. org/wiki/File:Sony_Building_by_David_Shankbone. jpg>

3. パブリックドメイン

4. M/S Museet for Sofart Facebook, <https://www. facebook. com/mfsdk/photos/a. 528063630543841/1613540705329456/?type = 3&theater>

5. 〈右〉Weston. R, *Key Buildings of Twentieth Century*, W. Norton & Company, 2004, p.219

6. John Hejduk, *Mask of Medusa : works 1947-1983*, Rizzoli Intl Pubns, 1985, p.268

7. 撮影：妹島和世建築設計事務所

8. 『チャールズ・W・ムーア作品集』a + u, 1978, p.306

9. 撮影：下村純一

11. ⓒ（Licensed under CC BY 2.0）IK's World Trip, *Gehry House, II*, <https://flic. kr/p/wW7VB>

13. ⓒ（Licensed under CC BY 2.0）Guilhem Vellut, *Fondation Louis Vuitton @ J d'acclimatation @ Paris*, <https://flic. kr/p/CaScbz>

14. 〈上〉Sabrina Puddu, *Eisenman, finalmente - Domus*, <https://www. domusweb. it/it/recensioni/2014/07/25/eisenman_eventually. html>
   〈下〉Peter Eisenman, *House IV, assonometria, 1971*<http://www. laboratorio1. unict. it/2006/lezioni/06_h4/pagine/04. htm>

15. CAB, *Peter Eisenman, Diagrams of transformation of House IV, 1971*, <http://www. cab. rs/en/blog/dijagram-u-arhitekturi#. W4ZhCCT7SJB>

16. Bernard Tschumi Architects, *Parc de la Vilette*, <http://www. tschumi. com/projects/3/>

17. Bernard Tschumi Architects, *Acropolis Museum*, <http://www. tschumi. com/projects/2/>

7 節

1. 撮影：梶野竜二

3. 撮影：上田宏建築写真事務所／上田宏

4. 撮影：竹中アッシュ

6. 撮影：鈴木悠

7. 提供：安藤忠雄建築研究所

8. Designalexable, *Back to the Future*, <http://designalexable-blog. tumblr. com/post/10404342651/back-to-the-future>

9. パブリックドメイン

10. 提供：安藤忠雄建築研究所

Ⅱ-4（写真クレジット）

1-1. 玄関・玄関ポーチ

1. 撮影：笹の倉舎 笹倉洋平

2. 提供：ベッダイ

3. 撮影：平井美行

4. 撮影：絹巻豊

5. 写真協力：パナソニックホームズ（株）

6. 撮影：WIZ ARCHITECTS 吉井歳晴

1-2. 移動空間

1. 撮影：山内紀人

2. 撮影：絹巻豊

3. 撮影：楠瀬友将

6. 提供：ベッダイ

7. 撮影：絹巻豊

8. 撮影：ナカサアンドパートナーズ　藤井浩司

9. 撮影：絹巻豊

1-3. リビング

1. 撮影：LifePhotoWorks　阿部治

2. ⓒ 繁田諭

3. 撮影：絹巻豊

4. 撮影：松岡満男、図版提供：安藤忠雄建築研究所

1-5. サニタリー

1. 撮影：〈左〉植田三代治、〈右3点〉市川かおり

2. 撮影：絹巻豊

4. 撮影：鈴木研一

1-6. 和室
1-3. 撮影:松村芳治
1-7. フリースペース
1. 撮影:矢野紀行
2. 撮影:中村絵写真事務所　中村絵
3. 撮影:池田ひらく
4. 撮影:絹巻豊
2-1. 寝室
1. 撮影:平井美行
2. 提供:ベツダイ
3. 撮影:表恒匡
2-2. 子供のための空間
1. 撮影:SOYsource 建築設計事務所
2. 撮影:御手洗龍建築設計事務所
3. 撮影:萩野智香建築設計事務所
4. 撮影:矢野紀行
2-3. 高齢者等のための空間
1. 撮影:木村真理子
2. 撮影:絹巻豊
2-4. 収納空間
1. 撮影:WIZ ARCHITECTS 吉井歳晴
2. 撮影:市川かおり

Ⅱ-5（写真クレジット）────────────
1-1. 内にひらく
1. 撮影:平井広行
2. 撮影:絹巻豊
1-2. 外にひらく
1. 撮影:内藤廣建築設計事務所
2. Ⓒ 三分一博志建築設計事務所
3. 撮影:大竹静市郎
4. 撮影:山内紀人
1-3. 狭小敷地
1.2. 撮影:アトリエ・ワン
4. 撮影:絹巻豊
1-4. 変形敷地
1. 〈写真上2点〉撮影:Kazuo Fukunaga、〈写真下〉撮影:長田直之 / ICU
2. 撮影:鈴木豊
3. 撮影:絹巻豊
4. 撮影:石井修 / 美建・設計事務所
5. 撮影:絹巻豊
1-5. 斜面地
1. 撮影:冨田秀雄建築アトリエ
2. 撮影:絹巻豊
3. 撮影:矢野紀行
4. 撮影:矢野紀行
2-1. 多世帯の家
1. 撮影:絹巻豊
2. 撮影:萩原ヤスオ
2-2. 趣味の家
1. 撮影:絹巻豊
2. 撮影:青砥聖逸
3. 撮影:市川かおり
5. 撮影:絹巻豊
2-3. 仕事の家
1. 撮影:駒井貞治の事務所
2. 撮影:上田宏
3. 撮影:増田好郎
4. 撮影:多田ユウコ
2-4. シェアする家
1. 提供:篠原聡子+内村綾乃 / 空間研究所 Astudio
2. 撮影:西川公朗
3. 提供:Eureka
4. 撮影:鳥村鋼一
3-1. ピロティ
1. 撮影:山田新治郎
2. 撮影:吉村靖孝
3-2. 屋上利用
2. 撮影:リネア建築企画
3. 撮影:絹巻豊

4. 〈写真上、下左〉撮影:木田勝久／FOTOTECA、〈写真下右、スケッチ〉手塚建築研究所
3-3. 回遊
1.2. 撮影:絹巻豊
3-4. ワンルーム
1. 〈室内〉Chicago Architecture Center, *Farnsworth House interior*, Photo by Eric Allix Rogers, <https://www. architecture. org/tours/detail/farnsworth-house-by-bus/>
1. 〈外観〉Ⓒ (Licensed under CC BY 3.0) Victor Grigas, *Farnsworth House by Mies Van Der Rohe*, <https://commons. wikimedia. org/wiki/File:Farnsworth_House_by_Mies_Van_Der_Rohe_-_exterior-6. jpg>
2. 撮影:下村純一
3. 撮影:オオノヨシオ建築設計事務所
4. 撮影:ナカサアンドパートナーズ 藤井浩司
4-1. 木造在来軸組構造
1. 撮影:増沢建築設計事務所
2. 撮影:山内紀人 〈模型写真〉撮影:北澤弘
4-2. ツーバイフォー工法
1. 今村仁美・田中美都『図説やさしい建築一般構造』学芸出版社、2009、p.70
4. 提供:ベツダイ
4-3. 木質系構造
1. 撮影:淺川敏
2. Ⓒ 太田拓実
4-4. 混構造
1. 撮影:西方里見／(有)西方設計
2. 撮影:絹巻豊
4-5. 鉄筋コンクリート造
1. 今村仁美・田中美都『図説やさしい建築一般構造』学芸出版社、2009、p.118
2. 提供:(株)ヤン
3. 撮影:松岡満男
4. 提供:貴志環境企画室
5. 今村仁美・田中美都『図説やさしい建築一般構造』学芸出版社、2009、p.118
6. 提供:安藤忠雄建築研究所
7. 撮影:絹巻豊
8. 撮影:松村康平
4-6. 鉄骨造
1. 撮影:平山忠治
2. 撮影:平井広行
3. 撮影:鈴木研一
4. 撮影:妹島和世建築設計事務所
4-7. 各種構造
2. 撮影:笠原一人
3. 撮影:傍島利浩
4. 〈外観〉Alyssa Bird, *Building for a Better Future in Bali*, Photo by Isabella Ginanneschi, <https://www.architecturaldigest.com/gallery/bali-sustainable-visions-book/amp>
〈室内〉Lidija Grozdanic, *inhabitat interview*, <https://inhabitat.com/interview-ibuku-founder-elora-hardy-on-creating-amazing-sustainable-buildings-with-bamboo/green-village-ibuku-4/>
〈WC〉Catriona Mitchell, *Bamboozled at Sharma Springs, Green Village Bali*, <http://ubudnowandthen.com/bamboozled-at-sharma-springs-green-village-bali/>

Ⅱ-6 ───────────────────
1 節
1. Ⓒ (Licensed under CC BY 2.0) Jorge Láscar, *Salon de Compagnie - Petit Trianon*, <https://www. flickr. com/photos/jlascar/24220752721>
2. 撮影:寺本麻衣子
3. 写真協力:パナソニックホームズ(株)
4. Ⓒ(Licensed under CC BY SA-3.0) Jo, *Imperial Hotel Osaka 2F lobby 20120701-001. jpg*, <https://commons. wikimedia. org/wiki/File:Imperial_Hotel_Osaka_2F_lobby_20120701-001. jpg>
5. 〈左上〉撮影:絹巻豊 〈左下〉撮影:向山徹建築設計事務所
6. Randall Whitehead, *RESIDENTIAL LIGHTING*, Rockport Publishers. Inc, 1993
7. 提供:(株)八木研
9. Ⓒ(Licensed under CC BY-NC-ND 2.0) Steve Silverman, *Luis Barragan's Casa Gilardi-dining room and swimming pool*, <https://www. flickr. com/photos/pov_steve/4487101200/>
10. パブリックドメイン
11. 〈左〉REFRESH<https://homedecoratingandstaging. wordpress. com/>
〈右〉Ⓒ (Licensed under CC BY 3.0) 663highland, 観音院 <https://commons. wikimedia. org/wiki/File:Kannonin_Tottori16s4470. jpg>
13. 〈下〉Ⓒ (Licensed under CC BY 3.0) 663highland, 旧岡田家住宅 <https://commons. wikimedia. org/wiki/File:Old_okada_house05_800. jpg>

14. 〈下〉撮影:谷重義行建築像景
15. 〈左〉CARLA LIND, *The Wright Style,* SIMON & SCHUSTER, 1992
〈中〉写真協力:パナソニックホームズ(株)
〈右〉撮影:(株)プライズ
16. 撮影:ナカサアンドパートナーズ
17. 〈上〉写真協力:パナソニックホームズ(株)
〈下〉CARLA LIND, *The Wright Style,* SIMON & SCHUSTER, 1992
18. 写真協力:パナソニックホームズ(株)
19. 〈右〉撮影:矢野紀行
20. 〈右〉撮影:矢野紀行
21. 〈右〉撮影:後藤組設計室 後藤智揮
23. 〈右〉© (Licensed under CC BY-SA 3.0) Poepoe, *Pantheon dome,* <https://commons.wikimedia. org/wiki/File:Pantheon_oculus. jpg?>
26. 〈下〉撮影:(株)ジーシーオー
28. Carol Soucek King, *DESIGNING WITH TILE, STONE & BRICK The Creative Touch,* PBC INTERNATIONAL. INC, 1995
30. Randall Whitehead, *RESIDENTIAL LIGHTING,* Rockport Publishers. Inc, 1993
32. 写真協力:パナソニック(株)ライフソリューションズ社
35. 〈①写真〉撮影:向山徹建築設計事務所
〈③写真〉撮影:矢野紀行
〈⑤写真〉trendir. com, *House With Wood-Look Concrete Covering,* <https://www.trendir.com/hillside-house-with-wood-look-concrete-covering/>
36. 〈③写真〉撮影:矢野紀行
〈④写真〉© (Licensed under CC BY-SA 3.0) PlusMinus, 源光庵「悟りの窓」「迷いの窓」<https://ja. wikipedia. org/wiki/% E3% 83% 95% E3% 82% A1% E3% 82% A4% E3% 83%AB:GenkoAn_Windows. jpg>
37. ②③ 写真協力:パナソニックホームズ(株)
〈④写真〉撮影:長澤誠一郎/長澤建築設計工房
〈⑤写真〉撮影:絹巻豊
38. 〈⑤写真〉撮影:DOI & PARTNERS
39. ①パブリックドメイン
④ © (Licensed under CC BY-ND 2.0) Yuki Yaginuma, *Tea Room*/ 茶室 <https://ja. wikipedia. org/wiki/% E3% 83% 95% E3% 82% A1% E3% 82% A4% E3% 83% AB:GenkoAn_Windows. jpg>
⑥ CARLA LIND, *The Wright Style,* SIMON & SCHUSTER, 1992
40. 写真協力:パナソニックホームズ(株)
41. ②③⑤ 写真協力:パナソニックホームズ(株)
④ © (Licensed under CC BY-SA 4.0) STA3816, 福岡県田川市、池のおく園の茶室「露庵」<https://commons. wikimedia. org/wiki/File:Ikeno-okuen_Roan_tearoom_01. jpg?uselang = ja>

2 節
1. 〈枯山水〉撮影:縄手真人
2. 〈中〉© (Licensed under CC BY 2.0) 田中十洋、*Washbowl / TSUKUBAI / 蹲* <https://commons. wikimedia. org/wiki/File:Tsukubai_Rengeji_3_ (Kyoto, _Sakyo-ku). jpg?uselang = ja>
4. 〈左〉(Licensed under CC BY 3.0) Naoya Fujii, *Garden & House,* <https://www. flickr.com/photos/naoyafujii/8595319310/>
5. 撮影:矢野紀行
6. 〈左〉撮影:長澤誠一郎/長澤建築設計工房
8. © (Licensed under CC BY-NC 2.0) Patrick Vierthaler, 野仏庵 <https://www. flickr.com/photos/pv9007/with/34561576196/>
9. 撮影:田中賢治
11. CARLA LIND, *The Wright Style,* SIMON & SCHUSTER, 1992
12. 撮影:矢野紀行
13. © (Licensed under CC BY 2.0) Indrik myneur, *Ine* (伊根町) <https://www. flickr.com/photos/21147679 @ N08/10804320664>
14. 撮影:木田勝久/FOTOTECA
17. 撮影:(株)タケダ造園

III
2 節
3. 〈図〉Hilde Heynen, *Uncanny and In-Between: The Garage in Rural and Suburban Belgian Flanders,* <https://www.researchgate.net/publication/236830346_Uncanny_and_In-Between_The_Garage_in_Rural_and_Suburban_Belgian_Flanders/figures?lo=1>
〈写真〉wttw, *Radburn, New Jersey,* <https://interactive.wttw.com/ten/towns/more/radburn>
8. 〈上左〉TAUTs HOME <http://www. tautes-heim. de/en/welterbepfad. php>
〈上中〉Architecture, urbanism and design blog created by Enrique P?rez Rodero, *THE HUFEISENSIEDLUNG IN BERLIN BY BRUNO TAUT & MARTIN WAGNER*(72),<https://artchist. wordpress. com/2016/09/29/the-hufeisensiedlung-in-berlin-by-bruno-taut-martin-wagner/the-hufeisensiedlung-in-berlin-by-bruno-taut-martin-wagner-72/>

11. 〈左上〉Natalia Collarte, *The Woonerf Concept,* <https://nacto.org/docs/usdg/woonerf_concept_collarte.pdf>
〈左 下〉Traffic Choices, *SPEED HUMPS,* <https://www.trafficchoices.co.uk/traffic-schemes/speed-humps.shtml>
15. 16. 伏見建・朴賛弼『図説やさしい建築設備』学芸出版社、2017

3 節
2. 〈左〉sygic taravel, *Unité d'Habitation - Cité Radieuse,* <https://maps.sygic.com/?utm_source=content-pages&utm_medium=cta&utm_campaign=poi#/?item=poi:5256&map = 13,43.261331,5.362015&gallery>
3. 〈写 真〉atelier5, *Siedlung Halen, Herrenschwanden,* <https://atelier5. ch/arbeiten/1961-siedlung-halen-herrenschwanden?cat = &cHash = eb25c5113f2a9df4fae0029cad975f5c5>
5. 〈写真〉現代計画研究所 <http://gkk-tokyo. com/projects/construction/1976/mito/index. html>
6. 〈写真上2点〉撮影:松岡満男 〈写真下、図版〉提供:安藤忠雄建築研究所
8. 〈写真〉関西大学 戦略的研究基盤団地再生リーフレット <http://www. kansai-u. ac. jp/ordist/ksdp/danchi/172. pdf>
10. 〈写真〉大阪ガス実験集合住宅 NEXT21 <http://www. osakagas. co. jp/company/efforts/next21/feature/feature2. html>
〈図面〉大阪ガス実験集合住宅 NEXT21 HPを参考に作成
11. 〈写真〉撮影:折田泰宏
12. 〈写真〉長谷川逸子・建築計画工房
14. 〈写真〉提供:コレクティブハウジング社 撮影:松本路子
15. 提供:西沢立衛建築設計事務所
16. STEFANO BOERI ARCHITETTI<https://www. stefanoboeriarchitetti.net/en/project/vertical-forest/>

IV
1 節
1. 総務省統計局「住宅・土地統計調査」2013
3. 提供:(株)八清
4. 提供:bonnecura
5. 提供:bonnecura

2 節
1. 〈写真〉撮影:絹巻豊
2. 提供:青木茂

3 節
1. The demonstration projects in Hedebygade, SBS
3. 〈配置図〉failedarchitecture. com
4. 〈写真左上〉© Siegfried Albrecht and Thomas Wagner <www. wiener-gasometer. info>
〈写真左 下〉*Floornature,* <http://www.floornature.de/vienna-gasometer-city-j-nouvel-coop-himmelb-l-au-m-wedhorn-w-holzbauer-4110/>
〈写真中〉*Wohnfonds_wien,* photo by Klomfar<http://www.wohnfonds.wien.at/media/file/Neubau/abgeschl_wettbewerbe/11_Gasometer.pdf>
〈写真右、図面〉© Coop Himmelb(l)au - Wolf D. Prix & Partner, *DIVISARE,* <https://divisare.com/projects/259726-coop-himmelb-l-au-wolf-d-prix-partner-helmut-swiczinsky-duccio-malagamba-apartment-building-gasometer-b>
5. 提供:乳頭温泉郷 大釜温泉

4 節
2. 「東日本大震災への対応 首相官邸災害対策ページ」<http://www. kantei. go. jp/saigai/images/20110418madori_kasetsu. jpg>
3. 工学院大学 <http://www. kogakuin. ac. jp/press_release/2011/cbr7au000001be3y-att/112501. pdf>
4. 〈写真〉撮影:平井広行
5. 〈左〉撮影:作間敬信、〈右〉撮影:平井広行
6. 撮影:Voluntary Architects' Network
7. 岩手県、岩手県釜石市、東京大学高齢社会総合研究機構「釜石・平田地区コミュニティケア型仮設住宅団地」
〈平田パーク商店街〉釜石商工会議所 HP 掲載の図に加筆修正 <http://kamaishi-town.com/PDF/kasetu5.pdf>
8. *Fiction Factory,* <https://www. wikkelhouse. com/>
9. ジャパンドームハウス株式会社
10. *Keret House,* <http://kerethouse. com/>

著者略歴

藤本和男（ふじもと　かずお）

安田女子大学教授。1951 年生まれ。大阪市立大学大学院工学研究科博士課程修了、㈱梓設計を経て現職。博士（工学）。一級建築士、APEC アーキテクト。共著に『建築設計資料 85』（建築思潮研究所）等。大阪建築コンクール知事賞、NEG 空間デザインコンペティション入選、日本建築学会作品選、インター・イントラスペースデザインセレクション 96, 98, 99 受賞、第 12 回デザインフォーラム公募展入選、日本建築士事務所協会連合会奨励賞等。

辻　壽一（つじ　としかず）

都市創生研究所、アーキテクツ・デザイン主宰。1954 年生まれ。大阪市立大学大学院生活科学研究科後期博士課程修了。建設会社、設計事務所、同和火災海上保険㈱を経て、1999 年一級建築士事務所アーキテクツ・デザイン設立。大阪樟蔭女子大学名誉教授、大阪市立大学大学院生活科学研究科客員教授、東大阪大学短期大学部特任教授。博士（学術）。
主な著書（共著）『集合住宅のリノベーション』『ストック時代の住まいとまちづくり』『マンション学辞典』

細田みぎわ（ほそだ　みぎわ）

広島女学院大学人間生活学部生活デザイン学科教授。1982 年大阪市立大学生活科学部住居学科卒業。安藤忠雄建築研究所、戸田潤也建築設計工房を経て、1994 年 Migiwa Hosoda Archi-Studio 設立。2012 年より現職。一級建築士。'98JCD デザイン賞文化公共部門優秀賞、国際女性の夢づくり住まいづくり設計競技優秀賞、E・家・暮らし住まいの設計コンテスト優秀賞、SD レビュー入選。

山内靖朗（やまうち　やすあき）

大阪芸術大学芸術学部建築学科准教授。1960 年生まれ。大阪芸術大学芸術学部建築学科卒業。一級建築士。エヌ建築設計事務所を経て、1988 年藤の家建築設計事務所、2018 年藤の家株式会社設立。中部建築賞、大阪建築コンクール知事賞、大阪建築コンクール渡辺節賞、大阪施設景観賞、インターイントラスペースデザインセレクション 94, 96, 99 受賞。

松尾兆郎（まつお　よしろう）

松尾よしろう建築設計事務所 /MAZ-O design-atelier 代表。1961 年生まれ。大阪大学大学院建築工学専攻修了。清水建設株式会社設計本部を経て、2002 年松尾よしろう建築設計事務所設立。2000 年より穴吹デザイン専門学校講師。2018 年より広島女学院大学非常勤講師。工学修士。一級建築士。ユニバーサルデザイン家具コンペ公共部門賞意匠登録第 1284591 号、JIA 建築家のあかりコンペ入賞。

種村俊昭（たねむら　としあき）

京都美術工芸大学工芸学部建築学科特任教授。1951 年生まれ。大阪市立大学大学院工学研究科博士課程単位取得退学。一級建築士・博士（工学）。安藤忠雄建築研究所、日本設計（チーフ・アーキテクト）、職業能力開発総合大学校建築システム工学科教授などを経て現職。NHK 大阪放送会館・大阪歴史博物館、古民家の再生など数多くの設計に携わる。

図版作成協力

黒田志寿子
林 夏海
山根隼人
山上栄介

住空間計画学

2020 年 12 月 10 日　第 1 版第 1 刷発行
2023 年 3 月 20 日　第 1 版第 2 刷発行

著　者……… 藤本和男・辻　壽一・細田みぎわ・
　　　　　　 山内靖朗・松尾兆郎・種村俊昭

発行者……… 井口夏実
発行所……… 株式会社学芸出版社
　　　　　　 〒600-8216
　　　　　　 京都市下京区木津屋橋通西洞院東入
　　　　　　 電話 075-343-0811
　　　　　　 http://www.gakugei-pub.jp/
　　　　　　 E-mail:info@gakugei-pub.jp

編集担当……中木保代

装　丁……… 赤井佑輔（paragram）
Ｄ Ｔ Ｐ……… 村角洋一デザイン事務所
印　刷……… 創栄図書印刷
製　本……… 山崎紙工